VEGANO?
POR QUE NÃO?

KRISTY TURNER

VEGANO? POR QUE NÃO?

125 RECEITAS CRIATIVAS PARA ARREBATAR
ATÉ O CARNÍVORO MAIS CONVICTO

FOTOS DE CHRIS MILLER

TRADUÇÃO DE VERA CAPUTO

EDITORA ALAÚDE

EDIÇÃO ORIGINAL: THE EXPERIMENT
CAPA: Mark Weddington
FOTOGRAFIA DE CAPA: Chris Miller
FOTOGRAFIA DA AUTORA: Chris Miller
PROJETO GRÁFICO: Pauline Neuwirth, Neuwirth & Associates, Inc

PRODUÇÃO EDITORIAL: EDITORA ALAÚDE
EDIÇÃO: Bia Nunes de Sousa
PREPARAÇÃO: Maria Suzete Casellato
REVISÃO: Claudia Vilas Gomes, Rosi Ribeiro Melo
ÍNDICE REMISSIVO: Marina Bernard
ADAPTAÇÃO DE CAPA: Rodrigo Frazão e Cesar Godoy
IMPRESSÃO E ACABAMENTO: EGB — Editora e Gráfica Bernardi

1ª edição, 2016 (2 reimpressões)

Impresso no Brasil

Dados Internacionais de Catalogação na Publicação (CIP)
(Câmara Brasileira do Livro, SP, Brasil)

Turner, Kristy
     Vegano ? Por que não? : 125 receitas criativas para arrebatar até o carnívoro mais convicto / Kristy Turner; fotos de Chris Miller; tradução de Vera Caputo. -- São Paulo: Alaúde Editorial, 2016.

     Título original: But I could never go : vegan!- 125 recipes that prove you can live with out cheese, it's not all rabbit food, and your friends will still come over for dinner
ISBN 978-85-7881-303-1

     1. Alimentos naturais 2. Culinária vegetariana 3. Receitas culinárias I. Miller, Chris II. Título.

16-01529   CDD-641.5636

Índices para catálogo sistemático:
1. Receitas : Culinária vegetariana 641.5636

2017
Alaúde Editorial Ltda.
Avenida Paulista, 1337, conjunto 11
São Paulo, SP, 01311-200
Tel.: (11) 5572-9474
www.alaude.com.br

Compartilhe a sua opinião
sobre este livro usando a hashtag
#VeganoPorQueNão
nas nossas redes sociais:

 /EditoraAlaude

 /EditoraAlaude

 /EditoraAlaude

Para a minha avó Irene, que, além de me ensinar a cozinhar,
definiu para mim o que é força e compaixão. Hoje, sou o que sou graças a ela.

SUMÁRIO

TOFU NÃO TEM GOSTO DE NADA.

Tofu preparado com tudo que tiver

A CULINÁRIA VEGANA NÃO É FÁCIL.

Pratos prontos em menos de meia hora

E A CARNE?

Receitas "de carne" sem carne

PENSO EM SALADA E COMEÇO A BOCEJAR.

Pratos que despertam o paladar

E O CAFÉ DA MANHÃ? E O BRUNCH?

Sugestões para começar bem o dia

FALSAS "COMIDAS" ME TIRAM DO SÉRIO!

Pratos que não imitam carne nem laticínio nem nada disso

É TUDO COMIDA DE PASSARINHO.

Comidas veganas não tão saudáveis assim

SOPA DE NOVO?

Clássicos e novidades que surpreendem

VOU SENTIR FALTA DE PIZZA.

Rodízio de pizza para todo mundo

E SE EU SÓ COMESSE PEIXES?

Pratos inspiradores que vão fisgar você

NÃO EXISTE DOCE SEM MANTEIGA E SEM OVOS.

Sobremesas que fazem bonito

NÃO DIGA! CHOCOLATE É VEGANO?

Sobremesas especiais com chocolate, muito chocolate

MAS EU ADORO SORVETE!

Receitas para comer à vontade e se lambuzar

INTRODUÇÃO

EM OUTRA VIDA (QUER DIZER, ANOS ATRÁS) TRABALHEI COMO *FROMAGIER* (o *nerd* dos queijos) em um esnobe restaurante francês e em uma sofisticada loja de queijos. Fazia cinco anos que eu tinha me tornado vegetariana por motivos de saúde, mas nunca pensei em não comer mais queijos e ovos. "É de onde tiro a minha proteína!", costumava dizer. "A gente precisa ter pequenos prazeres na vida, e os meus são os queijos." Se eu cruzasse com um vegano em uma festa ia logo dizendo, "Vegana? Eu? Jamais!" E, provavelmente para chocá-lo, desfiava uma longa lista de produtos de origem animal sem os quais não sobreviveria. Os queijos não eram só uma paixão: eles estiveram presentes em toda a minha vida. Eu não podia me imaginar vivendo sem eles.

Alguns anos depois, fui trabalhar em uma empresa de *catering* e tinha como função comparecer em festas e convenções empresariais oferecendo degustações e promovendo nossos produtos. Num dos eventos em que eu vendia barras energéticas, uma senhora se aproximou. Sorrindo, ofereci uma delas.

— São veganas? — ela perguntou.

— Ah, não — respondi. — São feitas com proteína de leite. Sinto muito.

Ela se afastou sorrindo e eu comentei com meu colega: "Ah, esses veganos!"

Eu me considerava uma pessoa aberta, que amava os animais, mas o veganismo me parecia realmente um exagero. "Sabe, não tenho nada contra a dieta vegana, mas não sou tão obsessiva quanto ao que devo ou não comer. E acho essa história de 'nada que tenha pelos' pura maluquice.", dizia eu.

Passado um ano, senti meus olhos marejados diante da tela do meu computador. Tinha acabado de assistir a um vídeo mostrando o que acontece nas fazendas criadoras de gado leiteiro. Depois disso, toda vez que me lembrava daquelas vacas chorando por seus bezerros recém-nascidos, também chorava por elas. Então disse a Chris, meu marido, que precisava me tornar vegana. Note que eu disse *precisava*. Contei-lhe sobre minhas pesquisas e o que tinha visto. E ele resolveu embarcar nessa viagem comigo.

Chris e eu experimentamos o veganismo por algumas semanas e descobri que não era nem de longe tão difícil quanto eu imaginava! Comecei experimentando vegetais e ingredientes que até então desconhecia. Os pratos que preparei nessa fase eram muito básicos, mas muito melhores do que qualquer outra coisa que eu já tivesse experimentado. Além disso, minha pele clareou, o inchaço desapareceu, perdi peso, sentia-me mais bem disposta pela manhã e muito, muito melhor durante todo o dia. Então, Chris e eu fizemos uma viagem. Para não termos de nos preocupar em ser veganos em outro país, decidimos ser vegetarianos. Nos primeiros dias correu tudo bem, mas então a acne voltou. Voltaram também o inchaço e a fadiga. Tomamos um avião para casa e retomamos a nossa dieta vegana.

Então decidi pedir demissão do emprego para não ter de vender produtos que não fossem veganos. Estando desempregada, tinha mais tempo livre para pesquisar o que era, afinal, a culinária vegana. Com a ajuda de blogueiros veganos, autores de livros de culinária vegana e suas receitas incríveis, comecei a cozinhar como louca, e saborosas receitas veganas começaram a brotar da minha cozinha.

Foi então que Chris e eu nos inscrevemos em um serviço de entrega de alimentos orgânicos para garantir o nosso fornecimento de frutas e hortaliças saudáveis. Comecei encomendando produtos que não compraria normalmente, o que me obrigou a ser um pouco mais criativa na cozinha. Acredite: hoje sou capaz de fazer uma versão vegana de qualquer tipo de prato. Com a criatividade à flor da pele, passei a desenvolver minhas próprias receitas e encontrei uma paixão que nunca imaginei existir. Criar me fazia tão bem que *passei a compartilhar minhas receitas através de um blog. Aí nasceu o Keepin'It Kind;* e, em meio a um turbilhão de acontecimentos inesperados, passei de cozinheira doméstica apaixonada a blogueira gastronômica profissional e, agora, autora de um livro de culinária.

Se você está lendo este livro, é possível que em algum momento da sua vida também já tenha dito, "Vegano? Eu? Jamais!". Talvez pensasse assim tempos atrás e depois se tornou vegano; ou talvez tenha se convencido ainda ontem, depois de conversar com um colega de trabalho vegano. Entendo que alguns possam estranhar, e entendo que existam certas coisas sem as quais você pensa que não poderia viver; sei disso por experiência própria. Então confie em mim: ser vegano parece algo impossível *até o momento em que você decide mudar.*

Ao incluir algumas receitas de queijos veganos em seu cardápio e descobrir que existem chocolates veganos, não há nenhuma dificuldade em mudar. Quando vir que seus cafés da manhã podem ser deliciosos, que seus almoços lhe deixam igualmente satisfeito e que seus jantares são tão leves quanto os de antigamente, o veganismo passará a ser a sua segunda natureza. E, se não precisar abrir mão dos biscoitos, da pizza e da comida mexicana, seu novo estilo de vida será incrivelmente estimulante. Quando você se der conta de que acrescentou muito mais à sua dieta do que eliminou, vai se perguntar por que esperou tanto tempo para se decidir.

Se podemos escolher um alimento muito mais saboroso, que faz bem à saúde, não destrói o meio ambiente nem causa sofrimento a outros seres vivos, por que optar por outra coisa?

Este livro não é só para quem está pensando em adotar um novo estilo de vida, mas para quem já o fez (não importa se foi ontem ou há setenta anos). Aqui, você encontrará receitas divertidas, surpreendentes e absolutamente deliciosas. Então, arregace as mangas e vá para a cozinha!

POR ONDE DEVO COMEÇAR?

SE VOCÊ ESTÁ PENSANDO EM FAZER A TRANSIÇÃO PARA UMA DIETA BASEADA em vegetais, comece devagar. Não precisa mudar da noite para o dia. Comece fazendo uma ou duas refeições veganas por semana. Acrescente novos alimentos veganos à sua dieta e aos poucos vá eliminando os de origem animal. Fazendo a transição no seu próprio ritmo, será mais fácil manter a dieta no longo prazo.

Não seja muito severo consigo mesmo se cometer alguns deslizes. Ser vegano não significa ser perfeito, significa viver de modo mais saudável e mais humanitário; desde que se tenha isso sempre em mente, você vai tirar de letra.

Quando começar a usar este livro, sugiro que dê uma olhada nas próximas páginas, sobre ingredientes e utensílios que ajudarão no preparo das receitas. Você encontrará muitas dicas úteis sobre o cozimento de grãos e cereais, a prensagem do tofu ou o preparo de um caldo de legumes. Uma vez escolhida a receita, não deixe de ler as notas introdutórias, as dicas e as variações que são oferecidas em cada uma delas. Lembre-se de que algumas receitas podem exigir componentes de outras receitas e por isso alguns ingredientes terão de ser preparados com antecedência. Mas valerá a pena! Por exemplo, uso o parmesão de nozes-pecãs não só no Mac & cheese com bacon de tempeh (pág. 50) como também no Abacate empanado com parmesão e couve à fiorentina com creme holandês de páprica defumada (pág. 134), nos Nhoques grelhados com abóbora e pesto de avelãs e sálvia (pág. 261) e onde mais você acrescentaria um parmesão.

O segredo para se sentir à vontade na culinária vegana é simplesmente ousar. Em vez de evitar um ingrediente do qual nunca ouviu falar, arrisque. Se houver uma técnica que você nunca usou, experimente. Se não der certo, paciência. Errar é a melhor maneira de aprender e adaptar-se a uma nova maneira de cozinhar.

Abreviações que usaremos

SG Sem glúten/com opção sem glúten

SS Sem soja

SO Sem oleaginosas

PV Para viagem

PA Requer preparo antecipado

OS VEGANOS USAM INGREDIENTES DIFERENTES?

NÓS, VEGANOS, USAMOS ALGUNS INGREDIENTES COM MAIS frequência do que os onívoros, mas em geral não são muito diferentes. No início, eu me sentia insegura em usar alguns deles, mas hoje estão entre os mais presentes na minha cozinha. Além disso, esses novos ingredientes me permitiram experimentar mais receitas do que quando eu comia de tudo ou era vegetariana.

INGREDIENTES BÁSICOS

Tofu firme / Tofu macio—O tofu é um dos ingredientes mais versáteis para se ter na geladeira. Eu o uso o tempo todo, para fazer de tudo, desde suculentos bifes de tofu a molhos ultracremosos. Uso o tofu até para substituir os ovos em alguns assados. Se você não gosta da consistência do tofu, experimente prensá-lo antes de usar. Isso ajuda a tirar o excesso de água; o tofu ganha uma textura mais firme e também absorve muito mais os outros sabores.

Como prensar o tofu

Estenda um pano de prato limpo sobre uma travessa. Retire o bloco de tofu firme ou extrafirme da embalagem e esprema levemente para extrair o excesso de água. Ponha o bloco de tofu sobre o pano de prato e cubra com outro pano limpo. Coloque o livro mais pesado que você tiver sobre o pano que cobre o tofu, e sobre o livro, duas ou três latas de conserva. Deixe o tofu descansar por, no mínimo, 30 minutos ou até 24 horas na geladeira.

Tempeh—O tempeh é uma excelente proteína vegana de grãos de soja fermentados. Mas não deve ser comido cru, porque é muito amargo; sei do que estou falando. Para melhorar o sabor, deixe o tempeh marinando ou cozinhe no vapor antes de terminar seu cozimento no molho que você estiver preparando.

Leite vegetal—Eu poderia escrever um livro inteiro sobre a incrível variedade de leites vegetais. Se você não gosta de leite de soja, tudo bem, há outras opções! O meu favorito é o leite de amêndoas, mas gosto muito dos leites de coco, de aveia, de castanha de caju, de arroz e de linhaça.

Nozes, castanhas & sementes—Costumo guardar as minhas oleaginosas na geladeira para conservá-las por mais tempo. Sempre que possível, prefiro comprá--las cruas, porque são mais fáceis de digerir e mais versáteis para temperar e cozinhar. Como meu marido e eu gostamos de beliscar, em casa nunca faltam amêndoas, castanhas de caju, amendoins, pistaches, nozes-pecãs, macadâmias, sementes de girassol, sementes de abóbora e gergelim.

Como fazer manteiga vegetal

Coloque no processador 2 ou 3 xícaras da sua oleaginosa preferida (amendoim, castanha de caju, amêndoa, macadâmia, pecãs ou nozes; todas fazem ótimas manteigas) e bata para quebrá-las. Isso vai levar um tempo, uns 10 minutos ou mais, e talvez você tenha de desligar algumas vezes para raspar as paredes do processador. O resultado final será uma massa lisa e cremosa, que pode ser usada *in natura*, com um pouco de sal ou, se preferir, adoçada; para isso, costumo usar maple syrup (xarope de bordo). Processe novamente para incorporar o sal ou o adoçante e guarde em um recipiente com tampa hermética na geladeira (a manteiga vai endurecer) ou em temperatura ambiente (a manteiga se manterá lisa e cremosa).

Como fazer creme de castanha de caju

O creme de castanha de caju é uma versão leve do creme de leite. Deixe de molho 1 xícara de castanhas de caju cruas por 3 ou 4 horas ou durante toda a noite. (Se esquecer de deixar de molho, ferva as castanhas de caju em 2 xícaras de água, durante 10 minutos e retire do fogo.) Coe as castanhas e reserve a água. Em seguida coloque-as no processador com ½ xícara da água reservada. Bata até desmanchar e, se for preciso, desligue para raspar as laterais. Para atingir a consistência desejada, acrescente colheradas da água reservada (quanto mais água você adicionar, mais fino ficará o creme).

Caldo de legumes—Sempre tenho em casa caldo vegano em cubos para fazer meus molhos (uso 1 cubinho para 4 xícaras de água); mas, se estiver com pressa, recorro aos caldos prontos (sempre com baixo teor de sódio). Se puder, faça o caldo você mesmo, porque é fácil e fica muito mais gostoso.

Como fazer caldo de legumes

Você vai precisar de 2 cebolas roxas ou brancas, 5 ou 6 dentes de alho, 3 cenouras, 3 talos de salsão, 225 g de cogumelos-de-paris, 1 pimentão vermelho e 1 tomate, tudo picado grosseiramente. (Se tiver algumas sobras na geladeira, como talos de brócolis ou de couve, use também!) Aqueça 2 colheres (chá) de azeite de oliva extra virgem em uma caçarola e acrescente as cebolas, o alho, as cenouras, o salsão e os cogumelos. Deixe cozinhar por 3 minutos; acrescente o pimentão, o tomate e mais 12 xícaras (cerca de 3 litros) de água, 2 colheres de chá de tamari ou shoyu (molho de soja), 1 ramo de alecrim fresco, 1 ramo de tomilho fresco, um punhado de salsinha picada, 2 folhas de louro, 2 colheres (chá) de sal e pimenta-do-reino a gosto. Deixe ferver. Diminua o fogo e deixe reduzir a um terço. Retire do fogo e passe pela peneira para separar os sólidos. Acerte o sal e a pimenta-do-reino, se necessário. Transfira o caldo para recipientes com tampa, deixando livres uns 2 cm da borda. Espere esfriar completamente para tampar. Guarde no freezer por mais ou menos 2 meses ou na geladeira por 5 a 7 dias.

Cebolas—O tempero preferido da minha avó era a versátil cebola, que enriquece o sabor de todos os pratos. Ela adorava o cheiro de cebola refogada. Eu concordo completamente com minha avó, e você? Como uso cebola em quase tudo que faço, sempre tenho em casa as variedades roxa, branca e pérola – a mais doce –, além de cebolinha.

Alho—Tenha sempre em casa algumas cabeças de alho. Assar o alho é a melhor maneira de obter seu sabor característico sem a ardência típica.

Como fazer alho assado

Preaqueça o forno a 200 °C. Remova a casca externa do bulbo. Corte mais ou menos 1 cm na parte superior do bulbo de modo a expor o interior dos dentes. Embrulhe o bulbo em papel-alumínio. Regue os dentes do alho com um fio de azeite e com a ponta dos dedos ajude o azeite a penetrar. Feche o papel-alumínio e leve ao forno. Asse por 30 a 40 minutos, até que os dentes estejam tenros ao toque (cuidado, não vá se queimar!). Retire do forno e deixe esfriar para espremer os dentes para fora da casca. Se não for consumir imediatamente, leve à geladeira, em recipiente fechado, até a hora de usar.

FEIJÃO, LENTILHA & ERVILHA SECA

O feijão e a lentilha são as minhas fontes de proteína preferidas. Uso feijão cozido na maior parte das minhas receitas. É muito fácil de preparar, mas muitas vezes me esqueço de cozinhá-lo com antecedência e por isso sempre tenho algumas latas ou caixinhas de feijão já pronto na despensa. Recomendo as marcas orgânicas sem bisfenol A, de preferência com baixo teor de sódio. Lave e escorra os feijões cozidos industrializados antes de usar. E, se puder cozinhá-los com antecedência, aqui vão algumas dicas.

Como cozinhar feijão

Antes de cozinhar, deixe o feijão de molho por 8 horas, no mínimo (ou mais tempo, se ficar na geladeira). Deixar o feijão de molho facilita a digestão (e, portanto, causa menos flatulência) e reduz o tempo de cozimento. Escorra a água e lave bem os grãos para remover qualquer resíduo. Coloque o feijão em uma panela grande e cubra com 2,5 cm a mais de água – aproximadamente 3 a 4 xícaras de água (entre 710 ml e 950 ml) para 1 xícara (235 ml) de feijão. Se quiser, cozinhe com uma cebola inteira descascada, 2 dentes de alho e 2 folhas de louro. Quando levantar fervura, reduza o fogo e deixe cozinhar até o feijão amolecer. Se preferir, use uma panela de pressão. O tempo aproximado de cozimento de cada grão em panela comum é (os grãos mais velhos levam mais tempo):

Tipo	Tempo de cozimento
Feijão-preto	90 minutos
Feijão-fradinho	60 minutos
Grão-de-bico	90 minutos
Favas	60 minutos
Feijão-carioca	60 minutos
Feijão-branco	90 minutos
Feijão-roxinho	120 minutos
Feijão-vermelho	90 minutos

Como cozinhar lentilha e ervilha seca

Espalhe as lentilhas ou as ervilhas secas sobre um pano de prato para separar os grãos enrugados ou quebrados, pedras e outros resíduos. Ferva uma panela com água (1½ xícara/350 ml de água para 1 xícara/235 ml de lentilhas ou ervilhas). Cozinhe as lentilhas ou ervilhas em fogo baixo até os grãos ficarem tenros. Você também pode cozinhar as lentilhas e ervilhas em sopas e caldos, desde que tenha pelo menos 1½ xícara (350 ml) de líquido para cada xícara (235 ml) de lentilhas ou ervilhas. Veja a seguir o tempo aproximado de cozimento das lentilhas e ervilhas mais comuns:

Tipo	Tempo de cozimento
Lentilhas verdes francesas (Puy)	30 minutos
Lentilhas comuns	30 minutos
Ervilhas verdes secas	45 minutos
Lentilhas vermelhas	20 minutos
Lentilhas amarelas (chana dal)	30 minutos

CEREAIS

Os grãos são uma valiosa fonte de nutrição e dão substância, sabor e textura aos pratos. Uso vários tipos de grãos nas minhas receitas; salvo indicação em contrário, este quadro é um guia de cozimento para cada tipo de grão (incluindo o cuscuz, uma espécie de massa de semolina que é cozida como grão).

Como cozinhar cereais

Tipo	Sem glúten	Líquido para 1 xícara	Método de cozimento
Amaranto	Sim	3 xícaras	Leve ao fogo uma panela de tamanho médio com a água e o amaranto. Quando levantar fervura, reduza o fogo, tampe e cozinhe até absorver toda a água, uns 25 minutos. Retire do fogo e mantenha a panela tampada por 10 minutos. Solte os grãos com um garfo. Acrescente sal a gosto.
Cevada	Não	3½ xícaras	Deixe a água ferver antes de acrescentar a cevada. Tampe a panela, reduza o fogo e cozinhe por 1 hora. Escorra o que restou de água e acrescente sal a gosto.
Arroz integral cateto	Sim	1½ a 2 xícaras	Lave o arroz em peneira fina até a água sair limpa. Ferva a água, acrescente o arroz e ¼ de colher (chá) de sal. Quando levantar fervura novamente, reduza o fogo e tampe. Cozinhe por 45 minutos ou até o arroz ficar tenro. Escorra o excesso de água e retorne o arroz para a panela. Deixe descansar por 5 minutos antes de servir.

Tipo	Sem glúten	Líquido para 1 xícara	Método de cozimento
Cuscuz marroquino	Não	1½ xícara	Ferva a água, acrescente o cuscuz, tampe e retire do fogo. Deixe descansar por 15 minutos ou até a água ser absorvida. Se precisar, tampe e deixe descansar mais alguns minutos. Acrescente sal a gosto.
Farro (perolado)	Não	2½ xícaras	Lave o farro em uma peneira fina durante 1 minuto. Despeje em uma panela média com água e deixe ferver. Mexa bem e reduza o fogo. Cozinhe destampado por 15 a 20 minutos ou até que os grãos estejam tenros. Escorra o excesso de água e salgue a gosto.
Arroz negro	Sim	2 xícaras	Lave o arroz em uma peneira fina até a água sair limpa. Leve a água para ferver, acrescente o arroz e ¼ de colher (chá) de sal. Espere levantar fervura novamente, reduza o fogo e tampe. Escorra o excesso de água e deixe o arroz descansar dentro da panela tampada por 5 minutos antes de servir.
Painço	Sim	2 xícaras	Para obter um sabor mais intenso, toste o painço em uma panela média por 5 minutos. Cubra com água, deixe ferver e reduza o fogo. Cozinhe por 20 a 35 minutos ou até os grãos ficarem tenros. Retire a panela do fogo, solte os grãos com um garfo e deixe descansar por 10 minutos antes de servir. Acrescente sal a gosto.
Aveia em flocos	Sim (se necessário, use uma marca sem glúten)	2 xícaras	Misture aveia e água em uma panela média. Em fogo entre médio e baixo deixe cozinhar por 10 a 15 minutos até engrossar.
Quinoa	Sim	2 xícaras	A menos que a quinoa já esteja lavada, lave-a muito bem antes de cozinhar. Coloque em uma panela média com água, deixe ferver e reduza o fogo. Tampe e cozinhe por 15 a 20 minutos ou até a água secar. Retire a panela do fogo e deixe a quinoa descansar, tampada, por 10 minutos. Destampe e solte os grãos com um garfo. Acrescente sal a gosto.

Tipo	Sem glúten	Líquido para 1 xícara	Método de cozimento
Trigo em grãos	Não	4 xícaras	Deixe o trigo de molho por 8 horas pelo menos. Escorra, leve ao fogo em uma panela com água e deixe ferver. Reduza o fogo e ferva por 50 a 60 minutos ou até os grãos ficarem tenros. Escorra o excesso de água e acrescente sal a gosto.
Arroz selvagem	Sim	3 xícaras	Lave o arroz em uma peneira fina até a água sair limpa. Ponha o arroz e ¼ de colher (chá) de sal na panela com água e deixe levantar fervura. Abaixe o fogo e tampe. Cozinhe por 45 minutos ou até o arroz ficar tenro. Escorra o excesso de água e deixe o arroz descansar na panela tampada por 5 minutos antes de servir.

FARINHAS

Muita gente usa uma xícara para pegar a farinha diretamente da embalagem e em seguida passa o dedo na borda para tirar o excesso. Essa não é a melhor maneira de se medir farinha, especialmente para as receitas de forno mais comuns. Melhor tirar a farinha da embalagem com uma colher e delicadamente "sacudir" a colher sobre a xícara até enchê-la. Em seguida, bata a xícara na pia algumas vezes para nivelar a farinha. Se houver excesso para ser retirado, use as costas de uma faca. Fazendo isso sobre uma folha de papel-manteiga, você pode usar o papel como funil para repor a farinha na embalagem original.

Farinha de trigo comum—O nome diz tudo. É bom tê-la em casa para as receitas mais comuns.

Farinha de trigo integral para pães—Gosto desta farinha por ser mais leve que a maioria das farinhas de trigo integral e resultar em massas mais macias e menos densas – como a dos cupcakes (um exemplo na pág. 274).

Farinha de trigo especial para pães—Embora seja possível usar a farinha comum para assar pães, o glúten da farinha especial faz a diferença. É ele que deixa a massa mais macia como a gente tanto gosta. Experimente usar essa farinha nos Rolinhos de nozes-pecãs, tâmaras e canela (pág. 140) ou nas massas de pizza da pág. 190. Você vai se surpreender.

Farinha de trigo-sarraceno—É uma farinha mais pesada, mais rica em nutrientes. E sem glúten! O sabor é mais forte, mais intenso que o da farinha comum. É melhor misturar com outras farinhas do que usá-la pura.

Farinha de aveia—É vendida em lojas de produtos naturais, mas pode ser feita em casa, batendo os grãos de aveia no liquidificador até obter uma farinha fina. É uma excelente alternativa sem glúten (se a aveia for sem glúten) e dá um gosto especial a biscoitos, panquecas e waffles.

Farinha de amêndoa—Esta farinha também pode ser feita em casa, passando as amêndoas cruas em um processador para obter uma farinha fina. Prefiro usar amêndoas com pele para fazer a farinha. Mas cuidado para não processar muito porque as amêndoas começam a ficar oleosas e acabam se transformando em manteiga. A farinha de amêndoa é uma excelente alternativa sem glúten (é ainda melhor se combinada com outras farinhas sem glúten) e dá um toque amendoado a qualquer receita de forno, com ou sem glúten.

Farinha de grão-de-bico—Também conhecida como besan, esta farinha naturalmente sem glúten é produto do grão-de-bico seco e moído. Pode ser feita em casa se você tiver um bom liquidificador, embora seja facilmente encontrada em lojas de produtos naturais. É uma das minhas preferidas, porque é excelente agregadora, substitui perfeitamente os ovos e, graças ao alto teor de proteínas, satisfaz plenamente. Mas jamais prove antes de cozinhá-la – é muito amarga e você vai odiá-la por isso.

Fubá—Este é outro ingrediente que eu uso muito. É obrigatório não só na confecção de pães de milho, como é a "farinha" que deixa crocantes as massas de waffles (pág. 143) e de pizzas (pág. 193).

Glúten de trigo—Também conhecido como proteína do trigo, o glúten de trigo é a proteína que foi isolada do trigo, secada e transformada em pó. Embora não seja uma farinha, pode ser acrescentado à massa de pão para torná-la mais elástica e mais macia. Também serve para fazer seitan (é para o que mais uso), a "carne de trigo" macia, rica em proteínas, que absorve facilmente os demais sabores.

Amidos e féculas—Há vários tipos: tapioca, fécula de batata, araruta, amido de milho e muitos outros. Todos sem glúten, servem para engrossar molhos e agregar massas. Os que mais uso são o amido de milho e a araruta (ambos praticamente insípidos), e às vezes também a tapioca.

ADOÇANTES

Açúcar vegano—Minhas receitas pedem açúcar vegano, ou seja, não refinado, certificado como açúcar vegano. Quando o açúcar não é vegano? A maioria dos açúcares é filtrada em ossos de boi carbonizados. Vegano ou não vegano, essa é uma prática inadmissível. Se a sua glicemia é alta, experimente alternativas à base de plantas, como a estévia (que é mais doce que o açúcar, então talvez você possa usá-la em menor quantidade), o xilitol e o eritritol. Há também o açúcar mascavo vegano certificado, feito a partir do açúcar não refinado.

Açúcar de coco—É o meu adoçante preferido. É basicamente o néctar do coco evaporado e muito similar ao açúcar mascavo. Gosto muito porque tem baixo teor glicêmico, portanto, não interfere no açúcar do sangue, como acontece com o açúcar comum. E também por ser rico em nutrientes, o que não se pode dizer do açúcar normal. Como muita gente está usando, não é difícil encontrar para comprar.

Açúcar vegano em pó—Também conhecido como açúcar de confeiteiro, é o ingrediente especial de deliciosas coberturas e glacês. Como sempre, procure comprar uma versão vegana certificada. Se você tem alta glicemia, use o xilitol ou o eritritol em pó. Ambos têm exatamente o mesmo gosto, muito menos calorias e não alteram o teor de açúcar do sangue. Se não encontrar o açúcar vegano em pó, compre o açúcar vegano comum e faça a sua própria versão em pó. Basta misturar 1 xícara de açúcar ou de qualquer outro adoçante em pó com 1 colher (chá) de araruta ou de amido de milho e bater até obter um pó tão fino quanto o açúcar refinado; o copo do liquidificador deve estar bem seco. Guarde em recipiente hermeticamente fechado.

Maple syrup (xarope de bordo)—Não estou falando do xarope de milho que vem naquelas embalagens de plástico. Como diria meu avô, só use "o que sair diretamente da planta". Os ingredientes da embalagem devem indicar algo como "100% bordo". Esse saboroso adoçante não serve apenas para regar seus waffles e panquecas, mas para usar em bolos e bolinhos!

Xarope de agave—Adoçante líquido extraído das agaves do México e da África do Sul, substitui o mel nas receitas (melhor ainda é o meu Mel da abelha feliz, pág. 46). Substitui também o açúcar comum, mas nem sempre na proporção de 1:1.

Melado de cana—O melado é um subproduto da fabricação do açúcar. Depois de fervido três vezes, o melado torna-se um xarope muito mais nutritivo, com sabor muito mais acentuado e com baixo teor de açúcar. É também excelente fonte de ferro. Você vai encontrá-lo em muitas receitas deste livro, como no Molho barbecue (pág. 43). Recomendo uma colherada de melado no seu mingau de aveia matinal.

ÓLEOS, VINAGRES E OUTROS LÍQUIDOS

Vinagres—Minha despensa tem vinagres de vários tipos (sou aficionada). Acrescentar um ácido como o vinagre em uma receita é a melhor maneira de deixá-la mais vigorosa. Os vinagres que não podem faltar são o balsâmico, de arroz integral, de vinho tinto, de cereja, de champanhe e de maçã. O vinagre de maçã ou o branco comum servem para coalhar o leite vegetal que se usa para substituir o buttermilk em receitas de bolos. O vinagre de umeboshi é outra boa opção: é um vinagre muito forte com acentuado sabor umami (umami é considerado o quinto sabor básico, além do doce, salgado, azedo e amargo). Em alguns mercados fica exposto com os molhos de soja.

Azeite de oliva extra virgem—O azeite de oliva extra virgem é usado na maior parte das receitas deste livro. Um bom azeite de oliva extra virgem (que é extraído na primeira prensagem das azeitonas) pode ser usado à vontade. Procure comprar o que for mais robusto, menos ácido e, se possível, orgânico.

Spray antiaderente—Muitas receitas usam o spray antiaderente para untar fôrmas ou temperar legumes. Se você não encontrar para vender (na seção de importados ou ao lado dos azeites nos supermercados) use um recipiente spray comum e encha com o seu azeite preferido. É muito mais barato e não agride o meio ambiente. Sempre tenho um spray de óleo de coco ou de canola para usar no lugar do azeite de oliva quando necessário (como em sobremesas).

Óleo de coco—Este é um dos óleos mais versáteis para se ter na cozinha. No óleo de coco refinado o gosto do coco é mais suave e pode ser usado no lugar da manteiga vegana em cozidos e assados. Uma colher (chá) dará muito mais firmeza ao chocolate derretido.

Óleo de canola—Se você se preocupa com os OGMs (organismos geneticamente modificados) relaxe, porque este óleo é 100% orgânico. O óleo de canola é indispensável para fazer frituras e, por ser absolutamente insípido, funciona bem em pães, bolos e tortas. O óleo de girassol orgânico substitui o de canola.

Óleo de gergelim torrado—Este é um óleo altamente aromático muito usado em molhos e temperos, às vezes também para cozinhar.

Shoyu e tamari—O tamari é um tipo particular de molho de soja, mas numa proporção diferente de soja e trigo. O shoyu (molho de soja comum), com maior teor de trigo e menor concentração de soja, é mais suave e mais salgado. O tamari não contém pouco ou nenhum trigo (dependendo da marca), mas possui uma concentração maior de soja, por isso é mais forte e menos salgado. Geralmente uso o tamari, mas se você preferir, use o shoyu.

Mirin—É um vinho de arroz adocicado que nos mercados fica exposto na mesma prateleira dos molhos de soja e do tamari. Tem baixo teor de álcool, e o açúcar não é refinado, já que resulta da fermentação do arroz. Basta uma pequena quantidade para se obter um sabor adocicado e intenso. Costumo usar no arroz do sushi.

Molho inglês vegano—O molho inglês é tipicamente um molho fermentado de anchovas (e muito forte!); uso a versão vegana sem anchovas da mesma maneira que usaria o molho original.

Fumaça líquida—Para fazer este excelente intensificador de sabores, a fumaça da queima da madeira é recolhida e solidificada em forma de pastilhas que são dissolvidas em água. Em seguida é engarrafada e usada para dar um sabor e aroma defumado às preparações. Prefira a que não contiver glutamato monossódico.

Extratos—Talvez você esteja mais acostumado ao extrato de baunilha (não estamos falando daqueles produtos "sabor" baunilha), mas também existem extratos de amêndoa e de chocolate. Os extratos de limão, hortelã, bordo e avelã também são muito usados (não necessariamente nas receitas deste livro). Os extratos servem para incrementar o sabor da sua receita. Procure comprar os extratos naturais, sem sabores artificiais ou conservantes.

PRODUTOS EM CONSERVA

Coração de alcachofra—Às vezes a gente precisa de alguns corações de alcachofra para usar numa salada ou nos Bolinhos de alcachofra (pág. 214), mas antes é preciso cozinhar as alcachofras inteiras. Por isso os corações de alcachofra em conserva são tão práticos. Lave-os muito bem antes de usar.

Produtos de tomate enlatados—Com muita frequência minhas receitas pedem tomates sem pele, molho ou extrato de tomate. É mais conveniente tê-los à mão para molhos, sopas, cozidos e muitas outras preparações. Prefira os orgânicos, sem bisfenol A.

Pimentas verdes em conserva—Acrescentar 1 colher (sopa) de pimenta verde picada é uma excelente maneira de dar muito mais sabor e uma leve ardência a pratos como os Burritos congelados de arroz e feijão (pág. 103).

Jaca—A jaca é uma fruta que não tem gosto de nada quando ainda está verde. Para que serve, então? Essa fruta insípida tem textura de carne "desfiada" e absorve facilmente os temperos do cozimento. Pode ser comprada em versão natural ou em conserva, mas prefira as que são conservadas em salmoura ou em água (e não em calda).

CONDIMENTOS

Ketchup—Nada é mais decepcionante do que fazer batatas fritas e descobrir que acabou o ketchup. Tenha sempre em casa ketchup, de preferência orgânico, sem conservantes, sem xarope de milho rico em frutose ou qualquer uma dessas coisas terríveis.

Mostarda—Adoro mostarda. Se não me cuidar, sou capaz de ter uma prateleira repleta delas. Nas receitas deste livro uso mostarda amarela, mostarda escura condimentada, mostarda de Dijon e a minha preferida, a mostarda com grãos inteiros.

Missô—O missô é uma pasta de soja fermentada, mas também existe um missô de grão-de-bico, sem soja. Basta uma pequena quantidade dessa pasta para dar ao seu prato um forte sabor umami. As receitas deste livro usam o missô branco, que é mais suave. É um pequeno investimento que vale a pena, porque o produto dura meses dentro da embalagem.

Manteiga vegana—Você pode fazer a sua própria manteiga (existem muitas receitas, é só procurar); isso é bom se você prefere evitar o azeite de dendê pelas implicações nas florestas tropicais do planeta e nos animais que nelas vivem. Entretanto, se não houver outro jeito, compre a manteiga vegana e use em cozidos, assados ou só para passar na torrada. Procure um azeite de dendê que seja extraído de fontes sustentáveis.

Maionese vegana—Sim, existe maionese vegana, e eu desafio você a experimentar e dizer se há alguma diferença daquela feita com produto animal.

Cream cheese vegano—Se você gosta de bagels, vai adorar lambuzá-los com este cream cheese, que também serve para engrossar rapidamente um molho cremoso ou incrementar um sanduíche.

Sriracha—Este molho picante é feito com pimenta-malagueta, alho e um pouco de açúcar; além de muito saboroso, combina bem com muitas preparações. Mas tenha cuidado quando for comprar; algumas marcas contêm anchovas. Se não gostar de sriracha, tenha sempre outro molho de pimenta de sua preferência para substituí-lo.

OUTROS BONS INGREDIENTES

Ágar-ágar—É uma substância extraída das algas que faz uma excelente gelatina vegana. O ágar-ágar é vendido em flocos e ou em pó; as receitas deste livro usam ambos. Os flocos costumam ser encontrados nas seções de produtos japoneses e asiáticos dos supermercados ou em lojas especializadas, mas a versão em pó só consigo comprar *on-line*. É relativamente caro, mas rende bem e dura eternamente.

Chocolate—Em minha casa o que não falta é chocolate. Como sei que não sou a única chocólatra do mundo, dedico a ele um capítulo inteiro deste livro. Não deixo faltar gotas de chocolate vegano nem uma barra de chocolate amargo orgânico de boa qualidade para usar em bolos e doces. Não deixo faltar também cacau em pó (que é mais natural e menos processado).

Grânulos de kelp—Kelp é um tipo de alga marinha; os grânulos de kelp são a alga seca e granulada. É um excelente condimento com sabor de frutos do mar.

Tâmaras—As tâmaras são mágicas. Como se não bastasse serem deliciosas por si sós, ficam ainda melhores com um pouco de manteiga de amendoim. Se amassadas, são um excelente aglutinante de massas de torta e servem para substituir os ovos em bolos. Se você misturar o purê de tâmaras com leite vegetal, terá uma calda espessa, similar ao caramelo. As tâmaras são vendidas já embaladas na seção de frutas secas e derivados. Também são vendidas a granel.

Levedura nutricional—Também conhecida como nooch ou ouro vegano, é o que há de melhor para se ter na cozinha. Eu hesitei em provar essa levedura nutricional quando me tornei vegana, mas quando o fiz eu me perguntei por que adiei tanto. Basicamente, é um levedo inativo com gosto de nozes e queijo que dá a qualquer prato um sabor umami. Mas, caso você não encontre, a levedura nutricional é quase sempre opcional; você também pode substituí-la por caldo de legumes vegano em pó.

Azeitonas e alcaparras—Conte sempre com essa dupla para incrementar um prato. Azeitonas são uma excelente fonte de gordura saudável. A salmoura das alcaparras (o líquido da conserva) dá um sabor picante e avinagrado a molhos e acompanhamentos. Experimente no molho tártaro de sriracha servido com os Bolinhos de alcachofra (pág. 214).

Sal—O sal está presente em toda cozinha. Isso não se discute. Como regra, uso sal marinho não refinado, sal rosa do Himalaia e sal negro, também conhecido como kala namak e que na verdade é rosa e dá um gosto sulfurado de ovos às receitas. É bom esclarecer que o sal defumado que aparece em algumas receitas deste livro pode ser substituído por sal comum.

Espirulina—A espirulina é extraída de uma alga azul-esverdeada. É um superalimento que contém inúmeros nutrientes vitais, e os aminoácidos essenciais fazem dela uma proteína completa. Pode ser comprada em lojas de produtos naturais e *on-line*; tenha sempre à mão para incorporar a vitaminas, por exemplo.

Tahine—O tahine é basicamente uma pasta aveludada feita de gergelim triturado. É indispensável no seu homus e também é a base de muitos molhos para salada.

Pasta de tamarindo—Você pode fazer a sua própria pasta a partir de tamarindos frescos, mas é muito mais conveniente comprar ou a pasta ou o concentrado. Por ser uma pasta muito azeda e ácida, deve ser usada com cautela em molhos, chutneys e outros. É a base do molho de tamarindo da página 151. A pasta é vendida em mercados de produtos asiáticos e pela internet.

ESPECIARIAS

As especiarias são, seguramente, a melhor maneira de realçar qualquer prato. Embora nem todas sejam indispensáveis em uma prateleira de temperos, algumas eu considero essenciais.

Alho em pó
Canela
Cardamomo (em bagas e em pó)
Cebola em pó
Coentro em grãos
Cominho
Cravo (inteiro ou em pó)
Cúrcuma (açafrão-da-terra)
Curry em pó
Garam masala
Gengibre
Kümmel
Mostarda (em grãos e em pó)

Noz-moscada
Páprica defumada
Pimenta calabresa (em flocos)
Pimenta vermelha em pó
Pimenta-da-jamaica (em grãos e moída)
Pimenta-do-reino
Sementes de aipo
Sementes de erva-doce

ERVAS

Não há nada que deixe um prato tão perfumado quanto as ervas. Se você se esquecer de comprar ervas frescas no mercado ou se for usar só uma pequena quantidade, não deixe de ter ervas secas em seu armário:

Alecrim	Louro	Orégano	Tomilho
Endro	Manjericão	Salsinha	
Estragão	Manjerona	Sálvia	

VOU PRECISAR DE MUITOS UTENSÍLIOS ESQUISITOS?

VEGANOS, VEGETARIANOS E ONÍVOROS, TODOS USAM OS MESMOS UTENSÍLIOS na cozinha. Veremos a seguir os que são usados com mais frequência por nós, veganos. Os meus foram comprados em lojas convencionais, portanto, é bem possível que você já tenha alguns quando decidir mudar a sua dieta.

Facas—Toda cozinha precisa ter três tipos de faca: a faca para legumes, a faca serrilhada e a faca de corte. O peso e a solidez da faca devem ser sentidos na mão. Por ser o equipamento mais importante, compre as melhores facas que puder. Afie-as regularmente e trate-as muito bem.

Tábua de corte—Gosto de uma boa tábua de madeira, mas também posso usar uma de plástico com produtos que podem manchar a de madeira. Nada de placas de vidro, por favor (elas acabam com o corte das facas e fazem um ruído muito incômodo aos ouvidos).

Processador de alimentos—Depois das facas e da tábua de corte, o processador de alimentos é o equipamento mais usado. Serve para fazer molhos, pastas, manteigas vegetais, massas para tortas e purês em geral. Prefiro os que têm a tigela relativamente grande (pelo menos 6,5 litros). O batedor de massa facilita o preparo dos Rolinhos de nozes-pecãs, tâmaras e canela (pág. 140), e o ralador é uma mão na roda quando há muitos legumes para preparar.

Liquidificador—Uso o meu diariamente. Nele faço sucos, vitaminas e purês mais homogêneos do que faria em um processador de alimentos (como queijos ou sorvetes vegetais). Os profissionais – e mais potentes - são mais caros, mas valem o investimento, principalmente se forem usados com frequência. Os mais simples também funcionam, mas neste caso as oleaginosas terão de ficar de molho por mais tempo, a menos que se queira uma consistência menos lisa.

Mixer—Você gosta de sopas cremosas? Então vai precisar de um mixer. Se você tirar a sopa quente da panela e colocar em um liquidificador comum, o copo pode explodir e espalhar sopa por toda a cozinha. Um mixer funciona melhor e não custa muito caro. Além disso, alguns são bem bonitos.

Assadeira, travessa refratária, fôrma para bolo e fôrmas para muffins— Para assar biscoitos, você vai precisar de uma assadeira rasa grande. Quanto às travessas refratárias, tenha pelo menos uma retangular (22 x 33 cm) e uma qua- drada (20 x 20 cm) para as caçarolas, as lasanhas, os brownies e os gratinados. Numa fôrma de pão de 13 x 22 cm você faz o pão de banana, o bolo americano e o fudge, além de congelar sorvetes. E, se você usar uma fôrma para tortas com aro removível, o delicioso Cheesecake salgado de milho com molho de coentro e se- mentes de abóbora (pág. 89), por exemplo, ficará intacto depois de desenformado. A fôrma para bolo redonda de 25 cm de diâmetro serve para os demais casos. As forminhas para muffins vão servir também para cupcakes e as Forminhas de cho- colate e manteiga de amendoim (pág. 294).

Papel-manteiga e tapete de silicone—Não há nada que me deixe mais irri- tada do que meus preciosos biscoitos grudarem no fundo da assadeira. Felizmente isso não acontece quando forro a assadeira com papel-manteiga ou um tapete de silicone para uso culinário. Forre o fundo de uma fôrma redonda canelada ou da fôrma para tortas com um círculo de papel-manteiga e o conteúdo será retirado facilmente sem colar no fundo. Faça isso para assar brownies e bolos e desenfor- mar sem quebrar. Para que o papel-manteiga fique bem ajustado numa fôrma re- tangular, coloque uma folha grande sob a assadeira que for usar. Recorte um

quadrado (um dos ângulos encostado no canto da assadeira) de cada canto do papel, formando uma cruz. Unte a assadeira antes de acomodar o papel cortado em forma de cruz dentro dela, de modo que as laterais também fiquem forradas. Dobre o papel sobre as paredes da assadeira, com sobra suficiente para retirar o conteúdo depois de pronto.

Espátulas—Se eu soubesse compor, faria uma canção de amor para as minhas espátulas. As de madeira são excelentes para mexer a comida durante o cozimento. As de metal são ótimas para raspar o indispensável resíduo de assados do fundo das assadeiras. As espátulas de borracha ou de silicone servem para raspar as sobras das paredes do processador e para espalhar a cobertura sobre os brownies. As de plástico não entram na minha cozinha.

Cortador de biscoito—Uso essas pecinhas para muito mais do que apenas cortar biscoitos. Compre um conjunto de tamanhos diferentes para fazer hambúrgueres, cortar massas, criar pratos decorativos como o Tartar de abacate e tofu (pág. 226) e moldar os círculos de sorvete dos Sanduíches de biscoito de aveia e sorvete (pág. 304).

Ralador fino—Esta pequena ferramenta é ideal para ralar gengibre, noz-moscada e casca de frutas cítricas. Vai facilitar a sua vida.

Fatiador de legumes ou mandolim—O mandolim corta fatias de legumes tão finas quanto uma folha de papel. Os de plástico são mais baratos e funcionam muito bem. Basta passar repetidamente o que está sendo fatiado sobre a lâmina, mas sempre usando a peça de segurança ou uma luva à prova de corte.

Secadora de salada—Quando me tornei vegana, meu consumo de folhas aumentou exponencialmente. A secadora de salada facilita a vida. Para lavar verduras e ervas, encha uma bacia com água fria, mergulhe as folhas e com a ponta dos dedos movimente-as para tirar a terra. Escorra a água, transfira as folhas para a secadora e gire até eliminar toda a água. Espalhe as folhas sobre papel-toalha ou um pano de prato limpo, deixe secar e guarde em saco plástico hermeticamente fechado. As folhas se manterão frescas por uma semana.

Chapa para waffles—Dá para passar sem elas, mas para quê? Não custam caro, e os waffles que elas fazem são deliciosos. As chapas de waffles belgas fazem waffles mais fofos, mas não são indispensáveis.

Sorveteira—É outro utensílio que não é imprescindível, mas facilita muito na hora de fazer sorbets. As máquinas mais modernas nem custam tão caro.

OS INGREDIENTES NÃO SÃO MUITO MAIS CAROS?

Condimentos e componentes básicos que não pesam no bolso

Não permita que o preço dos produtos faça você desistir de adotar uma dieta vegana! É claro que de vez em quando pagar um pouco mais por algum produto especial não faz mal a ninguém, mas em geral todos eles podem ser feitos em casa. Este capítulo traz receitas básicas que serão utilizadas como ingredientes ao longo de todo o livro.

BACON DE TEMPEH

RENDE 16-18 TIRAS

Muita gente acha difícil abrir mão do bacon para adotar uma dieta vegana. Mas seu organismo ficará tão agradecido que você nunca mais sentirá falta do bacon convencional se trocá-lo por esta opção mais saudável e menos agressiva que é o bacon de tempeh. Apesar de não ter exatamente a mesma consistência, o bacon de tempeh, além de mais leve, traz o sabor de defumado. Pode ser cortado em tiras ou em pedaços.

PREPARO: 5 minutos
COZIMENTO: 10 minutos
DESCANSO: 1 hora

3 colheres (sopa) de tamari ou shoyu
(molho de soja)

2 colheres (sopa) de maple syrup
(xarope de bordo)

1 colher (sopa) + 4 colheres (chá)
de azeite, separadas

2 colheres (chá) de fumaça líquida

1½ colher (chá) de vinagre balsâmico

½ colher (chá) de cominho

algumas pitadas de alho em pó

algumas pitadas de pimenta-do-reino

1 pacote de tempeh de 225 g

1. Em uma assadeira quadrada, misture o tamari ou molho de soja, o maple syrup, a colher (sopa) de azeite, a fumaça líquida, o vinagre, o cominho, o alho em pó e a pimenta.

2. Corte o bloco de tempeh ao meio, em pedaços de mais ou menos 7 x 10 cm. Faça cerca de 8 fatias no sentido do comprimento.

3. Coloque as tiras de tempeh na marinada e vire-as algumas vezes para que fiquem bem recobertas. Distribua as tiras na assadeira em camada única para que mergulhem na marinada e leve à geladeira por no mínimo 1 hora ou até 24 horas.

4. Na hora de fritar, retire a assadeira da geladeira e forre uma travessa com uma folha dupla de papel-toalha. Aqueça 2 colheres (chá) de azeite em uma frigideira grande, de preferência de ferro, em fogo médio. Distribua 7 ou 8 tiras de tempeh (ou quantas couberem, sem sobrepô-las) e frite por 3 minutos de cada lado. Se for preciso, use o que sobrou da marinada para deglacear os resíduos da frigideira. Quando as fatias de tempeh estiverem coradas e com as bordas caramelizadas, transfira-as para a travessa preparada (o papel-toalha absorverá o excesso de óleo). Acrescente à frigideira mais 2 colheres (chá) de azeite e repita o procedimento com o restante das tiras. Se não for consumi-las imediatamente, deixe esfriar e guarde na geladeira em recipiente fechado por 3 a 4 dias.

VARIAÇÃO

▶ Para obter pedacinhos de bacon, no passo 2 esmigalhe o tempeh e leve para marinar de acordo com as instruções. Em vez de fritar aos poucos, coloque todos os pedaços na frigideira e frite por 10 minutos, mexendo quando necessário. Use a sobra de marinada para deglacear a frigideira.

LINGUIÇA DE SEMENTES DE GIRASSOL

RENDE 4 PORÇÕES

Não é por acaso que esta linguiça entra em várias receitas deste livro. Ela é muito mais saborosa do que qualquer outra linguiça que já provei e não prejudica a saúde de ninguém (nem a sua, nem a dos animais e nem a do planeta). Outra vantagem é que pode ser cozida ou consumida diretamente do processador de alimentos. É deliciosa de qualquer jeito. Essa linguiça costuma ser feita com nozes comuns e nozes-pecãs, mas prefiro usar sementes de girassol como base, por seu sabor levemente adocicado.

1. Aqueça 1 colher (chá) de azeite em uma frigideira grande em fogo médio. Refogue o alho e a cebola até ela ficar levemente transparente, de 3 a 4 minutos. Retire a frigideira do fogo.

2. Em um processador, misture as sementes de girassol, 2 colheres (chá) de azeite, os tomates secos, o tamari ou shoyu, o maple syrup, a fumaça líquida, a sálvia, as sementes de erva-doce, o cominho, a páprica, o sal e a pimenta. Acione o pulsar para quebrar as sementes e misturar tudo. Junte a cebola e o alho fritos e bata até obter uma mistura viscosa e com pedaços não maiores que uma lentilha. Desligue para raspar as paredes do processador, quando for preciso.

3. A linguiça pode ser servida crua ou cozida. Neste caso, aqueça o azeite restante em fogo médio na mesma frigideira que usou. Desmanche a linguiça na frigideira e frite por 5 minutos, mexendo e virando sempre, para fritar por igual. Você vai precisar de uma espátula para raspar o resíduo que grudar no fundo da frigideira. Se não for consumi-la imediatamente, deixe na geladeira em recipiente fechado por até 3 a 4 dias.

|||||||||||||||||||||||||||||

VARIAÇÕES

▶ Para fazer chorizo, aumente a quantidade de cominho e de páprica e acrescente ½ colher (chá) de pimenta-de-caiena. Se quiser mais picante, acrescente mais pimenta.

▶ Para fazer bolinhos de linguiça, divida a mistura crua em 6 porções. Usando um cortador de biscoitos e as mãos, faça bolinhos redondos e frite por 2 a 3 minutos de cada lado, até ficarem firmes.

PREPARO: 15 minutos
COZIMENTO: 5 minutos

3 a 4 colheres (chá) de azeite, separadas

½ cebola média picada

1 dente de alho picado

2 xícaras (chá) (280 g) de sementes de girassol cruas sem casca

¼ de xícara (25 g) de tomates secos picados (se estiverem muito rijos, reidrate para ficarem macios; os conservados em óleo também podem ser usados)

2 colheres (sopa) de tamari ou shoyu (molho de soja)

1½ colher (chá) de maple syrup (xarope de bordo)

1 colher (chá) de fumaça líquida

1 colher (chá) de sálvia seca

1 colher (chá) de sementes de erva-doce

½ colher (chá) de cominho

½ colher (chá) de páprica

sal e pimenta-do-reino a gosto

SEITAN CASEIRO

PREPARO: 15 minutos
COZIMENTO: 30 minutos

1 colher (chá) + 1 colher (sopa) de azeite, separadas

¼ de cebola média picada em cubinhos (cerca de ⅓ de xícara ou 70 g)

2 dentes de alho bem picados

1½ xícara (210 g) de glúten de trigo

2 colheres (chá) de farinha de grão-de-bico

2 colheres (chá) de levedura nutricional (veja pág. 29)

1 colher (chá) de manjerona seca

1 colher (chá) de orégano seco

¼ de colher (chá) de pimenta-do--reino

¾ de xícara (180 ml) de caldo de legumes

¼ de xícara (60 ml) de tamari ou shoyu (molho de soja)

2 colheres (sopa) de vinagre de maçã

O seitan é uma rica fonte de proteínas extraído do glúten do trigo. Por existir há milhares de anos, não gosto de classificá-lo como falsa carne, embora seja um excelente substituto em receitas que pedem proteína animal. Confira a receita do Satay de seitan tailandês com molho picante de amendoim (pág. 113)! O seitan vendido no comércio não é barato, mas é tão fácil fazer que não há razão para gastar tanto dinheiro. A boa notícia é que depois de reunir os ingredientes você poderá fazer várias porções e estocar.

1. Aqueça 1 colher (chá) de azeite em uma frigideira em fogo médio. Refogue a cebola por 2 ou 3 minutos até ficar transparente. Acrescente o alho e refogue por mais 1 ou 2 minutos; retire do fogo e reserve.

2. Em uma vasilha grande, junte o glúten de trigo, a farinha de grão-de-bico, a levedura, a manjerona, o orégano e a pimenta e misture bem. Em uma vasilha menor, misture o caldo de legumes, o tamari ou shoyu, o vinagre, a colher (sopa) de azeite e a cebola e o alho refogados.

3. Despeje a mistura de caldo na mistura do glúten de trigo e mexa com uma colher grande para agregar tudo. Amasse com as mãos por 5 minutos até obter uma massa homogênea e elástica. Pedacinhos de cebola vão se soltar quando você estiver amassando, mas tudo bem; eles serão recolhidos quando você fizer os bolinhos, no passo 5. Deixe descansar por 5 minutos.

4. Encaixe uma vaporeira sobre uma panela média com água e espere ferver.

5. Corte a massa ao meio e use as mãos para moldar as porções com 13 a 15 cm de comprimento e pelo menos 2,5 cm de espessura. Embrulhe cada porção em papel-alumínio.

6. Quando a água estiver fervendo, transfira as porções embrulhadas para a vaporeira e tampe. Deixe cozinhar no vapor por 30 minutos, virando uma vez para cozinhar por igual. Retire as porções da cesta da vaporeira, abra o papel-alumínio e deixe esfriar. Consuma imediatamente ou guarde em recipiente fechado por até uma semana na geladeira ou por até 2 meses no freezer.

MOLHO BARBECUE

Você deve estar se perguntando: "Molho barbecue já não é vegano?" Pois saiba que o açúcar usado nesses molhos (e na maior parte dos alimentos processados) é filtrado com farinha de osso (ossos carbonizados de animais). Algumas marcas usam mel e outros ingredientes não veganos. Mesmo que você encontre molhos prontos no mercado, é provável que custem caro e pesem no orçamento. Felizmente, é facílimo fazer em casa e fica muito mais gostoso! Este molho de sabor adocicado e defumado é um item obrigatório em qualquer cozinha vegana.

1. Aqueça o azeite em uma panela média em fogo médio. Acrescente o alho e refogue até sentir o aroma. Acrescente a cebola e refogue até começar a ficar transparente. Retire do fogo.

2. Transfira para o liquidificador; acrescente o molho de tomate, o açúcar de coco, o vinagre de maçã, o melado, o tamari ou shoyu, o vinagre de umeboshi, o cominho, a páprica e a pimenta vermelha. Bata para misturar bem.

3. Despeje essa mistura na panela e quando levantar fervura reduza bem o fogo. Cozinhe por 15 ou 20 minutos, mexendo de vez em quando.

4. Acrescente a mostarda, a fumaça líquida, o sal e a pimenta. Tire a panela do fogo. Deixe esfriar antes de transferir para um recipiente de louça ou de vidro. Conserve na geladeira até o momento de usar, entre 10 e 14 dias.

PREPARO: 10 minutos
COZIMENTO: 25 minutos

1 colher (chá) de azeite

3 dentes de alho amassados

½ cebola roxa média picada em cubinhos

1 lata (890 ml) ou 2 (445 ml) de molho de tomate sem sal

¼ de xícara (40 g) + 1 colher (sopa) de açúcar de coco ou açúcar mascavo vegano

¼ de xícara (60 ml) de vinagre de maçã

3 colheres (sopa) de melado

2 colheres (sopa) de tamari ou shoyu (molho de soja)

2 colheres (sopa) de vinagre de umeboshi ou vinagre destilado

1 colher (chá) de cominho

1 colher (chá) de páprica defumada

½ colher (chá) de pimenta vermelha em pó

2 colheres (chá) de mostarda de Dijon

1 colher (chá) de fumaça líquida

sal e pimenta-do-reino a gosto

MOLHO RANCH

O que é que não fica bom com molho ranch? Que salada não fica uma delícia com este molho tão cremoso e tão fresco? Pode até existir alguma coisa, mas não me lembro. Gosto mais do molho ranch quando ele é denso, adocicado e dá para sentir a variedade de sabores. Esta receita é perfeita para acompanhar legumes e verduras cruas, batatas fritas e grelhados em geral. Tudo fica mais gostoso com ele.

Junte todos os ingredientes no processador de alimentos e mais 5 colheres (sopa) da água das castanhas-do-pará reservada. Bata até obter uma mistura lisa. Deixe na geladeira até a hora de usar. Se a mistura gelada engrossar, para temperar uma salada, por exemplo, dilua com algumas colheres (chá) de água. Mantenha na geladeira em um recipiente fechado por 7 dias, no máximo.

PREPARO: 5 minutos

DESCANSO: 3 a 4 horas *(enquanto as castanhas-do-pará ficam de molho)*

½ xícara (80 g) de castanhas-do-pará cruas, de molho em água por 3 ou 4 horas. *Reserve a água*

2 colheres (sopa) de vinagre de maçã

2 colheres (chá) de xarope de agave

½ colher (chá) de orégano seco

½ colher (chá) de alho em pó

½ colher (chá) de cebola em pó

½ colher (chá) de sal

¼ de colher (chá) de sementes de aipo

¼ de colher (chá) de endro

CREME AZEDO DE TOFU

Quando adotei a dieta vegana, era obrigada a comprar o caríssimo creme azedo vegano. Usava muito pouco e o resto estragava na geladeira. Depois que isso aconteceu algumas vezes, decidi fazer o meu – infinitamente mais saudável e mais saboroso. Ficou tão bom que acabei usando muito mais. Este creme não vai poder faltar na sua cozinha.

Junte todos os ingredientes no processador de alimentos e bata até obter uma mistura lisa. Deixe na geladeira em recipiente fechado até usar ou no máximo por 5 dias.

PREPARO: 5 minutos

1 bloco (340 g) de tofu extrafirme (o embalado a vácuo é melhor)

¼ de xícara de suco de limão--siciliano

2 colheres (chá) de vinagre de maçã

2 colheres (chá) de missô branco

2 colheres (chá) de maionese vegana, opcional

MEL DA ABELHA FELIZ

RENDE 1 XÍCARA

Produtos líquidos, como o xarope de agave ou o maple syrup (xarope de bordo), costumam ser muito caros. Isso não quer dizer que não mereçam um espaço na sua despensa (porque há ocasiões em que nada substitui o maple syrup), mas ter uma alternativa caseira fará com que durem mais tempo. Este "mel" não agride a natureza, pode ser usado em qualquer receita que peça xarope de agave ou outro adoçante líquido e é muito mais barato.

PREPARO: 2 minutos
COZIMENTO: 60 minutos

- **6 xícaras (1,5 litro) de suco de maçã não filtrado**
- **2 colheres (sopa) de açúcar de coco ou açúcar mascavo vegano**
- **1 colher (sopa) de suco de limão-siciliano**

Misture o suco de maçã e o açúcar de coco em uma panela grande e ferva por 10 minutos. Reduza o fogo e cozinhe até a mistura cobrir levemente as costas da colher, por 60 a 70 minutos. Se ainda estiver fino, não se preocupe, porque engrossará mais quando esfriar. Junte o suco de limão e retire do fogo. Transfira para um pote ou um vidro e deixe esfriar completamente antes de tampar. Guarde na geladeira por 14 dias. Se ficar muito grosso, aqueça por 20 a 30 segundos no micro-ondas antes de usar.

NÃO POSSO VIVER SEM QUEIJO!

Outros quejandos

A renúncia aos queijos é o que impede muita gente de adotar uma dieta vegana. Como ex-*fromagier*, com certeza foi a minha maior dificuldade. Muitos veganos admitirão que os queijos foram os mais difíceis de abandonar. E também dirão que, quando conseguiram eliminá-los de sua dieta, a vontade também desapareceu. Assim como é fácil gostar de queijos, também é fácil deixar de gostar, especialmente diante de tantas e tão boas opções de queijos veganos! Para os amantes incondicionais de queijo, existem por aí inúmeras receitas de queijos veganos envelhecidos que são absolutamente autênticas. Os meus queijos não são tão envelhecidos, mas são igualmente deliciosos!

CHÈVRE DE TOFU

RENDE UMA BARRA DE 20 CM

Meu maior medo de me tornar vegana era nunca mais chegar perto de uma tábua de queijos. Um dos meus grandes prazeres na vida era beber uma taça de vinho acompanhada de bons queijos. Felizmente descobri que podia fazer uma tábua de queijos veganos *ainda melhores* que os antigos. O chèvre, por exemplo, vai bem com tudo, com pão, frutas frescas e frutas secas. Leva algum tempo para fazer, mas a gente logo esquece, ao tirar do forno aquela suculenta barra cremosa. O chèvre de tofu pode ser usado em qualquer receita que normalmente pediria um queijo de cabra, seja nas Tartines de ratatouille (pág. 100) seja nas Quesadillas assadas de milho, pimenta verde e chèvre de tofu com abacate cremoso (pág. 236).

PREPARO: 10 minutos
COZIMENTO: 20 minutos
DESCANSO: 4 a 5 horas

1 bloco (395 g) de tofu extrafirme
1½ colher (sopa) de missô branco
1 colher (sopa) de suco de limão--siciliano
1 colher (sopa) de azeite ou mais, se necessário
1 colher (chá) de tahine
¼ de colher (chá) de sal

1. Pressione o tofu (pág. 16) por, no mínimo, 1 hora, melhor 2.
2. Uma vez prensado, quebre o tofu em pedaços dentro de um processador de alimentos. Junte os demais ingredientes e bata até obter uma bola homogênea; se for preciso, desligue para raspar as paredes do processador. Acrescente azeite, ½ colher (chá) por vez, para agregar.
3. Estenda um pedaço grande de filme de PVC. Coloque uma quantidade da mistura de tofu sobre o filme de PVC e molde um rolo de 20 cm de comprimento. Embrulhe o rolo com o filme de PVC e role sobre uma superfície firme para dar a forma perfeita. Deixe na geladeira por 2 a 3 horas.
4. Preaqueça o forno a 175 °C. Forre uma assadeira com papel-manteiga ou tapete de silicone. Retire o filme de PVC que envolve o rolo, leve ao forno e asse por 20 minutos, virando de vez em quando para assar por igual. Retire do forno quando o rolo estiver firme e levemente dourado na superfície, mas ainda macio por dentro. Deixe esfriar completamente antes de servir. Se não for consumir imediatamente, guarde em recipiente fechado na geladeira por 3 ou 4 dias.

VARIAÇÕES

Experimente outros sabores de chèvre acrescentando os ingredientes abaixo quando a mistura no processador estiver completamente agregada. Pulse algumas vezes para incorporar o novo ingrediente.

▶ Para Chèvre de lavanda, acrescente 1 a 2 colheres (chá) de lavanda seca.

▶ Para Chèvre de ervas aromáticas, acrescente 2 a 3 colheres (chá) das suas ervas preferidas (gosto de usar manjericão, orégano e tomilho).

▶ Para Chèvre de alho assado, acrescente 2 dentes de alho assados espremidos da casca (veja pág. 19).

MAC & CHEESE COM BACON DE TEMPEH E PARMESÃO DE NOZES-PECÃS

RENDE 8 A 10 PORÇÕES

Acouve-flor é um desses "vegetais mágicos". É tão versátil que mesmo quem não gosta encontra ao menos um jeito de apreciá-la. A couve-flor assada exala um forte aroma de nozes e amassada faz lembrar um leite cremoso. Misturada com castanha de caju, a couve-flor garante a cremosidade exigida nesta receita. O mac & cheese está no topo da lista dos pratos que fazem bem à alma e, quando ganha o toque defumado do bacon de tempeh, torna-se uma refeição completa, com todo o prazer proporcionado por um bom queijo.

1. Preaqueça o forno a 200 ºC. Forre uma assadeira com papel-manteiga ou tapete de silicone. Distribua os buquês da couve-flor na assadeira e borrife levemente com azeite. Salpique sobre os buquês ¼ de colher (chá) de alho em pó, páprica, sal e pimenta-do-reino. Vire os buquês para que fiquem bem recobertos. Asse por 20 a 25 minutos, virando mais uma vez. Quando os buquês estiverem tenros e dourados, retire do forno e deixe esfriar por 2 minutos.

2. Para o molho, bata as castanhas de caju e o leite vegetal no liquidificador ou no processador de alimentos para obter uma mistura lisa e cremosa. Acrescente os buquês já frios, a levedura, o suco de limão-siciliano, a manteiga vegana derretida, o extrato de tomate, a mostarda, o missô, a cebola em pó, o cúrcuma e a ½ colher (chá) restante de alho em pó. Bata até obter uma pasta lisa. Reserve.

3. Diminua o forno para 175 ºC. Unte uma caçarola de 22 x 33 cm com azeite e reserve.

4. Ferva água em uma panela grande. Salgue-a antes de colocar o macarrão na água. Mexa imediatamente para evitar que a massa grude. Cozinhe a massa al dente, seguindo as instruções da embalagem; retire a panela do fogo e escorra a água. Despeje o molho cremoso sobre a massa e misture muito bem. Com delicadeza, incorpore os farelos de bacon de tempeh.

5. Despeje o macarrão na caçarola preparada. Termine com 1 xícara de parmesão de nozes-pecãs (receita a seguir) e leve ao forno para dourar por 5 a 10 minutos. Deixe descansar 5 minutos antes de servir.

PREPARO: 35 minutos *(não inclui o tempo de preparo do bacon de tempeh)*
COZIMENTO: 10 minutos
DESCANSO: 60 minutos *(enquanto as castanhas de caju ficam de molho)*

Mac & cheese

½ couve-flor; separe em buquês (mais ou menos 2½ a 3 xícaras/300g)

azeite para borrifar

¾ de colher (chá) de alho em pó dividida

¼ de colher (chá) de páprica defumada

sal e pimenta-do-reino a gosto

½ xícara (80 g) de castanha de caju crua de molho na água por no mínimo 1 hora. *Descarte a água*

1½ xícara (375 ml) de leite vegetal

½ xícara (35 g) de levedura nutricional (veja pág. 29)

3 colheres (sopa) de suco de limão--siciliano

2 colheres (sopa) de manteiga vegana derretida

1½ colher (chá) de extrato de tomate

½ colher (chá) de mostarda de Dijon

2 colheres (chá) de missô branco

½ colher (chá) de cebola em pó

½ colher (chá) de cúrcuma, opcional

cerca de 8 xícaras (2 litros) de água

450 g de macarrão caracol (sem glúten, se necessário)

1 receita de bacon de tempeh (pág. 37, veja variação)

Parmesão de nozes-pecãs

3 xícaras (375 g) de nozes-pecãs em pedaços

1 xícara (70 g) de levedura nutricional (veja pág. 29)

1½ colher (sopa) de suco de limão--siciliano

1 colher (chá) de alho amassado

Como fazer o parmesão de nozes-pecãs

Junte as nozes-pecãs, a levedura, o suco de limão-siciliano e o alho em um processador de alimentos e bata até a mistura ficar parecida com migalhas de pão. Transfira para um recipiente com tampa hermética e deixe na geladeira até o momento de usar ou por 2 meses, no máximo.

VARIAÇÕES

▶ Para uma refeição mais rápida, pule a parte do forno e sirva o mac & cheese diretamente. O parmesão de nozes-pecãs é opcional.

▶ Para fazer uma versão vegana do autêntico e tradicional mac & cheese, dispense o bacon de tempeh.

BETERRABAS ASSADAS COM ERVAS E CÍTRICOS E RICOTA DE MACADÂMIA

RENDE 3 A 4 PORÇÕES

Você ainda não sabe, mas beterrabas nasceram para serem assadas em suco de laranja e servidas com um queijo cremoso, pungente. Não um queijo qualquer, mas ricota de macadâmia. A textura amanteigada da macadâmia resulta em um queijo saboroso e sutil, que realça o sabor do ingrediente principal. Mas, quando você pensar no que acabou de comer, só se lembrará da ricota de macadâmia. É um queijo ideal para saladas, sanduíches, molhos cremosos e pode ser consumido tão logo for processado.

PREPARO: 15 minutos

COZIMENTO: 35 minutos

DESCANSO: 60 minutos *(enquanto a macadâmia está de molho)*

Ricota de macadâmia

1 xícara (140 g) de macadâmias cruas de molho em água morna por uma hora. *Reserve a água*

2 colheres (sopa) de suco de limão-siciliano

¾ de colher (chá) de sal

½ colher (chá) de missô branco

Beterrabas assadas com ervas e cítricos

azeite para borrifar

4 beterrabas grandes (5 ou 6, se pequenas) descascadas e cortadas em fatias de 1 cm de largura

½ xícara (125 ml) de suco de laranja fresco

2 colheres (sopa) de vinagre de maçã

1 colher (sopa) de alecrim fresco picado

1 colher (sopa) de tomilho fresco picado

1 colher (sopa) de maple syrup (xarope de bordo)

1 colher (sopa) de azeite

1 colher (chá) de raspas de laranja

sal e pimenta-do-reino a gosto

fatias de laranja, opcionais

Como fazer a ricota de macadâmia

Junte no processador de alimentos todos os ingredientes e mais 4 colheres (chá) da água da demolha reservada. Processe até obter uma mistura homogênea e cremosa. Acrescente sal se for necessário. Conserve na geladeira em recipiente fechado por 7 a 10 dias.

Como fazer as beterrabas assadas com ervas e cítricos

1. Preaqueça o forno a 230 °C. Borrife levemente uma assadeira de 23 x 33 cm com azeite.

2. Disponha as fatias de beterraba na assadeira. Junte o suco de laranja, o vinagre, o alecrim, o tomilho, o maple syrup, o azeite, as raspas de laranja, o sal e a pimenta. Mexa, para que todas as fatias fiquem recobertas. Não importa que se sobreponham. Asse por 30 a 40 minutos, virando mais uma vez para cozinharem por igual. Quando o garfo penetrar facilmente na beterraba, tire a assadeira do forno.

3. Arranje as fatias em uma travessa ou em pratos individuais. Esfarele a ricota de macadâmia por cima e guarneça com fatias de laranja. Sirva em seguida.

QUEIJO QUENTE COM CHEDDAR DE SEMENTES DE GIRASSOL E COGUMELOS

RENDE 2 SANDUÍCHES, MAIS QUEIJO EXTRA

Não pense que só porque você escolheu ser vegano nunca mais passará perto de um queijo quente. Que tal um pão tostado e recheado de queijo grelhado derretido? Pois agora ficou melhor do que nunca. Esta receita serve para tudo que você faz com cheddar, porque ela pode ser preparada de duas maneiras: um molho de queijo ou como queijo firme para fatiar e ralar. E estes sanduíches? Cogumelos quentes e carnudos, queijo cheddar derretido e mostarda em grãos no pão torrado. Tem coisa melhor?

PREPARO: 25 minutos
COZIMENTO: 10 minutos
DESCANSO: 2 a 3 horas

Cheddar de sementes de girassol

- azeite para borrifar
- 2 xícaras (280 g) de sementes de girassol
- ½ xícara (35 g) de levedura nutricional (veja pág. 29)
- 2 colheres (sopa) de suco de limão-siciliano
- 1 colher (sopa) de pimentão vermelho assado e picado
- 1 colher (sopa) de extrato de tomate
- 2 colheres (chá) de sal
- 2 colheres (chá) de missô branco
- ½ colher (chá) de cebola em pó
- ½ colher (chá) de alho em pó
- ½ colher (chá) de mostarda em pó
- ¼ de colher (chá) de cúrcuma
- 2 xícaras (500 ml) + 1 xícara (250 ml) de água, separadas
- 2 colheres (chá) de ágar-ágar em flocos (não pode ser em pó)

Sanduíches

- 480 g de cogumelos-de-paris fatiados
- ½ colher (chá) de tomilho seco
- sal e pimenta-do-reino a gosto
- 4 fatias de pão (de qualquer tipo)
- 2 a 3 colheres (sopa) de mostarda em grãos ou outra qualquer
- azeite para borrifar

Como fazer o cheddar de sementes de girassol

1. Unte uma fôrma de torta de 20 cm, uma fôrma de pão de 20 cm ou uma fôrma de muffins (dependendo do formato do sanduíche) com azeite e reserve.

2. Em um liquidificador potente, misture as sementes de girassol, a levedura, o suco de limão-siciliano, o pimentão assado, o extrato de tomate, o sal, o missô, a cebola em pó, o alho em pó, a mostarda em pó, o cúrcuma e 2 xícaras de água. O resultado será uma pasta de queijo supercremosa. Transfira para uma tigela e reserve.

3. Em uma panela média, dissolva o ágar-ágar na xícara de água restante. Cozinhe em fogo alto até começar a borbulhar, por cerca de 2 minutos. Despeje no molho de queijo batendo rapidamente com um batedor de arame para incorporar e obter uma massa lisa. Continue batendo até levantar fervura e então reduza o fogo. Sem parar de bater, deixe ferver por 4 a 5 minutos até engrossar bem e ficar difícil de bater.

4. Despeje o queijo na fôrma preparada e leve à geladeira por 2 ou 3 horas. Quando estiver firme, sirva imediatamente, use em qualquer receita que peça queijo cheddar ou guarde na geladeira, em recipiente fechado por 7 a 10 dias.

Como fazer os sanduíches

1. Preaqueça o forno a 175 °C.

2. Aqueça uma frigideira de tamanho médio em fogo médio. Acrescente os cogumelos e refogue por 4 a 5 minutos até ficarem macios e dourados, virando-os de vez em quando. Retire do fogo e junte o tomilho, o sal e a pimenta. Reserve.

3. Separe duas fatias de pão. Passe mostarda em uma delas. Espalhe ⅓ de xícara de cogumelos cozidos sobre a outra fatia. Rale um pouco do cheddar de sementes de girassol sobre os cogumelos. Repita a operação com as duas outras fatias para os outros sanduíches.

4. Coloque as duas fatias de pão com os cogumelos e o cheddar em uma assadeira. Faça sobre cada uma delas uma "tenda" de papel-alumínio dobrando a folha ao meio e erguendo-a no centro (o papel--alumínio não deve encostar no queijo). Leve para assar por 4 a 5 minutos até o cheddar começar a derreter. Retire do forno e feche o sanduíche com as fatias lambuzadas de mostarda.

5. Aqueça uma frigideira em fogo médio. Borrife um dos lados do sanduíche com azeite e coloque na frigideira, o lado borrifado voltado para baixo. Borrife também o lado de cima. Frite de 3 a 4 minutos de cada lado até que ambos estejam dourados e crocantes. Retire do fogo e sirva em seguida.

VARIAÇÕES

▶ Para ter um queijo cheddar defumado, acrescente uma colher (chá) de fumaça líquida à mistura de sementes de girassol.

▶ Para um queijo com sabor de castanhas, substitua as sementes de girassol por castanhas de caju de molho em água por, no mínimo, 1 hora.

▶ Para um creme de queijo cheddar ou queijo cheddar derretido, dispense os passos 3 e 4.

▶ Experimente variar substituindo os cogumelos por seitan, por bacon de tempeh (pág. 37), por couve-flor assada (pág. 120) ou mesmo pela salada de tempeh e curry com cerejas e amêndoas (pág. 268).

DICAS

- É importante que a mistura de sementes de girassol esteja bem homogênea antes de ser incorporada à mistura de ágar-ágar.

- O segredo para conseguir um queijo mais firme é continuar a bater a mistura ao fogo, com batedor de arame, depois de acrescentar a mistura de girassol. Quanto mais tempo cozinhar, mais firme ficará.

- Este queijo não derrete da mesma maneira que os queijos comuns. Mas, se for aquecido adequadamente, ficará bastante cremoso. A melhor maneira de obter esse resultado é cobrir com papel-alumínio (erguendo-o no meio para não encostar no queijo) e deixar alguns minutos dentro do forno.

GRATINADO DE BATATAS, ESPINAFRE E FETA DE TOFU

RENDE 6 A 8 PORÇÕES

Este feta de tofu é o queijo mais fácil de fazer de todo o livro; tão simples que não há desculpa para não ser um coringa na sua cozinha. É fantástico em saladas, em sanduíches e, principalmente, em gratinados. Nesta receita, o feta de tofu transforma um prato normalmente pesado em um gratinado de batata leve e saudável. E, se o feta for feito com antecedência, é uma refeição muito fácil de preparar. Impressiona tanto que ninguém jamais dirá que não tem creme de leite!

Como fazer o feta de tofu

Junte o suco de limão-siciliano, o vinagre, a água, o missô, o manjericão e o orégano em uma assadeira rasa. Acrescente o tofu e misture bem. Cubra e deixe na geladeira por, no mínimo, 3 a 4 horas.

Como fazer o gratinado

1. Preaqueça o forno a 190 °C. Borrife azeite levemente em uma travessa refratária de 23 x 33 cm. Reserve.

2. Aqueça a colher de azeite em uma frigideira grande em fogo médio. Junte a cebola e o alho e refogue até a cebola começar a ficar transparente. Acrescente o espinafre e deixe murchar. Junte o sal e a pimenta. Reserve.

3. Em uma vasilha pequena, misture o leite vegetal, o iogurte, o suco de limão-siciliano, o alho em pó, o sal e a pimenta. Reserve.

4. Disponha uma camada de batatas fatiadas sobrepostas no fundo da travessa refratária. Espalhe a metade do espinafre sobre as batatas. Separe ¼ de xícara (60 ml) de feta de tofu. Espalhe a metade sobre a mistura de espinafre. Faça outra camada de batatas, use o restante do espinafre e a outra metade do feta. Finalize com uma camada de batatas. Espalhe uniformemente a mistura de leite vegetal sobre a última camada de batatas.

5. Cubra a travessa com papel-alumínio e leve ao forno por 35 minutos. Retire o papel-alumínio, espalhe o queijo feta (¼ de xícara) restante e asse por mais 10 minutos. Retire do forno e deixe descansar por 5 minutos antes de servir. As sobras podem ser guardadas na geladeira em um recipiente hermeticamente fechado por 4 a 5 dias.

PREPARO: 25 minutos
COZIMENTO: 45 minutos
DESCANSO: 3 a 4 horas

Feta de tofu

⅓ de xícara (80 ml) de suco de limão-siciliano

2 colheres (sopa) de vinagre de arroz

2 colheres (sopa) de água

2 colheres (sopa) de missô branco

1 colher (chá) de manjericão seco, opcional

1 colher (chá) de orégano seco, opcional

1 bloco (395 g) de tofu extrafirme esfarelado

Gratinado

azeite para borrifar

1 colher (chá) de azeite

½ cebola picada

2 a 3 dentes de alho picados

1 pacote (455 g) de espinafre congelado

sal e pimenta-do-reino a gosto

1 xícara (250 ml) de leite vegetal

¾ de xícara (170 ml) de iogurte vegetal integral de coco ou de soja

1 colher (chá) de suco de limão-siciliano

½ colher (chá) de alho em pó

4 a 5 batatas inglesas cortadas em rodelas finas

PERAS ASSADAS EM VINAGRE BALSÂMICO COM GORGONZOLA DE CASTANHA DE CAJU

RENDE 2 A 4 PORÇÕES

Acenda as velas, abra uma garrafa de vinho (vegano) e ponha para tocar uma música suave (alguma coisa dos anos 1960). Chegou a hora das deliciosas peras assadas em vinagre balsâmico com gorgonzola de castanha de caju, "mel" e pistaches crocantes. Este gorgonzola retira a sua cremosidade das castanhas de caju; o sabor penetrante, do suco de limão-siciliano, do missô e do vinagre de umeboshi; e os veios azuis-esverdeados, da espirulina. O gorgonzola tem muitas aplicações: vai bem com hambúrguer, é uma delícia esfarelado sobre a salada ou compondo uma tábua de queijos. Também combina com doces e frutas. Senhoras e senhores, preparem-se, porque estão prestes a conhecer algo muito especial!

Como fazer as peras assadas em vinagre balsâmico

1. Preaqueça o forno a 200 °C. Misture o vinagre, o xarope de agave, a manteiga vegana derretida e o sal em uma travessa refratária quadrada de 20 cm.

2. Corte as peras ao meio, no sentido do comprimento, e use uma colher ou um boleador de melão para retirar as sementes e cavar um espaço para rechear. Disponha as metades das peras na travessa, o lado cortado voltado para baixo. Use um pincel para untar as peras com a mistura de vinagre. Asse por 25 minutos, regando as peras de vez em quando com o líquido do cozimento. Vire as peras para cima, regue novamente e asse por 10 a 15 minutos, até dourar e caramelizar.

3. Transfira as peras para uma travessa e recheie com pedaços de gorgonzola. Regue com mel da abelha feliz e espalhe os pistaches. Sirva em seguida.

Como fazer o gorgonzola de castanha de caju

1. Coloque as castanhas, o suco de limão, o missô, o vinagre, a levedura, o sal, a manjerona e a kelp no processador e bata até obter uma pasta macia, parando para limpar a lateral do processador se necessário. Quando estiver cremoso, transfira para uma vasilha rasa. Separe duas colheradas e coloque em uma tigelinha. Espalhe a mistura da vasilha maior pelo fundo do recipiente. Reserve.

PREPARO: 20 minutos
COZIMENTO: 35 a 40 minutos
DESCANSO: 6 a 8 horas *(enquanto as castanhas de caju estão de molho)*

Gorgonzola de castanha de caju

1 xícara (160 g) de castanhas de caju cruas de molho em água por 3 ou 4 horas. *Descarte a água*

3 colheres (sopa) de suco de limão-siciliano

1 colher (sopa) de missô branco

1 colher (sopa) de vinagre de umeboshi

1 colher (sopa) de levedura nutricional (veja pág. 29)

½ colher (chá) de sal

uma pitada de manjerona seca

uma pitada de grânulos kelp (alga granulada)

uma pitada de espirulina em pó (veja dica)

Peras assadas em vinagre balsâmico

½ xícara (125 ml) de vinagre balsâmico

2 colheres (sopa) de xarope de agave

1 colher (sopa) de manteiga vegana derretida

uma pitada de sal

2 peras não muito maduras (qualquer variedade serve)

mel da abelha feliz (pág. 46) para regar

⅓ de xícara (130 g) de pistaches picados

2. Junte a espirulina às colheradas de queijo da tigelinha menor. Misture bem. Com cuidado, espalhe a mistura de queijo e espirulina sobre o queijo na vasilha maior, certificando-se de não misturar os dois. Passe uma faca sem serra por toda a área do queijo para criar os veios característicos do gorgonzola, dando um efeito marmorizado. Leve à geladeira sem cobrir (para que o queijo seque um pouco) por 3 a 4 horas. Quando estiver um pouco mais firme (mas ainda macio e cremoso, não deve ficar seco e esfarelento), use uma colher para separar ½ xícara (120 ml) de pedaços de queijo. Guarde o restante na geladeira dentro de um recipiente hermético por 7 a 10 dias.

DICA

Se não encontrar espirulina, use espinafre em pó (vendido em algumas lojas de produtos naturais) ou triture folhas de louro secas em um processador de alimentos ou no moedor de pimenta (este último afeta um pouco o sabor). Se não quiser os veios azuis-esverdeados em seu gorgonzola, não fará diferença no sabor.

FARROTO CAPRESE COM MOZARELA DE MACADÂMIA

RENDE 4 PORÇÕES, MAIS QUEIJO EXTRA

Fresca. Cremosa. Leve. Derretida. Sim, estou falando da mozarela. E não de qualquer mozarela, mas desta mozarela de macadâmia! Ou macarela, se preferir. No sanduíche, na pizza ou na lasanha, é um queijo úmido, derretido, que todo mundo adora. Também vai bem nas saladas, especialmente se combinada com tomate e manjericão. O farroto caprese celebra esse trio de sabores em um risoto. O farro, um grão cujo sabor lembra nozes, contribui com a textura mais firme. Esqueça de uma vez a mozarela e adote para sempre a macarela!

Como fazer a macarela

1. Unte 5 cavidades de uma fôrma de muffins com azeite.
2. Junte em um processador de alimentos as macadâmias, o leite vegetal, a araruta, o suco de limão-siciliano, a levedura e o sal e bata até obter uma mistura lisa. Despeje o conteúdo em uma panela de tamanho médio. Acrescente o ágar-ágar e mexa vigorosamente para dissolver. Mexendo sempre, deixe cozinhar em fogo médio para alto. Quando levantar fervura, reduza o fogo rapidamente e não pare de mexer.
3. Após 3 a 5 minutos, quando a mistura engrossar, ficar lustrosa e mais difícil de mexer, retire do fogo e despeje rapidamente na fôrma de muffin já preparada, enchendo-a até a boca. (Vai preencher 4 ou 5 cavidades.)
4. Leve a bandeja à geladeira até os queijos ficarem firmes, por 2 ou 3 horas. Desenforme, transfira os queijos para um recipiente fechado e leve à geladeira até a hora de usar.

Como fazer o pistou de manjericão

No copo do liquidificador ou no recipiente do processador de alimentos, junte o manjericão, o azeite, o alho e o caldo de legumes e pulse para misturar. Acrescente o sal e a pimenta. Reserve para usar mais tarde.

Como fazer o farroto

1. Aqueça o azeite em uma caçarola grande com tampa. Refogue o alho por 2 minutos ou até começar a recender. Acrescente a cebola e refogue até ficar transparente.

PREPARO: 20 minutos
COZIMENTO: 25 minutos
DESCANSO: 4 a 6 horas *(ou enquanto as macadâmias estão de molho)*

Macarela

azeite para borrifar

1 xícara (140 g) de macadâmia de molho em água por 2 ou 3 horas. *Descarte a água*

1½ xícara (375 ml) de leite vegetal

1 colher (sopa) de araruta

1 colher (sopa) de suco de limão--siciliano

1½ colher (chá) de levedura nutricional (veja pág. 29)

½ colher (chá) de sal

1½ colher (chá) de ágar-ágar em pó (em flocos não serve)

Pistou de manjericão

2 xícaras (60 g) de manjericão picado

1½ colher (sopa) de azeite

2 dentes de alho

2 colheres (sopa) de caldo de legumes

sal e pimenta-do-reino a gosto

Farroto

1 colher (chá) de azeite

2 a 3 dentes de alho bem picados

½ cebola média bem picada

1½ xícara (270 g) de farro cru lavado e escorrido

1½ colher (chá) de manjericão seco

1 colher (chá) de orégano seco

4 xícaras (1 litro) de caldo de legumes, separadas

2 xícaras (310 g) de tomates-cereja cortados ao meio

½ xícara (35 g) de levedura nutricional (veja pág. 29)

suco de ½ limão-siciliano

sal e pimenta-do-reino a gosto

2. Junte o farro, o manjericão, o orégano e ¼ de xícara de caldo de legumes. Cozinhe por 1 ou 2 minutos até o líquido ser absorvido.

3. Acrescente mais 1¼ xícara de caldo, mexa e tampe. Deixe cozinhar por 5 minutos até o líquido ser absorvido. Junte mais ½ xícara de caldo e os tomates, misture bem e tampe. Cozinhe até o líquido ser absorvido. Continue até o caldo ser totalmente absorvido.

4. Junte a levedura, o suco de limão-siciliano, o sal e a pimenta. Corte 1 ou 2 forminhas de macarela em fatias finas. Espalhe as fatias de macarela e o pistou de manjericão sobre o farroto e sirva.

||||||||||||||||||||||

VARIAÇÃO

▶ Para fazer este prato sem glúten, substitua o farro por arroz arbório ou outro de sua escolha.

 DICAS

- É importante que a mistura da macarela esteja o mais homogênea possível antes de ir para o fogo (antes de cozinhar).

- Também é importante bater a mistura vigorosamente com o batedor de arame por no mínimo 3 a 5 minutos. Quanto mais tempo ficar no fogo, mais firme será o queijo.

- Este queijo não derrete sobre o farroto. Se preferir um queijo que derreta, siga as instruções para derreter o cheddar de sementes de girassol (pág. 54). Veja também a Pizza deep dish com vegetais assados (pág. 196).

E ONDE ESTÁ A MINHA PROTEÍNA?

Maneiras gostosas de garantir a proteína

Ninguém se lembra de que existe proteína até se tornar vegano. Mesmo que eu insista em dizer que (a) quase tudo tem proteína, (b) a proteína está por toda parte, principalmente em grãos, sementes, oleaginosas e até nas verduras, e (c) meus músculos não atrofiaram, portanto devo estar fazendo a coisa certa, as pessoas continuam dizendo que os veganos têm carência de proteína. Tenho boas notícias: a proteína está presente em todas as receitas deste livro (em algumas mais, em outras menos); e este capítulo mostra que ela pode estar onde você menos espera encontrá-la.

TABULE DE BRÓCOLIS E QUINOA AO MOLHO DE TAHINE E ERVAS

RENDE 6 PORÇÕES

Você sabia que brócolis tem quase 3 gramas de proteína por xícara? Combinados com a quinoa, que é uma usina de proteínas (nada menos que 8 gramas por xícara), serão 11 gramas de proteína por xícara neste refrescante e leve tabule. Mas não é só isso! Tempere o tabule com um rico e cremoso molho de ervas feito com tahine e serão mais 3 gramas de proteína por colher de sopa. Vinte gramas de proteína numa só porção? Nada mal para uma salada tão leve, concorda?

1. Junte o tahine, o suco de limão-siciliano, a água, o manjericão, a salsinha e o xarope de agave no processador de alimentos e bata até obter uma mistura cremosa. Acrescente o endro e o sal e pulse para incorporar. Transfira para um recipiente com tampa; se não for usar imediatamente, deixe na geladeira.

2. Leve os brócolis para o processador e pulse para quebrar em pedaços menores. Transfira para uma vasilha grande.

3. Junte a quinoa, a salsinha, a hortelã, o tomate, o pepino, a cebola roxa e os rabanetes e misture bem. Regue com o suco de limão-siciliano. Tempere com sal e pimenta, se desejar. Sirva a salada fria com molho de tahine e ervas (ou sirva o molho à parte). Guarde as sobras na geladeira, em recipiente fechado, por 3 dias.

PREPARO: 30 minutos *(não inclui o tempo de cozimento da quinoa)*

Molho de tahine e ervas

½ xícara (120 g) de tahine

⅓ de xícara (80 ml) de suco de limão-siciliano

⅓ de xícara (80 ml) de água

⅓ de xícara (15 g) de manjericão fresco picado

⅓ de xícara (15 g) de salsinha fresca picada

½ a 1 colher (sopa) de xarope de agave

2 colheres (chá) de endro seco

sal a gosto

Tabule

3 xícaras (225 g) de buquês e talos de brócolis fatiados

2 xícaras (320 g) de quinoa cozida fria (veja pág. 10)

1 xícara (40 g) de salsinha fresca picada

½ xícara (20 g) de hortelã fresca picada

¾ de xícara (120 g) de tomates picados

¾ de xícara (120 g) de pepinos cortados em cubinhos

½ xícara (135 g) de cebolas roxas cortadas em cubinhos

6 rabanetes em fatias muito finas

½ xícara (125 ml) de suco de limão-siciliano

sal e pimenta-do-reino a gosto, opcional

HOMUS DE EDAMAME E ESPINAFRE

RENDE 4 A 6 PORÇÕES

Não é à toa que o marinheiro Popeye atribui seus poderosos músculos ao espinafre que consome: um maço de espinafre contém nada menos que 10 gramas de proteína! E saiba que mergulhar as folhas de espinafre cruas em uma pasta cremosa é muito melhor do que espremer a lata. Se essa pasta for um homus com as proteínas do edamame e do tahine, você vai se sentir o próprio Popeye (só vai faltar a âncora tatuada no braço). Sirva com legumes crus, batata frita, pão sírio ou espalhe no seu sanduíche preferido.

Junte o edamame, o espinafre e o alho no processador de alimentos e bata até agregar. Acrescente o suco de limão-siciliano, o tahine, o caldo, o azeite, o tamari, a cebola em pó e a páprica; processe para obter uma mistura cremosa. Tempere com o sal e a pimenta e guarneça com o edamame reservado. Deixe na geladeira, em recipiente fechado, até a hora de servir ou por até 4 dias.

PREPARO: 5 minutos

2 xícaras (280 g) de edamame fresco debulhado ou descongelado, mais um pouco para guarnecer

1 xícara (30 g) de folhas de espinafre

2 dentes de alho

¼ de xícara (10 g) de salsinha picada

¼ de xícara (60 ml) de suco de limão-siciliano

¼ de xícara (60 g) de tahine

¼ de xícara (60 ml) de caldo de legumes ou água

2 colheres (sopa) de óleo de gergelim ou azeite

½ colher (chá) de tamari ou shoyu (molho de soja)

½ colher (chá) de cebola em pó

algumas pitadas de páprica defumada

sal e pimenta-do-reino a gosto

"FRITAS" DE GRÃO-DE-BICO

RENDE 2 A 4 PORÇÕES

Não são as mesmas fritas a que você está acostumado. Em primeiro lugar, não é fritura. Em segundo, não é batata nem qualquer outro legume. É farinha de grão-de-bico (ou besan), riquíssima fonte de proteína e ingrediente versátil da culinária vegana (entra em muitas receitas deste livro). E se você fizer esta receita para duas pessoas, cada uma consumirá mais de 20 gramas de proteína. Mas estas "fritas" têm mais em comum com as convencionais do que o formato: têm exatamente o mesmo sabor quando molhadas em ketchup ao acompanhar qualquer sanduíche.

1. Forre uma travessa refratária de 23 x 33 cm com papel-manteiga. Reserve.

2. Em uma vasilha grande, misture a farinha de grão-de-bico, o sal negro, o alho em pó, a cebola em pó, o cominho, a páprica e a pimenta-de-caiena. Ferva a água em uma panela média. Despeje a mistura da farinha de grão-de-bico na água fervente e use o batedor de arame para incorporar a maior parte (tudo bem se ficarem alguns carocinhos). Acrescente o azeite e continue batendo por uns 3 minutos até ganhar a consistência de um pudim denso. Retire do fogo.

3. Despeje na travessa preparada. Deixe na geladeira durante a noite ou no mínimo por 2 horas.

4. Preaqueça o forno a 200 °C. Retire da travessa a mistura de grão-de-bico endurecida, erguendo-a pelo papel-manteiga. Ainda sobre o papel, corte tiras de 1 a 2 cm no sentido da largura da assadeira. Agora corte as tiras ao meio no sentido do comprimento. Retire o papel-manteiga e coloque as fritas de volta na travessa. Espalhe-as bem para não encostarem umas nas outras. Borrife com azeite, se desejar, e salpique sal e/ou pimenta-do-reino.

5. Asse por 40 minutos, virando as fritas a cada 10 minutos para que os quatro lados assem por igual. Se ainda estiverem muito moles, asse por mais 10 minutos, virando mais uma vez. Retire do forno e sirva em seguida, com os molhos de sua escolha.

PREPARO: 15 minutos
COZIMENTO: 40 a 50 minutos
DESCANSO: 2 a 3 horas

2 xícaras (220 g) de farinha de grão-de-bico

1 colher (chá) de sal negro (kala namak) ou sal marinho

¾ de colher (chá) de alho em pó

¾ de colher (chá) de cebola em pó

½ colher (chá) de cominho

½ colher (chá) de páprica defumada

uma pitada de pimenta-de-caiena

4 xícaras (1 litro) de água

2 colheres (sopa) de azeite

azeite para borrifar

sal e pimenta-do-reino a gosto

ketchup vegano, molho barbecue (pág. 43) ou molho ranch apimentado (pág. 44)

VARIAÇÕES

▶ Experimente outros condimentos no lugar do cominho, da páprica e da pimenta-de-caiena: fica ótimo com 1½ colher (chá) de garam masala ou 1 colher (chá) de manjericão, outra de orégano e outra de tomilho, todos secos.

DICA

Você pode também optar pela versão frita em vez de assada. Cubra com azeite o fundo de uma frigideira grande, de preferência de ferro batido, e aqueça em fogo médio. Frite em pequenas porções, por 3 a 4 minutos de cada lado. Forre uma travessa com papel-toalha para absorver o excesso de óleo e retire as fritas da frigideira. Sirva em seguida.

BATATA ASSADA COM RECHEIO MEXICANO

RENDE 2 A 4 PORÇÕES

As batatas tinham péssima reputação na época da dieta Atkins. Devido ao excesso de amido e ao alto teor de carboidratos, elas desapareceram para sempre da dieta dos que rejeitavam os carboidratos. Sim, as batatas são ricas em carboidratos complexos, mas não se pode negar que cada unidade contenha também de 5 a 7 gramas de proteína. Se isso não bastar para convencê-lo, você pode recheá-las com feijões pretos condimentados e acrescentar mais 15 gramas de proteína por xícara. Mas não se espante se a camisa começar a abrir para dar espaço ao novo volume dos bíceps.

1. Preaqueça o forno a 200 °C. Lave bem as batatas e leve ao forno para assar durante 1 hora ou até o garfo penetrar com facilidade.

2. Enquanto as batatas assam, cozinhe o feijão. Aqueça o azeite na frigideira em fogo médio. Refogue o alho e a cebola até ficar transparente. Acrescente o feijão, ½ xícara (120 ml) de caldo, a pimenta verde, o cominho, a páprica e a pimenta vermelha em pó. Tampe ligeiramente a frigideira e deixe cozinhar por 5 minutos ou até o caldo quase secar. Adicione mais ¼ de xícara (60 ml) de caldo e repita. Junte o caldo restante e amasse o feijão com um amassador de batatas. Cozinhe por 2 a 3 minutos. Junte a levedura, 2 colheres (sopa) de suco de limão-taiti, o sal e a pimenta-do-reino. Retire do fogo.

3. Em uma vasilha de tamanho médio, misture os tomates, o milho, as 2 colheres (sopa) restantes de suco de limão-taiti e sal.

4. Quando as batatas estiverem assadas, corte-as ao meio no sentido do comprimento, mas não separe as duas metades. Transfira as batatas para um prato. Com uma colher, escave o centro das duas metades, mas sem romper a casca.

5. Recheie cada metade com feijão, deixando escorrer um pouco no prato. Finalize com uma colherada da mistura de tomate, um pouco de creme azedo, outra colherada de guacamole e salpique a cebolinha por cima. Sirva em seguida. As sobras podem ser guardadas na geladeira, em recipiente fechado, por 3 ou 4 dias.

PREPARO: 15 minutos
COZIMENTO: 1 hora *(a maior parte inativa)*

2 batatas grandes lavadas e secas

1 colher (chá) de azeite

2 ou 3 dentes de alho bem picados

½ cebola média picada

3 xícaras (525 g) de feijão-preto cozido (veja pág. 20) ou 1 lata (425 g) de feijão-preto pronto lavado e escorrido

1 xícara (250 ml) de caldo de legumes, dividida

3 colheres (sopa) de pimenta verde em conserva, em cubinhos

1 colher (chá) de cominho

½ colher (chá) de páprica defumada

¼ de colher (chá) de pimenta vermelha em pó

2 colheres (sopa) de levedura nutricional (veja pág. 29), opcional

4 colheres (sopa) (60 ml) de suco de limão-taiti, divididas

sal e pimenta-do-reino a gosto

1 xícara (160 g) de tomate em cubinhos

1 xícara (140 g) de milho em conserva escorrido ou fresco descongelado

creme azedo de tofu (pág. 45)

guacamole de ervilhas (pág. 252) ou guacamole (pág. 117)

cebolinha picada

TACOS DE FALAFEL AO MOLHO DE SRIRACHA E TAHINE

RENDE 4 PORÇÕES

pág. 63

Sabe quando você tem vontade de comer alguma coisa, mas só se for falafel ou tacos? Isso acontece comigo o tempo todo. Bem, este taco de falafel é exatamente o que você gostaria: um taco recheado com um apetitoso e saudável falafel assado. Mas não é só isso: você vai gostar também do molho cremoso, forte e apimentado de sriracha e tahine que deixa cada bocado melhor que o anterior. Cada taco contém 8 gramas de proteínas, a do grão-de-bico, a da farinha de grão-de-bico, a das tortilhas e a do tahine. Se ainda precisar de um reforço de proteínas, esqueça os tacos e sirva o seu falafel com Tabule de brócolis e quinoa (pág. 64) ou com Homus de edamame e espinafre (pág. 67).

1. Junte todos os ingredientes do molho de sriracha e tahine em um processador de alimentos. Bata até obter uma massa lisa. Leve à geladeira até a hora de usar.

2. Preaqueça o forno a 175 °C. Forre uma assadeira com papel-manteiga ou tapete de silicone. Reserve.

3. Junte todos os ingredientes do falafel no processador e bata até obter uma bola de "massa" o mais lisa possível. Se a mistura estiver muito seca, acrescente colheres (chá) de água até formar a bola.

4. Use uma colher de sopa ou uma concha para sorvete como medida para apanhar a massa e modelar as bolas com as mãos. Achate-as ligeiramente e distribua-as pela assadeira preparada. Repita o processo com toda a massa. Você vai obter 18 a 20 bolinhos de falafel.

5. Asse por 20 minutos, virando os bolinhos a cada 10 minutos para que assem por igual. Retire do forno.

6. Para montar os tacos, coloque um pouco de alface em cada tortilha e acrescente 2 ou 3 bolinhos (se quiser, quebre os bolinhos). Termine com os tomates ou qualquer outro recheio para tacos. Cubra com o molho de sriracha e tahine e sirva.

PREPARO: 15 minutos
COZIMENTO: 20 minutos

Molho de sriracha e tahine

¼ de xícara (60 g) de tahine

¼ de xícara (60 ml) de água

1 a 2 colheres (sopa) de sriracha

1 colher (sopa) de alcaparras em conserva escorridas

suco de 1 limão-siciliano

1 dente de alho amassado

1 colher (chá) de endro seco

Falafel

1½ xícara (255 g) de grão-de-bico cozido (veja pág. 20) ou 1 lata (425 g) de grão-de-bico pronto lavado e escorrido

½ xícara (20 g) de coentro fresco ou uma mistura de salsinha e coentro

¼ de cebola roxa picada

2 ou 3 dentes de alho

suco de ½ limão-siciliano

3 colheres (sopa) de farinha de grão-de-bico

1½ colher (chá) de endro seco

1½ colher (chá) de orégano seco

1 colher (chá) de páprica defumada

1 colher (chá) de cominho

1 colher (chá) de levedura nutricional (veja pág. 29), opcional

algumas pitadas de pimenta-do-reino

sal a gosto

Tacos

8 tortilhas para os tacos (veja na pág. 132 como fazer as suas)

1 a 2 xícaras (30 g a 60 g) de alface cortada

2 a 3 tomates italianos cortados em fatias

outros recheios (pepino, abacate, pimentão, etc.)

COLE SLAW DE COUVE COM MOLHO DE "MEL" E MOSTARDA

RENDE 2 A 4 PORÇÕES

Quem diz que verdura é comida de coelho veja isto: um maço de couve tem, aproximadamente, 15 a 18 gramas de proteína. Metade de um repolho roxo tem uns 6 gramas de proteína. Isso quer dizer que esta salada contém mais de 20 gramas de proteína só nas folhas. Acrescente a cenoura e um delicioso molho feito com grãos inteiros de mostarda e Mel da abelha feliz (pág. 46) e teremos uma salada muito saudável, nutritiva e saborosa para coelho nenhum botar defeito.

1. Junte 4 a 5 folhas de couve e fatie-as em tiras na diagonal. Repita com o restante da couve. Arranje a couve e as cenouras em uma saladeira grande.

2. Corte ao meio a metade do repolho, do centro para fora. Fatie cada um dos quartos em tiras ou passe no ralador. Você vai obter aproximadamente 2 xícaras de repolho fatiado. Coloque na saladeira com a couve e a cenoura.

3. Junte os ingredientes do molho em uma cumbuca e mexa com um garfo. Jogue o molho sobre a salada e misture. Deixe na geladeira de 1 a 4 horas antes de servir. Salpique gergelim sobre a salada e sirva gelada ou em temperatura ambiente.

PREPARO: 20 minutos
DESCANSO: 1 a 4 horas

Salada

1 maço de couve sem os talos

2 xícaras (220 g) de cenouras picadas (2 a 3 cenouras médias)

½ repolho roxo

Molho

2 colheres (sopa) do mel da abelha feliz (pág. 46) ou xarope de agave

2 colheres (sopa) de suco de limão--siciliano

1 colher (sopa) de azeite

4 colheres (chá) de mostarda em grãos

gergelim para salpicar

VARIAÇÕES

▶ Se você não gosta de repolho roxo, troque pelo branco.

▶ Para fazer uma salada de couve tradicional e menos crocante, massageie a couve picada com um pouco de molho cerca de 5 minutos antes de juntar os outros ingredientes. (Se você nunca massageou uma couve, é hora de rever seus conceitos. Vale a pena, confie em mim.)

TOFU NÃO TEM GOSTO DE NADA.

Tofu preparado com tudo que tiver

O tofu tem a péssima fama de ser o que existe de mais insípido e sem graça. Eu também pensava assim. Mas um mexido de tofu mudou tudo. A preparação correta pode transformar um bloco branco de soja, sem nenhuma imaginação, em algo mágico, viciante, delicioso. Tenho certeza de que estas receitas farão você repensar o tofu e tudo o que pode ser feito com ele. E o tofu insípido será coisa do passado!

MEXIDO MEDITERRÂNEO DE TOFU

RENDE 4 PORÇÕES

Omexido de tofu não só mudou o meu conceito de tofu para sempre como se tornou presente nas minhas refeições por muitos meses assim que me tornei vegana. A simplicidade, a versatilidade e o fato de nunca dar errado fazem desta receita a preferida dos novos veganos e também dos veteranos. É o sal negro que dá ao mexido o sabor sulfuroso dos ovos; a levedura nutricional apenas acrescenta o aroma e sabor de queijo. Esta é a receita do meu mexido favorito com uma leve inclinação mediterrânea. Servido no pão sírio e acompanhado de azeitonas e charutinho de folhas de uva, você não vai esquecer tão cedo.

1. Aqueça o azeite em uma frigideira grande em fogo médio. Acrescente as echalotas e salteie por 3 a 4 minutos. Esfarele o tofu dentro de uma panela. Cozinhe, mexendo devagar, até o tofu não soltar mais água e começar a dourar nas bordas, durante uns 10 minutos.

2. Enquanto isso, misture em uma tigelinha o caldo de legumes, o manjericão, o orégano, o cominho, o sal, a páprica e o cúrcuma. Quando o tofu não soltar mais água, adicione essa mistura. Cozinhe por 5 minutos até o tofu absorver o líquido. Se começar a grudar, acrescente outra colher de caldo de legumes para deglacear a frigideira e reduza o fogo.

3. Acrescente a levedura e o suco de limão. Junte o espinafre, os corações de alcachofra e o tomate seco. Cozinhe até o espinafre começar a murchar. Retire do fogo, misture as azeitonas e as alcaparras e sirva quente.

PREPARO: 10 minutos
COZIMENTO: 20 minutos

1 colher (chá) de azeite

4 echalotas fatiadas

1 bloco (395 g) de tofu extrafirme

2 colheres (chá) de caldo de legumes ou mais, se necessário

2 colheres (chá) de manjericão seco

1½ colher (chá) de orégano seco

1 colher (chá) de cominho

1 colher (chá) de sal negro (kala namak) ou sal comum

½ colher (chá) de páprica defumada

¼ de colher (chá) de cúrcuma, opcional

¼ de xícara (20 g) de levedura nutricional (veja pág. 29), opcional

2 colheres (chá) de suco de limão-siciliano

2 xícaras (60 g) de espinafre picado grosseiramente

6 corações de alcachofra em conserva (395 g) lavados, secos e cortados ao meio ou em quatro partes

⅓ de xícara (35 g) de tomates secos fatiados (se estiverem rijos, deixe um pouco na água para amolecer)

⅓ de xícara (60 g) de azeitonas picadas

2 colheres (chá) de alcaparras em conserva escorridas

IIIIIIIIIIIIIIIIIIIIIIIIIII
VARIAÇÕES

Experimente fazer outros mexidos:

▶ Use meia cebola em vez das echalotas e varie os vegetais. Misture 2 ou 3 xícaras de cogumelos fatiados, pimentão, brócolis ou outros legumes no tofu; deixe de lado os corações de alcachofra e substitua o espinafre por couve ou qualquer outra verdura.

▶ Substitua o manjericão e o orégano por outras ervas. Varie até encontrar as que mais lhe agradam.

▶ Sirva o mexido dentro do pão sírio ou entre duas fatias de pão francês.

TOFUTAS BRAVAS

RENDE 2 PORÇÕES

Vem da Espanha este prato de que você já deve ter ouvido falar: patatas bravas. São batatas fritas ou assadas ao forno, embebidas em salsa brava, à base de tomate e páprica. É a versão dos espanhóis das fritas com ketchup, mas muito, muito melhor. Isso pode valer por uma refeição, mas comer uma tigela inteira de batatas não fará você se sentir mais saudável. Entra o tofu. É fácil: é só mergulhar os cubinhos fritos de tofu neste fantástico molho, que é bem mais leve, tem menos amido e é muito, muito saboroso. Agora, sim, você comerá a tigela inteira e o seu organismo não reclamará.

PREPARO: 15 minutos
COZIMENTO: 15 minutos
DESCANSO: 60 minutos *(enquanto o tofu é prensado)*

1 bloco (395 g) de tofu extrafirme, prensado por no mínimo 1 hora (veja pág. 16)

2 colheres (sopa) de suco de limão-siciliano

½ colher (chá) de alho em pó

½ colher (chá) de cebola em pó

½ colher (chá) de sal

¼ de colher (chá) de pimenta-do-reino

Salsa brava

1 colher (chá) de azeite

½ cebola média picada grosseiramente

1 lata (425 g) de tomate pelado em cubos com o líquido

1 colher (sopa) de maionese vegana

2 a 3 colheres (chá) de vinho tinto

1 colher (chá) de páprica moída

¼ de colher (chá) de pimenta-de-caiena

½ colher (chá) de xarope de agave

sal e pimenta-do-reino a gosto

azeite ou óleo de canola para fritar

1. Corte a barra de tofu em 2 retângulos grandes, no sentido do comprimento. Coloque um deles sobre a tábua de corte e o outro por cima. Corte os dois retângulos 4 vezes no sentido da largura e 4 vezes no sentido do comprimento para fazer 32 cubos.

2. Coloque os cubos em uma vasilha rasa. Cubra todos com o suco de limão, o alho em pó, a cebola em pó, o sal e a pimenta. Delicadamente, revire os cubos para recobri-los. Deixe descansar por 10 minutos.

3. Enquanto o tofu descansa, faça o molho. Aqueça o azeite em uma frigideira pequena, em fogo médio. Acrescente a cebola e refogue até ficar transparente. Transfira para o liquidificador juntamente com o restante dos ingredientes e bata até obter uma mistura lisa. Reserve.

4. Forre uma travessa com papel-toalha. Despeje um pouco de azeite em uma frigideira grande, de preferência de ferro, cobrindo o fundo; aqueça em fogo médio por 3 a 4 minutos. Junte um terço dos cubos de tofu na frigideira e frite de cada lado por 2 a 3 minutos. Quando estiverem dourados e crocantes, retire da frigideira e transfira para o papel-toalha para absorver o excesso de azeite. Repita com os cubos de tofu restantes.

5. Para servir, regue o molho sobre os cubos de tofu ou sirva-o separadamente, para mergulhar os cubos de tofu. Guarde o restante na geladeira, em recipiente fechado, por 3 a 4 dias.

FETTUCCINE ALFREDO COM COGUMELOS

RENDE 4 PORÇÕES

Vocề pensou que nunca mais passaria perto do insuperável fettuccine Alfredo quando adotasse a dieta vegana? Pois se enganou! O tofu produz molhos densos e cremosos sem nenhum laticínio (e muito mais saudáveis!). Nesta receita, o tofu ajuda a fazer um molho espesso que envolve completamente os fios do macarrão. Os cogumelos são opcionais, mas enriquecem o sabor e dão textura ao prato. De um modo ou de outro, você estará muito bem servido – mesmo sem laticínios.

PREPARO: 5 minutos
COZIMENTO: 20 minutos

1 bloco (340 g) de tofu extrafirme (embalado a vácuo)

1½ xícara (375 g) de leite vegetal

¼ de xícara (60 ml) de vinho branco

¼ de xícara (20 g) de levedura nutricional (veja pág. 29)

1 colher (sopa) de azeite

2 colheres (chá) de alho em pó

2 colheres (chá) de cebola em pó

¼ de colher (chá) de noz-moscada

2 colheres (sopa) de araruta ou amido de milho

450 g de fettuccine (use massa sem ovos)

225 g de cogumelos-de-paris fatiados, opcional

sal e pimenta-do-reino a gosto

1. Para fazer o molho Alfredo, coloque no liquidificador o tofu, o leite vegetal, o vinho, a levedura, o azeite, o alho em pó, a cebola em pó, a noz-moscada e a araruta e bata até obter um creme denso e liso. Reserve.

2. Ferva água em uma panela grande. Junte sal e em seguida o macarrão. Cozinhe, seguindo as instruções da embalagem, para ficar al dente. Escorra e reserve.

3. Enquanto a massa cozinha, refogue os cogumelos em uma frigideira grande, em fogo médio, mexendo de vez em quando até ficarem escuros e menores, sem deixar que amoleçam. Jogue-os no molho para acabar de cozinhar. Acrescente sal e pimenta.

4. Regue a massa com o molho e sirva. As sobras podem ficar na geladeira, em recipiente fechado, por 2 a 3 dias.

DICA

Para obter um molho mais denso e mais cremoso, acrescente algumas colheradas de requeijão vegano ao molho antes de liquidificar.

TOFU ASSADO

RENDE 2 PORÇÕES

Há dias em que se tem vontade de comer algo quente e consistente, com um bom molho para churrasco, certo? O tofu é ideal para matar essa vontade. Prensado para soltar a água, o tofu fica mais denso e mais consistente. Quando é assado no molho barbecue, ele absorve todo o sabor e ganha uma camada grossa, quase caramelizada. Sirva com espigas de milho e um pouco de Cole slaw de couve com molho de "mel" e mostarda (pág. 75) ou, se preferir, com uma porção de fritas (pág. 92), e você vai se sentir no meio de um autêntico churrasco vegano de fundo de quintal.

PREPARO: 10 minutos
COZIMENTO: 35 minutos
DESCANSO: 60 minutos *(enquanto o tofu é prensado)*

azeite para borrifar

½ xícara + 2 colheres (sopa) de molho barbecue (pág. 43), separadas

2 colheres (sopa) de vinagre balsâmico

2 colheres (sopa) de tamari ou shoyu (molho de soja)

1 bloco (395 g) de tofu extrafirme prensado por no mínimo 1 hora (veja pág. 16)

1. Preaqueça o forno a 190 °C. Unte com azeite uma travessa refratária de 20 x 20 cm. Reserve. Junte ½ xícara de molho barbecue, o vinagre e o tamari ou shoyu em uma vasilha e misture bem.

2. Corte ao meio o tofu prensado, no sentido da largura. Corte ao meio cada metade formando 4 retângulos. Eles podem ficar desse tamanho ou, se preferir, corte-os na diagonal, obtendo 8 triângulos.

3. Arranje as fatias de tofu na assadeira preparada e pincele todas com a marinada. Asse por 30 minutos e vire do outro lado para assar por igual.

4. Depois que assou por mais 30 minutos, revolva mais uma vez os pedaços de tofu e pincele-os com as 2 colheres (sopa) restantes de molho barbecue. Asse por mais 5 minutos. Sirva em seguida. As sobras podem ficar na geladeira, em recipiente fechado, por até 7 dias.

SANDUÍCHES DE TOFU COM GERGELIM E SRIRACHA

Otofu congelado absorve o máximo do sabor. E também ganha uma textura muito mais consistente. Essas duas qualidades são muito bem aceitas por pessoas que gostam de carne, e, se for preparado com molho de gergelim e sriracha, recheando um sanduíche com um pouco de kimchi, você vai ter problemas para conter a multidão que invadirá a sua cozinha.

PREPARO: 20 minutos
COZIMENTO: 25 minutos
DESCANSO: 24 horas *(enquanto o tofu é prensado, congelado e descongelado)*

1. Junte o caldo, o tamari ou shoyu, o sriracha, o maple syrup, o extrato de tomate, a fumaça líquida, a pimenta vermelha, a páprica e o cominho e misture bem. Reserve.

2. Em uma frigideira grande, aqueça o óleo em fogo médio. Acrescente a cebola e salteie por 2 a 3 minutos. Acrescente o alho e o gengibre; salteie por 1 minuto. Esfarele o tofu dentro da frigideira. Acrescente a mistura do caldo de legumes e mexa bem. Deixe levantar fervura, mexendo de vez em quando, até o líquido ser absorvido, por cerca de 10 minutos. Reduza o fogo e deixe cozinhar, mexendo sempre, por mais 10 minutos. Acrescente o sal e a pimenta, retire do fogo e junte a salsinha fresca.

3. Enquanto o tofu está cozinhando, coloque o gergelim em uma frigideira pequena e toste-o em fogo médio, mexendo sempre para não queimar. As sementes estarão prontas quando estiverem tostadas e aromáticas. Retire do fogo, acrescente a mistura de tofu já cozida e misture bem.

4. Abra os pães ao meio e espalhe uma camada de creme azedo de tofu nas duas metades. Junte uma porção da mistura de tofu em uma delas e acrescente colheradas de kimchi. Termine com a cebolinha e feche o sanduíche. Sirva em seguida. A mistura de tofu pode ser feita com antecedência e guardada na geladeira, em recipiente fechado, por 4 ou 5 dias.

¼ de xícara (60 ml) de caldo de legumes

¼ de xícara (60 ml) de tamari ou shoyu (molho de soja)

¼ de xícara de sriracha

1 colher (sopa) de maple syrup (xarope de bordo)

1 colher (sopa) de extrato de tomate

1 colher (chá) de fumaça líquida

1 colher (chá) de pimenta vermelha em pó

1 colher (chá) de páprica defumada

½ colher (chá) de cominho

2 colheres (chá) de óleo de gergelim torrado

½ cebola roxa picada em cubinhos

2 dentes de alho bem picados

1 gengibre fresco de 2,5 cm descascado e ralado

1 bloco (395 g) de tofu extrafirme, prensado, congelado e derretido (veja dicas)

sal e pimenta-do-reino a gosto

¼ de xícara (10 g) de salsinha fresca picada

⅓ de xícara (40 g) de gergelim

4 pães de hambúrguer (sem glúten, se necessário)

creme azedo de tofu (pág. 45) ou maionese vegana

1 xícara (185 g) de kimchi (veja dicas)

cebolinha picada

DICAS

- Para absorver ainda mais o sabor, pressione o tofu por 1 hora. Envolva em filme de PVC, coloque em recipiente com tampa e congele. Um dia antes de usar, descongele dentro da geladeira por 8 horas, pelo menos.

- Preste atenção ao comprar o kimchi; alguns são preparados com óleo de peixe.

CHEESECAKE SALGADO DE MILHO COM MOLHO DE COENTRO E SEMENTES DE ABÓBORA

RENDE 6 A 8 PORÇÕES COMO APERITIVO, 3 A 4 COMO REFEIÇÃO

Anos atrás, quando eu ainda não era vegana, comi um delicioso cheesecake salgado de milho durante um jogo do campeonato de futebol. (Ou teria sido em outra comemoração? Não importa. O fato é que havia margaritas.) Fiquei apaixonada pelo cheesecake, mas esqueci de pedir a receita (por causa das margaritas, talvez!) e passei muitos anos sonhando com aquela delícia: a crosta crocante da tortilha de milho, o recheio de milho e queijo e o molho de coentro que escorria para dentro da minha boca a cada mordida. Hoje esse cheesecake inesquecível manifestou-se na versão vegana e está esperando para ser devorado. Eu levo as margaritas.

1. Preaqueça o forno a 175 °C. Borrife uma fôrma de torta com azeite. Forre o fundo com uma folha redonda de papel-manteiga.

2. Coloque as tortilhas e as amêndoas no processador de alimentos e bata até obter uma farinha grosseira. Acrescente a manteiga vegana e pulse para misturar. Transfira para a fôrma de torta preparada e com os dedos pressione bem a massa no fundo. Reserve.

3. Esprema delicadamente o tofu para tirar o excesso de água. Junte o tofu, o requeijão, o suco de limão, a cebola em pó, o alho em pó e a páprica no processador de alimentos e bata até obter uma massa lisa. Acrescente o milho e o pimentão e pulse para misturar (tudo bem se sobrarem alguns grãos de milho e cubinhos de pimentão). Tempere com sal.

4. Despeje essa mistura de milho sobre a crosta preparada. Use uma espátula de borracha para alisar a superfície. Asse por 40 a 50 minutos até um palito de dente inserido no centro sair limpo. Retire do fogo e deixe esfriar dentro da fôrma por uns 10 minutos.

5. Para fazer o molho, misture o coentro, as sementes de abóbora, o vinagre, o alho, a pimenta, a levedura, a maionese, o suco de limão e o azeite no processador de alimentos. Bata até ficar liso. Acrescente água, 1 colher (sopa) por vez, até obter a consistência desejada. Tempere com sal.

{ RECEITA CONTINUA }

PREPARO: 20 minutos
COZIMENTO: 45 minutos
DESCANSO: 10 a 60 minutos *(enquanto o cheesecake esfria)*

Crosta

azeite para borrifar

1½ xícara (115 g) de tortilhas de milho esfareladas

1 xícara (150 g) de amêndoas cruas

¼ de xícara (55 g) de manteiga vegana

Recheio

½ bloco (115 g) de tofu extrafirme

¾ de xícara (190 g) de requeijão vegano

1 colher (sopa) de suco de limão-siciliano

½ colher (chá) de cebola em pó

½ colher (chá) de alho em pó

¼ de colher (chá) de páprica defumada

1½ xícara (210 g) de milho em conserva escorrido ou fresco descongelado

½ xícara (70 g) de pimentão vermelho picado em cubinhos

sal a gosto

Molho

½ maço de coentro fresco sem os talos

¼ de xícara (40 g) de sementes de abóbora cruas

¼ de xícara (60 ml) de vinagre de vinho tinto

2 dentes de alho

2 colheres (sopa) de pimenta verde em conserva cortada em cubinhos

2 colheres (sopa) de levedura nutricional (veja pág. 29)

2 colheres (sopa) de maionese vegana

1 colher (sopa) de suco de limão-taiti

1 colher (sopa) de azeite

1 a 2 colheres (sopa) de água

sal a gosto

Guarnição

tomates-cereja picados

cebolinha picada

6. Depois de 10 minutos, remova o anel externo da fôrma de torta e use o papel-manteiga para transferir o cheesecake para uma travessa. Espere esfriar completamente antes de servir (se tiver pressa, leve à geladeira depois de desenformar). Ainda estará macio no centro e a crosta um pouco crocante. Ótimo.

7. Regue com o molho, distribua os tomates por cima, guarneça com a cebolinha e sirva. As sobras podem ser guardadas na geladeira por 2 a 3 dias.

||||||||||||||||||||||||

VARIAÇÃO

▶ Se desejar uma torta mais quente e puxa-puxa, fatie e sirva depois que esfriar por 10 a 15 minutos.

A CULINÁRIA VEGANA NÃO É FÁCIL.

Pratos prontos em menos de meia hora

Uma das desculpas que mais ouço sobre os produtos de origem animal é que são muito práticos. Eu entendo. A ideia de cozinhar só com vegetais talvez assuste um pouco, porque exige tempo; tirar um hambúrguer industrializado do congelador é muito mais fácil. Porém, não é preciso ser mágico para criar uma refeição vegana rápida e simples. Aqui estão algumas das minhas receitas preferidas para quem, assim como eu, não tem tempo para cozinhar, mas precisa levar o almoço para o trabalho.

FILÉS DE PORTOBELLO COM FRITAS

RENDE 2 PORÇÕES

Não há quem não goste de batata frita. Para nossa sorte, elas são naturalmente veganas! Como também o são os filés de portobello, deliciosos, nutritivos e muito fáceis de fazer. E quanto às fritas? Também são muito fáceis de fazer. A parte mais difícil deste novo clássico é esperar sair do forno. Como disse um dos provadores das minhas receitas, "uma comidinha tão rápida que nem dá tempo de pôr a mesa".

PREPARO: 15 minutos
COZIMENTO: 25 minutos

Filés de portobello

2 colheres (sopa) de tamari ou shoyu (molho de soja)

1 colher (sopa) de vinagre balsâmico

1 colher (chá) de fumaça líquida

1 colher (chá) de tomilho seco

½ colher (chá) de manjericão seco

pimenta-do-reino a gosto

2 cogumelos portobello grandes (mais ou menos 170 g cada um), limpos e sem os talos

azeite para borrifar

Fritas

2 ou 3 batatas inglesa ou Asterix grandes

azeite para borrifar

½ colher (chá) de alho em pó

sal e pimenta-do-reino a gosto

molho ranch (pág. 44) ou ketchup vegano, opcional

1. Suba uma grelha do forno, deixe a outra no meio e preaqueça o forno a 200 °C. Forre duas assadeiras com papel-manteiga ou tapete de silicone.

2. Em uma vasilha pequena, misture o tamari ou shoyu, o vinagre, a fumaça líquida, o tomilho, o manjericão e a pimenta. Reserve.

3. Borrife ligeiramente os cogumelos com azeite (por cima e por baixo). Arranje-os na assadeira, as ranhuras voltadas para cima. Regue com a mistura de tamari reservada. Deixe marinar por 10 minutos.

4. Corte as batatas ao meio, apoie o lado plano em uma tábua de corte e faça 4 ou 5 tiras. Se quiser fritas mais finas, corte as tiras ao meio. Procure cortar todas do mesmo tamanho para assarem por igual.

5. Espalhe as batatas na segunda assadeira. Borrife azeite e espalhe por fora o alho em pó, o sal e a pimenta. Revolva para que as batatas fiquem todas recobertas no azeite; espalhe-as novamente, tomando cuidado para que não se sobreponham.

6. Coloque a assadeira com as batatas na grelha superior e asse por 20 a 25 minutos, virando-as uma vez para que cozinhem por igual. Quando as batatas estiverem no forno mais ou menos há 12 minutos, coloque a assadeira com os cogumelos na grelha de baixo.

7. Quando as fritas estiverem macias por dentro e crocantes por cima, e os cogumelos tiverem assado por 12 minutos, retire as assadeiras do forno. Divida as fritas em dois pratos com um cogumelo em cada um. Sirva em seguida com molho ranch picante ou, se preferir, com ketchup.

WRAPS DE SALADA DE FEIJÃO-BRANCO E ABACATE

RENDE 2 PORÇÕES

Nunca ouvi alguém dizer: "Após um longo e cansativo dia de trabalho, o que me dá mais prazer é chegar em casa e fazer uma comida bem elaborada". Gosto muito de estar na minha cozinha, mas há dias em que nem eu tenho vontade de fazer o jantar. Minha receita para esses dias em que não tenho energia para mais nada além de me jogar no sofá e assistir a um programa de TV é amassar abacate e feijões brancos, misturar alguns outros ingredientes, enrolar tudo em um pão típico da Armênia, o lavash, ou pão folha, rechear alguns tacos ou fazer sanduíches. Às vezes como de colher. O processo todo é muito rápido, o tempo que levo para vestir um pijama e calçar os chinelos. Meu jantar fica pronto e é servido em 20 minutos.

PREPARO: 20 minutos
COZIMENTO: 5 minutos

- 1 colher (chá) de azeite
- 1½ xícara (265 g) de feijão-branco cozido (veja pág. 20)
- 1 colher (sopa) de tamari ou shoyu (molho de soja)
- 1 colher (sopa) de vinagre balsâmico branco
- 1 abacate pequeno cortado ao meio
- 2 colheres (sopa) de suco de limão-taiti
- 2 colheres (sopa) de salsinha ou coentro fresco
- 2 colheres (sopa) de pimenta verde em conserva cortada em cubinhos
- 1 colher (chá) de alho em pó
- 1 colher (chá) de páprica defumada
- ½ colher (chá) de cebola em pó
- sal e pimenta-do-reino a gosto
- 2 folhas de pão folha ou 2 tortilhas de trigo grandes
- 1 ou 2 tomates italianos cortados em rodelas finas
- dois punhados generosos de broto de espinafre

1. Aqueça o azeite em uma frigideira grande, em fogo médio. Acrescente o feijão e salteie. Acrescente o tamari ou shoyu e mexa de vez em quando para acabar de cozinhar o feijão. Acrescente o vinagre e mexa uma ou duas vezes até o líquido do cozimento evaporar. Retire do fogo e amasse o feijão com um garfo.

2. Em uma vasilha grande, escave a polpa do abacate e amasse bem. Acrescente o feijão amassado, o suco de limão, a salsinha, a pimenta, o alho em pó, a páprica e a cebola em pó. Misture muito bem. Acrescente sal e pimenta.

3. Abra uma folha de lavash e espalhe metade da mistura de abacate. No sentido da largura, ou no lado menor do pão folha, acrescente uma fileira de tomates fatiados, uma fileira de espinafre ao lado, outra fileira de tomates e outra de espinafre. Comece a enrolar o lavash sobre a primeira fileira de tomates e continue até enrolar tudo. Corte em 3 ou 4 segmentos. Repita com o segundo lavash e o restante dos ingredientes e sirva. O que sobrar pode ser guardado em recipiente fechado na geladeira, por 2 ou 3 dias.

VARIAÇÕES

▶ Você pode usar grão-de-bico em lugar do feijão-branco.
▶ O recheio também pode se tornar uma pasta para comer com chips!

OMELETE DE GRÃO-DE-BICO

RENDE 2 PORÇÕES

Esta receita não é minha. É inspirada em centenas de versões que tenho encontrado *on-line* depois que me tornei vegana. Antes disso, Chris e eu pensávamos a mesma coisa: "Será que nunca mais poderemos comer omelete?" Mas quando víamos os horrores que acontecem nas granjas produtoras de ovos, mais nos convencíamos de que nunca mais comeríamos omelete de ovos. Em uma rápida pesquisa *on-line* sobre "omeletes veganas", encontramos uma infinidade de receitas de pudla e chilla, que são as panquecas de farinha de grão-de-bico. Essa farinha mistura-se a um líquido e forma uma autêntica massa de panqueca com acentuado gosto de ovo. Com sal negro, torna-se um sósia perfeito. Se alguma vez você pensou que não poderia abrir mão do ovo, experimente esta receita.

1. Em uma vasilha grande junte a farinha de grão-de-bico, a levedura, o sal negro, o cominho, o tomilho, o alho em pó, a páprica, o cúrcuma e a pimenta. Acrescente ½ xícara de água e mexa para agregar (podem sobrar alguns carocinhos) e obter consistência de massa de panqueca. Se estiver muito grossa, acrescente 1 colher (sopa) de água por vez para chegar à consistência desejada. Reserve enquanto os legumes cozinham.

2. Aqueça o azeite em uma frigideira grande, em fogo médio. Junte os cogumelos e salteie até começarem a soltar água, de 3 a 4 minutos. Acrescente a couve, o tomate seco e a cebolinha e refogue até a couve murchar. Retire do fogo e acrescente a massa de farinha de grão-de-bico. Misture bem.

3. Esvazie a frigideira, unte generosamente com azeite e aqueça em fogo médio. Se quiser 2 omeletes grandes, despeje metade da massa na frigideira. Se quiser 4 omeletes menores, despeje um quarto da massa. Tampe a frigideira e cozinhe por 3 a 4 minutos, até as bordas da massa se soltarem e ficar mais firme. Use uma espátula para virar gentilmente o omelete (isso exige alguma prática) e cozinhe por 2 ou 3 minutos desse outro lado. Repita com o restante da massa, untando a frigideira com azeite a cada omelete. Sirva quente. Os omeletes podem ser feitos com antecedência e guardados na geladeira em recipiente fechado por 1 ou 2 dias.

PREPARO: 5 minutos
COZIMENTO: 20 minutos

1 xícara (110 g) de farinha de grão-de--bico
1 colher (sopa) de levedura nutricional (veja pág. 29), opcional
1 colher (chá) de sal negro (kala namak) ou de sal comum
½ colher (chá) de cominho
½ colher (chá) de tomilho seco
¼ de colher (chá) de alho em pó
¼ de colher (chá) de páprica defumada
¼ de colher (chá) de cúrcuma
⅛ de colher (chá) de pimenta-do-reino
½ xícara + 2 colheres (sopa) (155 ml) de água, separadas
1 colher (chá) de azeite
2 xícaras (140 g) de cogumelos fatiados
2 xícaras (60 g) de couve picada ou outras verduras
½ xícara (50 g) de tomate seco picado (se estiver rijo, hidrate até amolecer)
¼ de xícara (25 g) de cebolinha picada (só a parte branca)
azeite para borrifar

VARIAÇÕES

▶ Os omeletes podem ser servidos frios, mas se quiser reaquecê-los bastam 30 segundos no micro-ondas.

▶ Você tem sobras de legumes na geladeira? Junte-os à massa em lugar dos legumes frescos. Use o que quiser – seja criativo!

▶ Se optou por omeletes pequenos, experimente fazer um sanduíche com um pouco de alface, tomate fresco, abacate e mostarda. Leve de almoço e deixe seus colegas com inveja!

MINGAU SALGADO DE AVEIA E QUINOA

RENDE 1 PORÇÃO

É muito bom sentir o aroma que se espalha pelo escritório quando aqueço meu lanche no micro-ondas. Este mingau salgado de aveia com quinoa é um lanche rápido e fácil de fazer, que pode passar a noite na geladeira e ser consumido no trabalho, no dia seguinte. Leve alguns legumes frescos para acrescentar ao mingau depois de tirá-lo do micro-ondas, e seus colegas também ficarão com água na boca (sejam eles veganos ou não). É um excelente café da manhã para viagem ou aquele jantar simples e perfeito que está em casa esperando por você.

PREPARO: **10 minutos** (*menos o tempo de cozimento da quinoa*)
COZIMENTO: **5 minutos**
DESCANSO: **3 a 4 horas**

⅓ de xícara (55 g) de quinoa cozida (veja pág. 21)

⅓ de xícara (35 g) de aveia em flocos grossos (sem glúten, se necessário)

⅓ de xícara (55 g) de grão-de-bico cozido ou em conserva lavado e escorrido

½ xícara (125 ml) de leite vegetal

½ xícara (125 ml) de caldo de legumes ou água, um pouco mais, se necessário

2 colheres (sopa) de levedura nutricional (veja pág. 29)

2 colheres (sopa) de pimentão vermelho assado e picado

2 colheres (sopa) de tomate seco picado (se precisar, hidrate novamente)

2 colheres (sopa) de azeitonas picadas (de qualquer tipo)

1 colher (sopa) de tamari ou shoyu (molho de soja)

½ colher (chá) de manjericão seco

½ colher (chá) de orégano seco

pimenta-do-reino a gosto

Acompanhamentos opcionais

verduras (espinafre, acelga ou couve)

tomates-cereja picados

abacate picado

cebolinha picada

1. Coloque a quinoa em um vidro ou recipiente com tampa hermética. Junte a aveia, o grão-de-bico, o leite vegetal, o caldo de legumes, a levedura, o pimentão assado, o tomate seco, as azeitonas, o tamari ou shoyu, o manjericão, o orégano e a pimenta-do-reino. Tampe e agite para misturar bem. Deixe na geladeira até a hora de servir, por 3 a 4 horas, pelo menos.

2. Despeje o conteúdo do frasco em uma panela média e deixe cozinhar em fogo médio por 5 a 7 minutos, mexendo de vez em quando, até começar a engrossar. Se ficar muito grosso e pegajoso, acrescente colheradas de caldo de legumes ou de água. Ou então, aqueça no micro-ondas por 3 a 4 minutos, mexendo na metade do cozimento, até engrossar. Junte as verduras, se decidiu usá-las, e por cima distribua o tomate, o abacate e a cebolinha.

VARIAÇÃO

▶ Para fazer uma versão doce do mingau de quinoa mais tradicional, em vez do caldo de legumes use leite vegetal ou suco de maçã. Substitua os demais ingredientes por frutas secas ou frescas da sua preferência, ¼ de xícara (uns 30 g) de nozes picadas, 2 colheres (chá) de maple syrup ou de Mel da abelha feliz (pág. 46), ½ colher (chá) de canela em pó, ½ colher (chá) de gengibre ralado e uma pitada de sal.

 DICA

Esta receita é ótima para aproveitar os restos de quinoa, mas se não tiver sobras, 1 xícara de quinoa seca (pág. 21) rende 3 xícaras de quinoa cozida. É mais do que suficiente para a semana toda! Você ainda pode dobrar, triplicar ou septuplicar a quantidade e cozinhar tudo de uma vez. Separe a quinoa cozida em porções individuais para consumir imediatamente ou aquecer mais tarde.

TARTINES QUENTES DE RATATOUILLE

RENDE 4 A 6 PORÇÕES

Tartine é um jeito bonito de dizer "sanduíche aberto". Mas é também um lanche muito simples, prático e nutritivo, perfeito para os veganos. Costumo fazer algumas vezes durante a semana: reúno as frutas e as hortaliças que tenho na geladeira e como com torradas ou no pão fresco. Às vezes até almoço essas tartines – que não são autênticas, mas são rápidas e deliciosas – a semana inteira! O delicioso e levemente ácido chèvre de tofu sobre o pão francês é o palco perfeito para o robusto ratatouille de tomates brilhar à vontade.

1. Preaqueça o forno a 200 °C. Forre duas assadeiras com papel-manteiga ou com tapete de silicone.

2. Espalhe a berinjela, a abobrinha, o pimentão e a cebola sobre o papel-manteiga. Borrife azeite. Salpique uniformemente o orégano, o manjericão, o tomilho, o sal e a pimenta sobre os legumes e misture para recobrir tudo. Asse por 20 minutos ou até os legumes ficarem tenros, revolvendo após 10 minutos para cozinharem por inteiro.

3. Quando os legumes estiverem tenros, retire do forno e transfira para uma vasilha grande. Junte o tomate e misture. Se precisar, use um pouco do líquido do tomate para dar liga.

4. Para servir, espalhe chèvre de tofu em cada fatia de pão. Arranje o ratatouille por cima. Sirva em seguida. As sobras de ratatouille podem ficar na geladeira, em recipiente fechado, por 3 ou 4 dias.

PREPARO: 15 minutos *(se o chèvre de tofu estiver pronto)*
COZIMENTO: 20 minutos

Ratatouille assado

1 berinjela média cortada em fatias de 2,5 cm

2 abobrinhas cortadas ao meio e em fatias grossas

1 pimentão vermelho grande picado em pedaços de 2,5 cm

½ cebola roxa grande cortada em fatias muito finas

azeite para borrifar

2 colheres (chá) de orégano seco

1 colher (chá) de manjericão seco

1 colher (chá) de tomilho seco

sal e pimenta-do-reino a gosto

1 lata (425 g) de tomate pelado picado (reserve o líquido)

Tartines

½ pedaço de chèvre de tofu (pág. 48)

2 fatias de pão francês por pessoa (sem glúten, se necessário)

BURRITOS CONGELADOS DE ARROZ E FEIJÃO

RENDE 6 PORÇÕES

Não é uma delícia encontrar no congelador alguma coisa que a gente guardou meses antes e da qual tinha se esquecido completamente? Como aquela sopa deliciosa ou aquele restinho de pesto? E não é melhor ainda estar com fome, parar na frente da geladeira e de repente descobrir aqueles fantásticos e nutritivos burritos de arroz e feijão que repousam lá desde a última semana? Você pode prepará-los agora – seu eu do futuro vai ficar muito agradecido!

PREPARO: 15 minutos *(não inclui o tempo de cozimento do arroz)*
COZIMENTO: 20 minutos

1 colher (chá) de azeite

2 ou 3 dentes de alho bem picados

½ cebola média picada

3 xícaras (325 g) de feijão cozido (veja pág. 20)

1 xícara (250 ml) de caldo de legumes, dividida

3 colheres (sopa) de pimenta verde em conserva picada

1 colher (chá) de cominho

½ colher (chá) de páprica defumada

¼ de colher (chá) de pimenta vermelha em pó

2 colheres (sopa) de levedura nutricional (veja pág. 29), opcional

suco de ½ limão-siciliano

sal e pimenta-do-reino a gosto

6 tortilhas de trigo grandes

2 xícaras (320 g) de arroz integral cozido (veja pág. 21)

1. Aqueça o azeite na frigideira, em fogo médio. Refogue o alho e a cebola até que ela fique transparente. Acrescente o feijão, ½ xícara de caldo de legumes, a pimenta verde, o cominho, a páprica e a pimenta vermelha. Tampe ligeiramente a frigideira e cozinhe por 5 minutos ou até o caldo evaporar completamente. Junte ¼ de xícara de caldo de legumes e repita o procedimento. Acrescente o último quarto de xícara de caldo e amasse o feijão com um amassador de batatas. Cozinhe mais 2 ou 3 minutos e então adicione a levedura, o suco de limão, o sal e a pimenta-do-reino. Retire do fogo.

2. Embrulhe as tortilhas de farinha em um pano de prato úmido e leve ao micro-ondas por 30 segundos. Espalhe ⅓ de xícara de arroz no meio da tortilha. Cubra com ½ xícara de feijão

{ RECEITA CONTINUA }

cozido. Dobre as laterais da tortilha sobre o arroz e o feijão e enrole o burrito. Coloque no prato com a emenda voltada para baixo e repita o procedimento com o restante dos ingredientes.

3. Você pode servir os burritos em seguida ou congelar para comer depois. Se for congelar, espere esfriar. Enrole cada burrito em papel-manteiga, depois envolva em filme de PVC ou guarde em sacos plásticos selados. Guarde os burritos embalados em recipiente fechado. Congele por até 1 mês.

4. Retire o plástico do burrito, mas deixe o papel-manteiga. Leve ao micro-ondas por 2 a 3 minutos para descongelar e aquecer. Ou então preaqueça o forno a 175 °C e coloque os burritos enrolados em papel-manteiga por uns 10 minutos. Sirva com guacamole (pág. 117), Creme azedo de tofu (pág. 45), salsa ou os três.

‖‖‖‖‖‖‖‖‖‖‖‖‖‖‖‖‖‖‖‖‖

VARIAÇÕES

▶ Para fazer os burritos de arroz e feijão com "queijo" (como na foto), use o cheddar de sementes de girassol (pág. 54)

▶ Para apimentá-lo, acrescente uma pitada de molho de pimenta ao feijão, durante o cozimento.

▶ Se quiser servir os burritos no café da manhã, use o recheio dos Tacos recheados com mexido de grão-de-bico (pág. 132).

E A CARNE?

Receitas "de carne" sem carne

Se você se diz um carnívoro radical, veja se é sem a carne que você não consegue viver ou se gosta mesmo é do modo como ela é preparada, dos sabores que agrega, dos aromas que exala. Ao substituir a carne nas suas receitas preferidas, é bem provável que você descubra que não é pela carne que você é louco, mas pelos demais componentes do prato. Estas versões veganas são mais saudáveis do que as pesadas receitas tradicionais de carne. Depois de provar algumas delas, ninguém vai perguntar: "Cadê meu bife?"

TORTA DE PORTOBELLO

RENDE 6 PORÇÕES

Todo mundo conhece as tortas congeladas feitas para aquecer no micro-ondas. Os recheios são muito bons, mas a massa fica molenga, queimada nas bordas. Uma verdadeira torta caseira é o tipo de comida que desperta lembranças. Nesta versão sem carne, uma crosta crocante envolve uma porção de cogumelos portobello, legumes variados e um delicioso molho de vinho branco que não serão esquecidos tão cedo.

1. Separe seis ramequins pequenos. Com um cortador de massa da largura da boca dos ramequins corte a massa dos pãezinhos. Quando não der mais para cortar, reúna as sobras de massa, abra com o rolo e corte mais alguns. Deixe os pãezinhos sobre papel-manteiga até a hora de usar. Se você cortou mais de 6 pãezinhos, poderá assá-los seguindo as instruções da pág. 245, depois que as tortas estiverem prontas.

2. Preaqueça o forno a 200 °C. Borrife os ramequins com azeite e coloque-os na assadeira. Reserve.

3. Retire os talos dos portobellos e corte em pedaços de 1 cm. Fatie os chapéus na diagonal em tiras de 1 cm, e estas, em pedaços de 1 cm.

4. Dissolva o amido de milho no caldo de legumes e misture bem. Reserve.

5. Aqueça 2 colheres (sopa) de azeite em uma caçarola média em fogo médio. Acrescente o alho-poró e salteie por 2 a 3 minutos até ficarem macios. Junte a cenoura, o salsão, os talos e os chapéus dos portobellos e misture bem. Cozinhe por 3 a 4 minutos até os cogumelos soltarem um pouco da água.

6. Quando os cogumelos estiverem cozidos, acrescente o alecrim, a sálvia, o tomilho, o tamari ou shoyu, o vinho, o sal e a pimenta-do-reino. Misture bem e deixe cozinhar até o líquido ser absorvido. Acrescente metade do caldo e espere absorver. Junte o restante do caldo e as ervilhas e cozinhe por mais 2 minutos até o líquido reduzir à metade.

PREPARO: 50 minutos
COZIMENTO: 20 minutos

1 receita de pãezinhos caseiros (pág. 245) preparada até o passo 3

azeite para borrifar

8 ou 9 (907 g) cogumelos portobello

1 colher (sopa) de amido de milho

1 xícara (250 ml) de caldo de legumes

2 colheres (chá) de azeite

2 alhos-porós (só a parte branca) cortados ao meio no sentido do comprimento e bem picados (veja a dica da pág. 201)

1 cenoura descascada cortada em cubinhos

1 talo de salsão cortado em fatias finas

1 colher (sopa) de alecrim fresco picado

1 colher (sopa) de sálvia fresca picada

1 colher (sopa) de tomilho fresco picado

2 colheres (sopa) de tamari ou shoyu (molho de soja)

½ xícara (125 ml) de vinho branco seco

sal e pimenta-do-reino a gosto

1 xícara (140 g) de ervilhas frescas congeladas

1 colher (sopa) de levedura nutricional (veja pág. 29), opcional

7. Acrescente a levedura (se decidiu usá-la), prove e acerte o sal e a pimenta-do-reino. Retire do fogo.

8. Despeje essa mistura nos ramequins preparados e tampe cada um com a massa. Pincele com a mistura de leite vegetal e manteiga derretida da pág. 246, passo 7. Coloque os ramequins na assadeira, leve ao forno e asse por 15 a 20 minutos até dourar. Sirva em seguida.

||||||||||||||||||||||||

VARIAÇÃO

▶ Se não quiser tortas individuais, unte uma travessa refratária de 23 x 33 cm e espalhe o recheio. Corte a massa dos pãezinhos, distribua sobre o recheio e asse conforme indicado no passo 8.

BOLO SALGADO DE LENTILHA E COGUMELO COM COBERTURA DE KETCHUP

RENDE 4 A 6 PORÇÕES

A s mães são famosas por prepararem uma receita que só elas conhecem. A receita da minha mãe era o bolo de carne – aquele tradicional, com cobertura de ketchup. Ela tentou me ensinar várias vezes, mas eu não suportava carne crua e só queria saber do bolo de carne se estivesse pronto. *Este* bolo de carne é bem diferente! É feito com lentilhas, legumes e aveia, uma delícia! Com a clássica cobertura de ketchup, você vai achar que é a receita da sua mãe.

1. Preaqueça o forno a 190 °C. Forre a assadeira com papel-manteiga.
2. Misture os ingredientes da cobertura em uma vasilha e reserve.
3. Em uma tigela, dissolva a farinha de linhaça em água e reserve.
4. Aqueça o azeite em uma frigideira, em fogo médio. Acrescente a cebola e o alho e refogue por 2 a 3 minutos. Junte os cogumelos, a cenoura e o salsão e refogue até a cenoura ficar tenra. Retire do fogo e transfira para um processador de alimentos. Adicione cerca de 1¼ xícara de lentilhas e de levedura, o extrato de tomate, o tamari ou shoyu, o molho inglês, se decidiu usá-lo, salsinha, tomilho, sálvia, sementes de erva-doce e ½ xícara de aveia. Pulse para deixar tudo do mesmo tamanho e completamente agregado. Junte sal e pimenta-do-reino.
5. Transfira a mistura para uma vasilha grande. Acrescente a farinha de amêndoa, a mistura de farinha de linhaça, o restante da lentilha e ½ xícara de aveia. Se estiver muito seca (não formar a bola), acrescente água em colheradas até obter uma massa lisa e firme.
6. Transfira tudo para a assadeira preparada. Use as mãos para dar à massa a forma de um pão. Pincele por cima e nas laterais metade da cobertura e asse por 30 minutos. Pincele a outra metade da cobertura e asse por mais 10 ou 15 minutos, até um palito de dente inserido no centro sair quase limpo. Deixe descansar na assadeira por 5 minutos e então use o papel-manteiga para transferir o bolo para uma tábua. Espere esfriar por mais 5 minutos para servir. As sobras podem ser guardadas na geladeira, em recipiente fechado, por 3 ou 4 dias.

PREPARO: **20 minutos** *(sem incluir o tempo de cozimento das lentilhas)*
COZIMENTO: **45 minutos**

Cobertura de ketchup

- **½ xícara (125 ml) de ketchup vegano**
- **2 colheres (sopa) de açúcar de coco ou açúcar mascavo vegano**
- **1 colher (sopa) de vinagre de maçã**
- **¼ de colher (chá) de mostarda em pó**

Bolo de lentilha

- **1 colher (sopa) de farinha de linhaça**
- **3 colheres (sopa) de água morna**
- **1 colher (chá) de azeite**
- **½ cebola média picada**
- **2 a 3 dentes de alho bem picados**
- **225 g de cogumelos-de-paris fatiados**
- **½ xícara (80 g) de cenoura picada**
- **⅓ de xícara de salsão picado**
- **2 xícaras (320 g) de lentilhas cozidas (veja pág. 20), separadas**
- **2 colheres (sopa) de levedura nutricional (veja pág. 29), opcional**
- **2 colheres (sopa) generosas de extrato de tomate**
- **2 colheres (sopa) de tamari ou shoyu (molho de soja)**
- **1 colher (sopa) de molho inglês vegano, opcional**
- **1½ colher (chá) de salsinha desidratada**
- **1½ colher (chá) de tomilho seco**
- **1 colher (chá) de sálvia seca**
- **1 colher (chá) de sementes de erva-doce**
- **1 xícara (100 g) de aveia em flocos grossos (sem glúten, se necessário), dividida, e um pouco mais se necessário**
- **½ colher (chá) de sal**
- **algumas pitadas de pimenta-do-reino**
- **½ xícara (50 g) de farinha de amêndoa**

BURACO QUENTE DE GRÃO-DE-BICO

RENDE 6 A 8 PORÇÕES

Quando eu era criança, o único sanduíche que prestava na cantina da escola era o buraco quente. Qualquer outra coisa ia parar no lixo – tinha uns nuggets de frango horríveis, argh! A gente cresce e a única coisa que sente vontade de comer é o tal sanduíche, embora devesse preferir algo mais "adulto", como uma boa *salada*. Bem, aqui está ele: um picadinho que é muito melhor que o da velha lanchonete da escola e ainda por cima vegano! O grão-de-bico amassado substitui de maneira surpreendente a carne moída em um sanduíche que crianças e adultos adoram. Fica ainda melhor acompanhado de fritas (pág. 92) ou Onion rings assadas e crocantes (pág. 165).

1. Em uma vasilha média, amasse grosseiramente o grão-de-bico. Reserve.

2. Preaqueça o forno na temperatura mais baixa. Abra os pães ao meio e aqueça-os, o lado do corte voltado para cima, sobre a grelha do meio (ou em uma assadeira) por 10 a 15 minutos.

3. Enquanto isso, aqueça o azeite em uma frigideira grande, em fogo médio. Acrescente a cebola e o alho e refogue até as cebolas ficarem transparentes e o alho começar a recender. Acrescente o pimentão e o grão-de-bico amassado. Refogue por 2 minutos. Junte os tomates, o extrato de tomate, o tamari ou shoyu, o sriracha, o maple syrup, o orégano, o cominho, a páprica, o tomilho, a fumaça líquida, a levedura (se decidiu usá-la), sal e pimenta-do-reino; deixe cozinhar, mexendo de vez em quando, por 10 a 15 minutos, até cozinhar tudo e engrossar um pouco. Se grudar no fundo, acrescente um pouco de água para deglacear a panela e reduza o fogo.

4. Recheie os pães aquecidos com a mistura de grão-de-bico e finalize com uma colherada de creme azedo de tofu ou maionese vegana (se decidiu usá-la). Sirva em seguida. As sobras do recheio podem ficar na geladeira, em recipiente fechado, por 3 ou 4 dias.

PREPARO: 5 minutos
COZIMENTO: 20 minutos

- **4 xícaras (510 g) de grão-de-bico cozido (veja pág. 20)**
- **pães de hambúrguer veganos (sem glúten, se necessário)**
- **1 colher (chá) de azeite**
- **½ cebola roxa cortada em cubinhos**
- **2 a 3 dentes de alho bem picados**
- **½ pimentão vermelho cortado em cubinhos**
- **1 lata (425 g) de tomate pelado em cubos com o líquido**
- **¼ de xícara (60 g) de extrato de tomate**
- **3 colheres (sopa) de tamari ou shoyu (molho de soja)**
- **2 colheres (sopa) de sriracha**
- **1 colher (sopa) de maple syrup (xarope de bordo)**
- **2 colheres (chá) de orégano seco**
- **1½ colher (chá) de cominho**
- **1 colher (chá) de páprica defumada**
- **1 colher (chá) de tomilho seco**
- **1 colher (chá) de fumaça líquida**
- **1 colher (sopa) de levedura nutricional (veja pág. 29), opcional**
- **sal e pimenta-do-reino a gosto**
- **creme azedo de tofu (pág. 45) ou maionese vegana, opcional**

SATAY DE SEITAN COM MOLHO PICANTE DE AMENDOIM

RENDE 2 A 4 PORÇÕES

O seitan, por si só, é uma delícia, e não se resume a ser um mero substituto da carne. No entanto, se você quer imitar o sabor e a textura da carne, o seitan é a melhor opção. A semelhança é incrível, especialmente se for grelhado e ganhar aquelas marcas características. Nesta receita, a marinada de leite de coco, limão, erva-cidreira e gengibre transformará um espetinho comum em algo surpreendente. O molho picante de amendoim também é especial. Você vai querer usá-lo em tudo (principalmente nos Rolinhos primavera de couve e homus de painço da pág. 159).

1. Em uma travessa refratária quadrada misture o leite de coco, o alho, a erva-cidreira, o suco de limão, o tamari ou shoyu, o açúcar de coco, o gengibre e o curry em pó. Corte o seitan em fatias de 2,5 cm e coloque na travessa. Revolva para recobrir todas as fatias com a marinada. Cubra e deixe marinar por uma hora, virando-as de vez em quando.

2. Em uma tigela pequena, misture com um batedor de arame os ingredientes do molho. Se preferir um molho mais diluído, acrescente mais caldo até obter a consistência desejada. Se for preciso, o molho pode ser feito no dia anterior.

3. Monte os espetinhos com as tiras de seitan. Aqueça uma grelha, de preferência de ferro, em fogo médio, e borrife levemente com azeite. Asse os espetinhos de 3 a 5 minutos de cada lado, até que fiquem dourados e com as marcas da grelha. Sirva quente, com o molho.

PREPARO: 15 minutos (não inclui o tempo de preparo do seitan caseiro)
COZIMENTO: 15 minutos
DESCANSO: 60 minutos

Satay

½ xícara (125 ml) de leite de coco

2 dentes de alho bem picados

2 colheres (sopa) de erva-cidreira fresca cortada em cubinhos (veja dica na pág. 149)

2 colheres (sopa) de suco de limão--taiti

2 colheres (sopa) de tamari ou shoyu (molho de soja)

1 colher (sopa) de açúcar de coco ou mascavo vegano

1 colher (chá) de gengibre fresco ralado

1½ colher (chá) de curry em pó

1 receita de seitan caseiro (pág. 40) ou comprado pronto

coentro fresco

Molho picante de amendoim

½ xícara (130 g) de manteiga de amendoim

2 colheres (sopa) de suco de limão--taiti

2 colheres (sopa) de tamari ou shoyu (molho de soja)

2 colheres (sopa) de caldo de legumes, ou mais se necessário

1½ colher (sopa) de maple syrup (xarope de bordo)

2 colheres (sopa) de molho de pimenta

1 colher (chá) de gengibre fresco ralado

8 palitos de espetinhos, molhados se forem de madeira

azeite para borrifar

TACOS BLT COM ABACATE

RENDE 3 A 4 PORÇÕES

Existe coisa melhor do que um clássico BLT? (Para quem não sabe, BLT quer dizer "bacon, lettuce and tomato", ou seja, bacon, alface e tomate.) Nesta versão vegana com abacate, combino o bacon de tempeh crocante e defumado, o frescor do tomate e da alface e a cremosidade do abacate... É um dos melhores sanduíches veganos que existem. Se você substituir o pão pelo taco, que é bem mais leve, será algo totalmente novo. A grande estrela é o bacon de tempeh, que abrandará qualquer desejo de comer bacon que você possa estar sentindo. Não é porque você se tornou vegano que nunca mais provará esse clássico; agora ele ficou muito melhor!

PREPARO: 10 minutos *(não inclui o tempo de preparo do bacon de tempeh)*

1 receita de bacon de tempeh (pág. 37)

azeite para borrifar

6 a 8 tortilhas de trigo pequenas (sem glúten, se necessário)

2 xícaras (60 g) de alface picada ou as folhas mais tenras de outras verduras

3 a 4 tomates italianos cortados em cubinhos

1 abacate pequeno descascado, sem caroço, cortado em fatias

1. Prepare o bacon de tempeh (pág. 37) até o passo 3. Enquanto ele cozinha (passo 4), aqueça a frigideira em fogo médio. Borrife um pouco de azeite nos dois lados da tortilha e frite cada lado por 1 minuto. Repita o procedimento com todas as tortilhas. Mantenha as tortilhas quentes, cobrindo-as com um pano levemente umedecido. Ou então embrulhe-as em um pano de prato úmido e leve ao micro-ondas por 30 segundos.

2. Recheie as tortilhas com um pouco de alface, algumas fatias de bacon e finalize com o tomate picado e as fatias de abacate.

VARIAÇÕES

▶ Troque as tortilhas macias por tacos crocantes (veja pág. 132). Deixe as tortilhas de lado e sirva o recheio com mais alface e molho ranch (pág. 44) para montar uma salada ou abra um pão francês e faça um clássico BLT.

FAJITAS DE JACA COM MOLHO BARBECUE E GUACAMOLE

RENDE 4 PORÇÕES

Até agora ninguém colocava fruta nas fajitas. A jaca, porém, não é uma fruta qualquer. Quando desfiada, ganha aparência e textura de carne desfiada, e o sabor suave faz dela a substituta ideal. Agora, imagine a jaca preparada com molho barbecue, pimentões e cebolas – parece perfeito, não? Quando servida em panela de ferro com tortilhas quentes e guacamole, os convidados enlouquecem. Nem você nem ninguém sentirá falta da carne grelhada!

Como fazer o guacamole

Em uma vasilha grande, amasse o abacate com um garfo até obter uma pasta levemente grumosa. Acrescente os demais ingredientes do guacamole e misture bem. Tampe e leve à geladeira até a hora de usar. Se for preciso, faça com alguma antecedência.

Como fazer as fajitas

1. Coloque os gomos de jaca em um escorredor e lave muito bem. Retire os caroços com dois garfos ou com os dedos (veja pág. 118). Reserve.

2. Em uma vasilha, misture o molho barbecue, o extrato de tomate, o molho de pimenta, o sal e a pimenta-do-reino. Reserve.

3. Aqueça o azeite em uma frigideira grande, em fogo médio. Refogue a cebola até ficar transparente.

4. Acrescente a jaca e o pimentão e salteie até evaporar a maior parte do líquido. Junte a mistura de molho reservada e misture bem. Reduza o fogo, tampe a frigideira e cozinhe por 10 a 15 minutos, mexendo de vez em quando. Acerte o sal e a pimenta e retire do fogo.

5. Enquanto a jaca cozinha, aqueça uma segunda frigideira em fogo médio. Borrife com azeite ambos os lados das tortilhas e frite por 30 a 60 segundos de cada lado. Para mantê-las aquecidas, coloque em um prato e cubra com um pano levemente úmido e aquecido no micro-ondas. Ou então, embrulhe as tortilhas em um pano úmido e leve ao micro-ondas por 30 segundos.

PREPARO: 15 minutos
COZIMENTO: 30 minutos

Guacamole

1 abacate cortado ao meio sem caroço e sem casca

¼ de xícara (10 g) de coentro fresco picado

1½ colher (sopa) de suco de limão-taiti

1 dente de alho bem picado

½ colher (chá) de cominho

sal a gosto

Fajitas

1,2 kg de jaca verde em gomos

1½ xícara (375 ml) de molho barbecue (pág. 43) ou molho vegano comprado pronto

2 colheres (sopa) de extrato de tomate

1 colher (sopa) de molho de pimenta

sal e pimenta-do-reino a gosto

1 colher (chá) de azeite

1 cebola média fatiada

2 pimentões vermelhos fatiados

azeite para borrifar

6 a 8 tortilhas de trigo pequenas (ou de milho ou outra tortilha sem glúten, se necessário)

creme azedo de tofu (pág. 45), opcional

{ RECEITA CONTINUA }

6. Para servir, espalhe a jaca cozida dentro de uma tortilha e acrescente o guacamole e o creme azedo de tofu, se decidiu usá-lo. Repita o procedimento com o restante dos ingredientes. As sobras podem ficar na geladeira, em recipiente fechado, de 3 a 4 dias.

|||||||||||||||||||||||

VARIAÇÃO

▶ Experimente a jaca com molho de churrasco em sanduíches, rolinhos ou mesmo na salada. As sobras podem ser consumidas no almoço do dia seguinte.

PENSO EM SALADA E COMEÇO A BOCEJAR.

Pratos que despertam o paladar

Nós, veganos, não comemos só saladas, mas, quando comemos, adoramos. E nada de alface murcha ou de cenoura molenga. Nossas saladeiras têm muitas folhas, frutas, grãos, legumes, castanhas e, às vezes, até alface. Nossos molhos para salada vão dos mais densos e cremosos aos mais leves e picantes. Algumas saladas são frias, outras mornas e outras, as duas coisas juntas! Às vezes, elas ajudam a abrir o apetite, e quando são bem-feitas, como as deste capítulo, são o prato principal.

SALADA DE COUVE-FLOR ASSADA AO MOLHO RANCH

RENDE 4 PORÇÕES

Sabe aqueles sanduíches de carne assada enormes recheados com onion rings? Agora, retire o pão e a carne, despeje tudo em uma tigela com um pouco de alface e regue com molho ranch. Esse é o delicioso resumo desta salada. A couve-flor assada envolta em Molho barbecue (pág. 43) substitui imediatamente a carne e ganha a preferência de todos (até dos que detestam couve-flor). Guarnecida com milho, tomates e Onion rings assadas e crocantes (pág. 165), é perfeita para os que acham que salada não alimenta, não satisfaz e não dá água na boca. Esta receita faz tudo isso e, além do mais, é vegana.

1. Preaqueça o forno a 200 ºC. Forre uma assadeira com papel-manteiga ou tapete de silicone.

2. Espalhe a couve-flor picada na assadeira. Borrife com azeite. A seguir, junte o tamari ou shoyu, a fumaça líquida, o cominho, o alho em pó, a cebola em pó, a páprica, o sal e a pimenta-do-reino. Regue com o suco de limão. Revolva para recobrir toda a couve-flor. Asse por 20 minutos, revolvendo mais uma vez para cozinhar por igual.

3. Em uma tigela, misture o molho barbecue e o amido de milho. Após 20 minutos, retire a couve-flor do forno, acrescente o molho e misture bem. Asse por mais 5 a 10 minutos, até a maior parte do molho secar.

4. Em uma saladeira grande, misture as verduras, o milho, os tomates e o abacate. Divida a salada em 4 cumbucas, acrescente a couve-flor assada, regue com o molho e finalize com os anéis de cebola. Sirva em seguida.

PREPARO: **15 minutos** *(não inclui o tempo de preparo das onion rings e do molho ranch)*

COZIMENTO: **30 minutos**

Couve-flor assada

1 couve-flor com os buquês separados

azeite para borrifar

1 colher (sopa) de tamari ou shoyu (molho de soja)

½ colher (chá) de fumaça líquida

½ colher (chá) de cominho em pó

½ colher (chá) de alho em pó

½ colher (chá) de cebola em pó

½ colher (chá) de páprica defumada

sal e pimenta-do-reino a gosto

suco de ½ limão-siciliano

1 xícara (250 ml) de molho barbecue (pág. 43) ou molho vegano comprado pronto

1 colher (sopa) de amido de milho

Salada

4 xícaras (120 g) de verduras variadas ou alface

1½ xícara (210 g) de milho em conserva escorrido ou fresco descongelado

1½ xícara (240 g) de tomates picados

1 abacate sem caroço e sem casca cortado grosseiramente

molho ranch (pág. 44)

onion rings (pág. 165)

SALADA DE COUVE E LEGUMES ASSADOS COM GORGONZOLA DE CASTANHA DE CAJU

RENDE 4 PORÇÕES

Quando chega o outono, minha única vontade é assar tudo quanto é tipo de legume, mas principalmente as raízes. Quando assadas, ganham sabor adocicado e intenso; combinadas com salada de couve, gomos de tangerina e molho cremoso de gorgonzola formam um conjunto surpreendente. A redução de balsâmico acrescenta outra camada, de sabor aveludado. Massagear a couve com suco de limão-siciliano quebra as fibras e deixa as folhas mais macias e mais fáceis de mastigar (ou espetar com o garfo). Você pode até estranhar, mas todos os veganos fazem isso.

1. Preaqueça o forno a 200 °C. Forre duas assadeiras com papel-manteiga ou tapete de silicone.

2. Espalhe as beterrabas e as batatas-doces na assadeira, mantendo-as separadas para que as beterrabas não manchem a batata-doce. Em outra assadeira, espalhe o salsão fatiado e regue com o tamari ou shoyu. Borrife azeite sobre todos os legumes e tempere tudo igualmente com o tomilho, a noz-moscada, o sal e a pimenta-do-reino.

3. Asse por 15 minutos, então revolva para garantir o cozimento por igual (sempre evitando que as beterrabas encostem nas batatas-doces). Na outra assadeira, afaste o salsão e espalhe as cenouras. Borrife-as levemente com azeite, salpique o sal e a pimenta-do-reino, leve as duas assadeiras ao forno e asse por 15 minutos.

4. Enquanto isso, coloque a couve em uma saladeira grande. Acrescente o suco de limão-siciliano e o azeite. "Massageie" as folhas de couve por 2 a 3 minutos, esfregando nelas o suco de limão e o azeite. Reserve.

5. Em uma panela de tamanho médio, ferva o vinagre em fogo médio (nunca alto); diminua o fogo e cozinhe por 10 minutos até reduzir pela metade ou, no mínimo, dois terços (quanto mais tempo cozinhar, mais denso ficará). Retire do fogo e despeje em uma cuia para esfriar.

6. Quando conseguir espetar os legumes com um garfo, retire as bandejas do forno e deixe esfriar por 5 minutos. Junte a couve, os gomos de tangerina e misture bem. Sirva com o gorgonzola de castanha de caju e a redução de vinagre balsâmico.

COZIMENTO: 30 minutos (*não inclui o tempo de preparo do gorgonzola de castanha de caju*)

COZIMENTO: 30 minutos

3 beterrabas descascadas e picadas em pedaços de 2,5 cm

1 batata-doce grande ou **2 pequenas** descascadas e picadas em pedaços de 2,5 cm

1 talo pequeno de salsão sem os fios picado em fatias de 2,5 cm

1 colher (sopa) de tamari ou **shoyu** (molho de soja)

azeite para borrifar

2 colheres (chá) de tomilho seco

algumas pitadas de noz-moscada em pó

sal e pimenta-do-reino a gosto

8 a 10 minicenouras descascadas ou **1 xícara (160 g) de cenoura** picada

1 maço de couve sem os talos picado

3 colheres (chá) de limão-siciliano

1½ colher (chá) de azeite

1 xícara (250 ml) de vinagre balsâmico

2 a 3 tangerinas descascadas e separadas em gomos

gorgonzola de castanha de caju (pág. 58)

VARIAÇÕES

► Experimente assar outros legumes, como nabos, cenouras e até mesmo abóboras.

► Se saladas agridoces não são o seu forte, troque a redução de balsâmico pelo molho de limão e tahine (pág. 129) ou pelo vinagrete de mostarda e tomilho (pág. 267).

SALADA DE TRÊS GRÃOS, ORZO E PESTO DE PISTACHE

RENDE 4 A 6 PORÇÕES

Se você nunca comeu salada de orzo e pesto ou se costuma comprar a salada pronta naquelas embalagens transparentes e comer com garfo de plástico a caminho de casa, vai adorar a minha criação vegana. Esta versão da clássica salada leva três tipos de grãos para garantir as proteínas. O pesto é feito com pistaches, e não com pignoli, por isso é menos amargo e mais amanteigado. O feta de tofu e os tomates secos trarão de volta os bons momentos. Tenho certeza de que esta salada você comerá à mesa, com garfo e faca.

1. Para fazer o pesto, coloque os pistaches e o alho no processador de alimentos e bata. Acrescente a levedura, o suco de limão, o manjericão e o azeite e processe para formar uma pasta homogênea. Acrescente o caldo de legumes em colheradas para afinar a pasta até a consistência desejada. Acerte o sal e a pimenta-do-reino. Reserve.

2. Ferva água em uma panela de tamanho médio. Acrescente o orzo e cozinhe de 8 a 9 minutos ou até ficar tenro. Escorra a água, lave o orzo em água fria e escorra bem.

3. Junte ao orzo a ervilha, o grão-de-bico, o feijão-fradinho e o tomate seco. Acrescente o pesto e misture bem. Sirva em temperatura ambiente ou deixe na geladeira até a hora de consumir. Sirva com feta de tofu por cima.

||||||||||||||||||||||||||

VARIAÇÃO

▶ Para fazer esta salada sem glúten, substitua o orzo por quinoa, painço ou arroz.

PREPARO: 10 minutos (*não inclui o tempo de preparo do feta de tofu*)
COZIMENTO: 10 minutos

Pesto

⅓ de xícara (130 g) de pistaches sem casca

2 a 3 dentes de alho

2 colheres (sopa) de levedura nutricional (veja pág. 29)

1 colher (sopa) de suco de limão-siciliano

2 xícaras (60 g) bem cheias de manjericão fresco

2 colheres (sopa) de azeite

3 a 4 colheres (sopa) de caldo de legumes, separadas

sal e pimenta-do-reino a gosto

Salada

4 xícaras de água

1½ xícara de orzo seco

1 xícara (140 g) de ervilhas frescas cozidas ou descongeladas

1½ xícara de grão-de-bico cozido (veja pág. 20) ou em conserva lavado e escorrido

1½ xícara (265 g) de feijão-fradinho cozido

1 xícara (100 g) de tomate seco fatiado (se estiver rijo, hidrate outra vez para amolecer)

½ barra de feta de tofu (pág. 56)

SALADA DE LENTILHA E CUSCUZ AO VINAGRETE DE LARANJA E CHAMPANHE

RENDE 4 A 6 PORÇÕES

Não importa se você estiver oferecendo um banquete ou comendo sozinho com um guardanapo amarrado ao pescoço, esta salada maravilhosa impressiona sempre. A estrela, neste caso, é a lentilha beluga, que tem esse nome pela semelhança com o caviar homônimo. O vinagrete de laranja e champanhe e a salsinha picada dão vida e equilíbrio perfeito ao prato. Quando contar aos seus convidados que está servindo a dupla champanhe e caviar em forma de salada, seu lugar na Calçada da Fama dos Banqueteiros (deve existir uma dessas em algum lugar) estará garantido.

1. Junte as lentilhas e 3 xícaras de água em uma panela média e deixe ferver. Reduza o fogo e cozinhe por 15 a 20 minutos, até as lentilhas ficarem tenras. Não cozinhe demais, porque elas se quebram e murcham. Quando as lentilhas estiverem tenras, retire do fogo, escorra a água e tempere com o sal e a pimenta. Transfira para uma tigela grande para esfriar.

2. Enquanto as lentilhas cozinham, ferva a água restante em uma panela pequena. Acrescente o cuscuz, mexa bem, tampe e retire do fogo. Deixe descansar por uns 10 minutos. Se ainda estiver um pouco seco ou não tiver absorvido a água, tampe e deixe descansar por mais alguns minutos. Caso contrário, solte os grãos com um garfo e despeje o cuscuz sobre as lentilhas.

3. Enquanto isso, prepare os cogumelos. Aqueça o azeite em uma frigideira grande, em fogo médio. Acrescente o shitake e salteie por uns 5 minutos. Junte o shimeji e salteie por outros 3 minutos, até que estejam todos tenros. Tempere com sal e pimenta. Retire do fogo e junte os cogumelos às lentilhas e ao cuscuz. Acrescente o radicchio e a salsinha.

4. Com um garfo, misture os ingredientes do molho em uma cumbuca pequena. Despeje o molho na tigela com a salada e misture bem para combinar. Sirva em temperatura ambiente ou deixe na geladeira até a hora de servir.

PREPARO: 15 minutos
COZIMENTO: 30 minutos

1½ xícara (315 g) de lentilha beluga escolhida e lavada

3 xícaras + ¾ de xícara de água, separadas

sal e pimenta-do-reino a gosto

¾ de xícara (270 g) de cuscuz marroquino seco (sem glúten, se necessário) lavado

1 colher (chá) de azeite

2 xícaras bem cheias (120 g) de cogumelos shitake fatiados

1½ xícara (85 g) de cogumelos shimeji

sal e pimenta-do-reino a gosto

1½ xícara (75 g) de radicchio cortado em pedaços

½ xícara (20 g) de salsinha fresca picada

Vinagrete de laranja e champanhe

¼ de xícara (60 ml) de vinagre de champanhe

¼ de xícara (60 ml) de suco de laranja

1 colher (sopa) de xarope de agave

1 colher (sopa) de azeite

1 colher (sopa) de mostarda em grãos

SALADA DE BRÓCOLIS ASSADOS E MAÇÃ AO MOLHO DE TAHINE E LIMÃO-SICILIANO

RENDE 4 A 6 PORÇÕES

As melhores saladas têm texturas variadas e um equilíbrio entre doce e salgado. Gosto de misturar ingredientes cozidos e crus, adoçar com frutas frescas, usar frutas secas pela acidez e consistência, introduzir nozes e sementes para deixá-la mais crocante. Os buquês de brócolis assados com tamari e maple syrup se juntam à maçã para criar um equilíbrio perfeito entre salgado e doce; o salsão cru, as cranberries e as amêndoas enriquecem as texturas; tudo isso envolvido por um molho leve, cremoso, ligeiramente picante. Finalizar com o bacon de tempeh crocante é acrescentar outro nível de sabor, que eleva esta salada às alturas!!

1. Preaqueça o forno a 200 °C. Forre duas assadeiras com papel-manteiga ou tapetes de silicone.

2. Corte os buquês dos brócolis e fatie os talos. Jogue tudo em uma vasilha e tempere com tamari e maple syrup. Acrescente a levedura e misture bem. Espalhe os brócolis sobre as assadeiras preparadas. Asse por 20 minutos, revolvendo uma vez para que todos os buquês cozinhem por igual. Retire do forno e deixe esfriar por 5 minutos.

3. Enquanto isso, junte os ingredientes do molho em uma tigela e bata com um garfo. Reserve. Se decidiu usar o bacon de tempeh, é a hora de assar os pedaços.

4. Arranje os brócolis frios em uma saladeira grande e junte o espinafre, as maçãs, o salsão, a cebola, as cranberries e as amêndoas. Misture bem.

5. Divida a salada em cumbucas para servir. Regue com o molho e salpique com bacon de tempeh, se decidiu usá-lo.

VARIAÇÕES

▶ Para enriquecer ainda mais a sua salada, use amêndoas marcona, de origem espanhola, que são mais doces e mais arredondadas.

▶ Se estiver sem tempo ou quiser deixar a salada mais leve, não asse os brócolis. Em vez disso, cozinhe no vapor por 5 minutos e mergulhe na água gelada. Seque e estão prontos para usar!

PREPARO: 20 minutos (*não inclui o tempo de preparo do bacon de tempeh*)
COZIMENTO: 20 minutos

Brócolis assados

2 maços médios de brócolis (mais ou menos 1 kg)

2 colheres (sopa) de tamari ou shoyu (molho de soja)

1 colher (sopa) de maple syrup (xarope de bordo)

2 colheres (sopa) de levedura nutricional (veja pág. 29)

Molho

3½ colheres (sopa) de suco de limão-siciliano

2 colheres (sopa) de tahine

2 colheres (sopa) de vinagre de maçã

1½ colher (sopa) de maple syrup (xarope de bordo)

2 colheres (chá) de mostarda de Dijon

algumas pitadas de alho em pó

Salada

1 receita de bacon de tempeh em pedaços marinados por no mínimo 1 hora (na pág. 37, veja variação)

2 a 3 xícaras (60 a 90 g) de brotos de espinafre

1 a 2 maçãs sem sementes picadas (escolha uma variedade mais ácida e doce, como a fuji, por exemplo)

3 talos de salsão fatiados

½ cebola roxa em fatias muito finas

⅔ de xícara (95 g) de cranberries secas

½ xícara (75 g) de amêndoas picadas grosseiramente (de preferência assadas, mas cruas também servem)

SALADA QUENTE DE BATATA E AZEITONAS COM SUCO DE LIMÃO

RENDE 4 A 6 PORÇÕES

pág. 119

Não me entenda mal: ainda gosto muito das saladas de batata que costumam ser feitas no verão, mas esta é uma versão um pouco mais leve. As azeitonas e o suco de limão são responsáveis pelo sabor mais intenso e as batatas assadas com alecrim desmancham na boca. Sem falar nas folhas verdes levemente murchas sob o calor das batatas. É uma delícia quente ou em temperatura ambiente, mas é melhor ainda se for consumida no dia seguinte. Além disso, é tão fácil de fazer que é perfeita para um jantar de rotina ou uma festinha de última hora. Sirva com Tofu assado na brasa (pág. 85) ou com os Bolinhos de alcachofra (pág. 214).

PREPARO: 10 minutos
COZIMENTO: 20 minutos

20 a 24 batatas bolinhas (mais ou menos 450 g) cortadas ao meio

1 colher (sopa) de azeite

1 a 2 colheres (chá) de alecrim seco

sal e pimenta-do-reino a gosto

4 a 5 xícaras (120 a 150 g) de folhas tenras de verduras (couve, espinafre e acelga misturados)

1½ xícara (270 g) de azeitonas sem caroço fatiadas (uso tanto as verdes quanto as pretas)

suco de 1 limão-siciliano

1. Preaqueça o torno a 200 °C. Forre uma assadeira com papel-manteiga ou tapete de silicone.

2. Espalhe as batatas cortadas ao meio sobre a assadeira. Regue com azeite, salpique o alecrim, o sal e a pimenta. Misture bem.

3. Asse as batatas por 20 minutos, revolvendo uma vez durante o cozimento.

4. Enquanto isso, junte as verduras e as azeitonas em uma vasilha grande.

5. Quando as batatas estiverem assadas, transfira para a saladeira com as verduras. Elas vão murchar um pouco, mas tudo bem; se você quiser as verduras crocantes, espere as batatas enfriarem antes de juntar tudo. Acrescente o suco de limão e misture muito bem. Sirva em seguida ou espere esfriar para servir.

E O CAFÉ DA MANHÃ? E O BRUNCH?

Sugestões para começar bem o dia

Sabe aquelas manhãs preguiçosas em que a gente fica lendo e comendo, sem tirar o pijama? Ou aqueles dias ensolarados em que a gente pega qualquer coisa para comer e sai andando pela rua? Ou mesmo aquelas ocasiões especiais em que a gente resolve cozinhar para a pessoa amada? Talvez não se pareça com café da manhã se não tiver café com leite e pão com manteiga, mas os melhores brunches da minha vida aconteceram depois que me tornei vegana. O mesmo pode acontecer com você. Prepare-se para começar bem o seu dia!

TACOS RECHEADOS COM MEXIDO DE GRÃO-DE-BICO

RENDE 3 A 4 PORÇÕES

Tacos no café da manhã. Assim como *pão com manteiga*, são palavras deliciosas de se ouvir. Estes tacos são recheados com pedaços de batata-doce assada e um mexido de grão-de-bico, que é similar ao mexido de tofu (veja pág. 78), mas um "tofu" sem soja, feito com a farinha de grão-de-bico cozida em água, que você espera engrossar e põe na geladeira para ficar firme. E então você bate essa mistura, como bateria o tofu (ou os ovos, antes de você ser vegano). Recheie as tortilhas com esse mexido e o restante você já sabe. É uma história linda, e apetitosa.

1. Forre uma assadeira com papel-manteiga. Reserve.

2. Em uma tigela média, junte a farinha de grão-de-bico, o sal negro, o alho em pó, a cebola em pó, a páprica e o cúrcuma. Em uma panela média, ponha água para ferver e reduza um pouco a chama. Com o batedor de arame, vá introduzindo devagar a mistura de farinha de grão-de-bico, batendo até obter uma textura lisa, porém grumosa. No começo vai borbulhar e espirrar, então você terá de bater mais rápido. Acrescente 1 colher (sopa) de azeite e continue batendo por 3 ou 4 minutos, até a mistura parecer um mingau grosso e seu braço começar a doer. Despeje na assadeira. Cubra e deixe na geladeira por 1 hora para firmar.

3. Enquanto isso, preaqueça o forno a 200 ºC. Forre a assadeira com papel-manteiga ou tapete de silicone. Espalhe a batata-doce, o pimentão e a cebola e polvilhe com o cominho, a páprica, a canela, o sal e a pimenta-do-reino. Borrife com azeite. Asse por 25 minutos, revolvendo uma vez para cozinhar por igual.

4. Enquanto a batata-doce está no forno, faça o mexido de grão-de-bico. Corte a mistura de grão-de-bico gelada em 25 quadrados. Aqueça o azeite restante em uma frigideira grande. Coloque os quadrados de grão-de-bico na frigideira e aperte com a espátula. Cozinhe por 7 ou 8 minutos, cuidando para não grudar. Se grudar, jogue um pouco de água para deglacear a frigideira e reduza o fogo. Quando a mistura de grão-de-bico estiver cozida, com as beiradas levemente douradas, tire a frigideira do fogo.

PREPARO: 15 minutos
COZIMENTO: 30 minutos
DESCANSO: 1 hora

Mexido de grão-de-bico

1 xícara (110 g) de farinha de grão-de-bico

½ colher (chá) de sal negro (kala namak)

½ colher (chá) de alho em pó

½ colher (chá) de cebola em pó

¼ de colher (chá) de páprica defumada

¼ de colher (chá) de cúrcuma

2 xícaras (500 ml) de água

2 colheres (sopa) de azeite, separadas

Tacos

2 batatas-doces médias descascadas e picadas

1 pimentão vermelho picado

½ cebola roxa media picada

1 colher (chá) de cominho em pó

½ colher (chá) de páprica defumada

uma pitada de canela

sal e pimenta-do-reino a gosto

azeite para borrifar

6 a 8 tortilhas de milho

½ abacate sem caroço, sem casca e fatiado

coentro fresco a gosto

molho de pimenta, opcional

5. Reduza o forno para 190 ºC. Embrulhe as tortilhas em um pano de prato levemente úmido e ponha no micro-ondas por 30 segundos. Borrife os dois lados da tortilha com azeite e dobre sobre dois arames da grelha do forno, de modo que fique parecida com uma concha de taco. Repita com as demais tortilhas. Asse por 6 minutos, tire do forno e deixe esfriar.

6. Recheie cada concha do taco com a batata-doce, o mexido de grão-de-bico e o abacate. Salpique coentro e molho de pimenta, se desejar, e sirva.

ABACATE EMPANADO COM PARMESÃO E COUVE À FIORENTINA COM CREME HOLANDÊS DE PÁPRICA DEFUMADA

RENDE 2 PORÇÕES

Ainda quer ser aquela pessoa fina que comia ovos à fiorentina no café da manhã? Não se preocupe. Você vai se sentir da mesma maneira com esta versão vegana superfácil de fazer. O abacate substitui os ovos; sim, você pode servir o abacate fresco e se sair muito bem, mas será muito melhor cobrir as fatias de abacate com farelo de pão e parmesão de nozes-pecãs e levar ao forno para a crosta ficar corada e crocante. Então, basta acrescentar uns pãezinhos, a couve e o molho holandês de páprica defumada e ser aquela pessoa fina que sempre foi.

1. Preaqueça o forno a 200 ºC. Forre uma assadeira com papel-manteiga ou tapete de silicone.

2. Misture o farelo de pão e o parmesão de nozes-pecãs em uma vasilha rasa e pequena. Coloque o suco de limão em outra vasilha pequena.

3. Corte o abacate ao meio e retire o caroço. Ainda com a casca, corte cada metade em 4 fatias. Retire a casca e banhe uma fatia por vez no suco de limão. Passe cada fatia embebida em limão nos farelos de pão, recobrindo todos os lados. Arranje as fatias na assadeira preparada. Borrife as fatias com azeite e salpique com sal e pimenta-do-reino. Asse por 15 minutos ou até dourar a superfície.

4. Enquanto isso, aqueça 1 colher (chá) de azeite em uma frigideira grande, em fogo médio. Acrescente o alho e refogue até dourar e começar a recender. Junte a couve e só pare de mexer quando começar a murchar. Retire do fogo, adicione sal e pimenta-do-reino.

5. Para o creme holandês, misture a castanha de caju, o vinagre, o suco de limão, a levedura, a mostarda, o cúrcuma, a páprica e 6 colheres (sopa) da água da demolha das castanhas de caju no liquidificador ou processador e bata até obter uma mistura lisa. Acrescente água se ficar muito espessa. Tempere com sal e pimenta-do-reino. Esse molho pode ser feito com até dois dias de antecedência. Nesse caso, acrescente mais água para afinar o molho, se necessário.

PREPARO: 20 minutos
COZIMENTO: 15 minutos
DESCANSO: 1 hora *(enquanto as castanhas de caju ficam de molho)*

Abacate e couve

¼ de xícara (20 g) de farelo de pão

¼ de xícara (40 g) de parmesão de nozes-pecãs (pág. 50)

suco de 1 limão-siciliano

1 abacate grande

azeite para borrifar

sal e pimenta-do-reino a gosto

1 colher (chá) de azeite

1 dente de alho bem picado

4 xícaras (160 g) bem cheias de couve sem o talo picada

Creme holandês

¼ de xícara (80 g) de castanhas de caju cruas de molho em água por 1 hora. *Reserve a água*

1 colher (sopa) de vinagre de maçã

1 colher (sopa) de suco de limão-siciliano

1 colher (sopa) de levedura nutricional (veja pág. 29)

1 colher (chá) de mostarda em grãos

½ colher (chá) de cúrcuma

½ colher (chá) de páprica defumada

sal e pimenta-do-reino a gosto

2 pãezinhos

fatias de tomate, opcionais

6. Corte os pãezinhos ao meio e ponha para tostar. Arranje as metades no prato, o lado cortado voltado para cima. Se for usar tomate, coloque uma fatia sobre cada metade de pãozinho. Distribua sobre elas a couve e finalize com duas fatias de abacate crocante. Cubra com molho holandês e sirva em seguida.

PANQUECAS DE TRIGO-SARRACENO E BANANA COM CALDA DE MANTEIGA DE AMENDOIM

RENDE 4 PORÇÕES

Sabe quando a gente não se decide se quer comer pão de banana ou panquecas no café da manhã? Você não consegue escolher, mas sabe que as duas opções são regadas com uma deliciosa calda de manteiga de amendoim. Oh, dúvida cruel! Por sorte esta receita reúne pão de banana e panqueca de trigo-sarraceno em um café da manhã vegano e sem glúten que vai agradar a todos! E tudo regado com uma deliciosa calda de manteiga de amendoim com maple syrup. E agora você só terá de escolher se comerá tudo isso sozinho ou se chamará alguém para dividir.

1. Em uma vasilha pequena, misture os ingredientes da calda de manteiga de amendoim. Aqueça no micro-ondas por 30 segundos, mexa bem e reserve. Isso pode ser feito com antecedência.

2. Em uma caneca, junte o leite vegetal e o vinagre e deixe por 5 ou 10 minutos, até coalhar.

3. Em uma vasilha grande misture as bananas amassadas, o óleo, o maple syrup e a baunilha. Acrescente a coalhada. Em outra vasilha, junte a farinha de trigo-sarraceno, a farinha de aveia, a farinha de linhaça, o fermento em pó, a canela, o sal, o gengibre, o cravo e a noz-moscada. Reúna os ingredientes secos com os úmidos e misture bem.

4. Aqueça em fogo médio uma frigideira grande ou uma panquequeira. Borrife azeite. Use uma medida de ⅓ de xícara para derramar a massa na frigideira (2 a 3 panquecas por vez, dependendo do tamanho da frigideira). Frite por 4 minutos, até as bordas começarem a levantar e dourar. Vire a panqueca com a ajuda de uma espátula e frite por 2 a 3 minutos. Transfira as panquecas para um prato e cubra com pano de prato até a hora de servir. Repita o procedimento com toda a massa, borrifando a frigideira a cada vez.

5. Sirva as panquecas ainda quentes com fatias de banana, frutas secas e gotas de chocolate (se decidir usá-las) e regue com a calda de manteiga de amendoim.

VARIAÇÃO

▶ Se não tiver farinha de trigo-sarraceno ou de aveia, use a mesma medida de farinha de trigo comum ou qualquer outra farinha sem glúten.

PREPARO: 15 minutos
COZIMENTO: 20 minutos

Calda de manteiga de amendoim

¾ de xícara (180 ml) de maple syrup (xarope de bordo)

½ xícara (130 g) de manteiga de amendoim

1 colher (chá) de extrato de baunilha

uma pitada de sal, opcional

Panquecas

1½ xícara (375 ml) de leite vegetal

1 colher (sopa) de vinagre de maçã

3 bananas bem maduras amassadas

¼ de xícara (60 ml) de óleo de canola

1½ colher (sopa) de maple syrup (xarope de bordo)

1 colher (chá) de extrato de baunilha

¾ de xícara (85 g) de farinha de trigo-sarraceno

¾ de xícara (85 g) de farinha de aveia (sem glúten, se necessário)

1 colher (sopa) de farinha de linhaça dourada

1½ colher (sopa) de fermento químico em pó

1 colher (chá) de canela em pó

½ colher (chá) de sal

½ colher (chá) de gengibre em pó

¼ de colher (chá) de cravo em pó

¼ de colher (chá) de noz-moscada em pó

azeite para borrifar

Coberturas

fatias de banana, opcionais

frutas secas (nozes, nozes-pecãs ou amendoim, todas combinam muito bem), opcionais

gotas de chocolate, opcionais

O MELHOR SANDUÍCHE DO MUNDO NO CAFÉ DA MANHÃ

RENDE 3 SANDUÍCHES

Resolvi mudar o título desta receita porque "Sanduíche dos deuses" me pareceu um tanto pretensioso, embora seja de fato o melhor sanduíche que existe, vegano ou não vegano. Com batatas assadas, um bolinho de linguiça de sementes de girassol, mexido de grão-de-bico, uma mistura de sriracha e ketchup e abacate amassado, tudo dentro de um bagel torrado, é o tipo de refeição que faria um deus exclamar: "Rapaz!" Não há nada melhor para abastecer você durante muitas horas do dia.

1. Coloque a batata ralada em uma vasilha grande. Cubra com água fria e agite com a mão até a água ficar turva (e soltar o máximo possível de amido). Escorra em uma peneira fina e renove a água; repita a operação três ou quatro vezes até a água sair limpa.

2. Escorra a água e esprema a batata ralada algumas vezes para extrair o máximo de água possível. Transfira para um pano de prato e cubra com outro. Seque batendo e esfregando suavemente a batata. Descubra e deixe secar por 3 a 5 minutos. Enquanto isso, prepare os outros ingredientes.

3. Misture o sriracha e o ketchup em uma tigelinha e reserve. Junte o abacate, a levedura e o suco de limão em uma cumbuca e misture bem. Acrescente sal e pimenta-do-reino.

4. Em fogo médio, aqueça um pouco de azeite em uma frigideira grande por 2 a 3 minutos. Acrescente a batata e pressione com uma espátula. Frite, sem mexer, por 6 a 7 minutos, até a base ficar corada. Espalhe sal sobre a batata, vire e frite o outro lado por mais 3 a 5 minutos. Retire do fogo.

5. Corte o bagel ao meio e ponha as fatias para tostar. Espalhe a mistura de ketchup nas metades inferiores do pão e a mistura de abacate nas superiores. Acrescente um pouco da batata sobre a mistura de ketchup. Finalize com a linguiça de sementes de girassol e uma colherada de mexido de grão-de-bico. Espalhe algumas folhas de espinafre por cima de tudo e feche o sanduíche.

PREPARO: **10 minutos** (*não inclui o tempo de preparo do mexido de grão-de-bico e dos bolinhos de linguiça de sementes de girassol*)
COZIMENTO: **15 minutos**

1 batata descascada e ralada

1 colher (sopa) de sriracha

3 colheres (sopa) de ketchup vegano

1 abacate pequeno sem caroço e sem casca

2 colheres (chá) de levedura nutricional (veja pág. 29)

2 colheres (chá) de suco de limão-siciliano

sal e pimenta-do-reino a gosto

azeite

3 bagels cortados ao meio (sem glúten, se necessário)

3 bolinhos de linguiça de sementes de girassol (pág. 38, veja em variações como fazer os bolinhos)

½ receita de mexido de grão-de-bico (pág. 132)

12 a 15 folhas de broto de espinafre

6. Sirva em seguida ou embrulhe em papel-alumínio para comer depois. Não esqueça os guardanapos, porque você vai precisar.

DICAS

- Geralmente, os bagels são veganos, mas não deixe de conferir o rótulo. Alguns levam ovo ou mel.
- Faça com antecedência o mexido de grão-de-bico e os bolinhos de linguiça de sementes de girassol para o sanduíche ficar pronto mais depressa. Se tiver pouco tempo, ninguém vai reparar se você usar batatas raladas congeladas, mas siga as instruções da embalagem.

VARIAÇÕES

▶ Em vez de bagels, experimente usar muffins ingleses ou os pãezinhos da pág. 245.

▶ Substitua o mexido de grão-de-bico pelo Mexido mediterrâneo de tofu (pág. 78) e a linguiça de sementes de girassol pelo Bacon de tempeh (pág. 37).

▶ Deixe um pouco mais picante misturando pimenta calabresa em flocos no abacate amassado.

ROLINHOS DE NOZES-PECÃS, TÂMARAS E CANELA

Estes rolinhos são muito especiais. Eles vão deixar a casa toda perfumada. É para comer quando você estiver ainda de pijama. Para comer em silêncio, porque não será possível prestar atenção a mais nada que não seja o sabor, o aroma, a maciez e a doçura de cada bocado. Os rolinhos deixarão saudade da manhã de domingo durante toda a semana.

1. Em uma vasilha pequena, misture o leite, o fermento e o açúcar. O leite vai formar uma espuma.

2. No processador equipado com o acessório para massas (veja dicas), junte à mistura de leite 3 colheres (sopa) da manteiga vegana derretida, 1 xícara de farinha, sal, canela e gengibre. Processe até obter uma massa lisa. Se for preciso, acrescente mais farinha, ¼ de xícara por vez, para formar a bola (talvez nem seja preciso). Se a massa estiver muito seca, acrescente colheradas de manteiga derretida para umedecê-la. A massa estará fina e elástica quando você pressionar e ela afundar sem grudar no dedo.

3. Unte uma tigela grande para colocar a bola de massa. Cubra com um pano de prato úmido e deixe em lugar aquecido. (Se a cozinha for fria, ligue o forno na temperatura mínima e ponha a massa sobre o fogão ou perto dele.) Deixe a massa crescer por 1 hora ou até dobrar de tamanho.

4. No processador, junte as nozes-pecãs, o açúcar e a canela e bata até obter uma farinha grossa. Reserve.

5. Quando a massa tiver crescido, amasse-a delicadamente algumas vezes. Transfira para uma superfície enfarinhada. Estique a massa com rolo em um retângulo de mais ou menos 25 x 40 cm. Pincele 2 colheres (sopa) de manteiga vegana derretida sobre a massa. Espalhe por cima a mistura de nozes-pecãs e, sobre esta, as tâmaras picadas. Dobre o lado maior da massa sobre o recheio e comece a enrolar. Feche o rolo pressionando a massa com os dedos. Com uma faca serrilhada corte o rolo ao meio. Corte ao meio cada metade e cada quarto para obter 8 rolinhos.

6. Borrife uma assadeira redonda com azeite ou unte com manteiga derretida. Distribua os rolinhos na assadeira, mantendo a mesma distância entre eles. Preaqueça o forno a 175 °C

PREPARO: 40 minutos
COZIMENTO: 20 minutos
DESCANSO: 60 minutos

Massa

1 xícara (250 ml) de leite vegetal aquecido a 45 °C

2¼ colheres (chá) de fermento biológico seco instantâneo

1 colher (sopa) de açúcar de coco

3 colheres (sopa), ou mais, de manteiga vegana derretida

2 a 3 xícaras (260g a 390 g) de farinha especial para pão, separadas

½ colher (chá) de sal

¼ de colher (chá) de canela em pó

¼ de colher (chá) de gengibre em pó

Recheio

⅓ de xícara (40 g) de nozes-pecãs

2 colheres (sopa) de açúcar de coco ou açúcar mascavo vegano

1 colher (sopa) de canela em pó

4 colheres (sopa) de manteiga vegana derretida, separadas

⅓ de xícara (55 g) de tâmaras (veja dicas) descascadas e picadas

azeite para borrifar, opcional

Cobertura

1 ou 2 colheres (sopa) de leite vegetal

1 xícara (120 g) de açúcar vegano em pó ou xilitol em pó

1 colher (chá) de extrato de baunilha

e deixe a assadeira sobre o forno ou perto dele. Quando o forno estiver quente, pincele os rolinhos com o restante da manteiga derretida e asse por 20 a 25 minutos ou até ficarem dourados.

7. Misture com batedor de arame os ingredientes da cobertura, começando com 1 colher (sopa) do leite vegetal e acrescentando mais, se estiver muito espessa, e despeje a metade sobre os rolinhos. Sirva os rolinhos quentes, regando cada um com generosas colheradas da cobertura.

||||||||||||||||||||||

VARIAÇÃO

▶ Você pode usar farinha de trigo comum no lugar da farinha especial para pão, mas os rolinhos não ficarão tão leves.

DICAS

- Nesta receita funciona melhor o acessório para massas do processador. Pode ser também uma batedeira, mas o processador faz massas mais fofas. Também é possível amassar com as mãos, se não tiver nenhum dos dois.
- Para evitar que as tâmaras fiquem meladas e grudentas, pique sobre uma superfície levemente enfarinhada e polvilhando um pouco de farinha sobre elas.

WAFFLES DE FUBÁ E LIMÃO COM CALDA DE MIRTILO

RENDE 4 PORÇÕES

A melhor coisa dos waffles são aqueles buraquinhos e ondulações que acomodam as mais variadas coberturas. Nestes waffles o limão-siciliano contribui com um sabor sutilmente azedo e o fubá não deixa a massa encharcar sob a cobertura. E, para finalizar, que tal uma generosa colherada de mirtilos em calda? Com mirtilos frescos no verão e congelados no inverno, este clássico é delicioso o ano inteiro.

Como fazer os waffles

1. Em uma vasilha pequena, misture o leite vegetal e o suco de limão. Quando coalhar, acrescente o óleo de coco, o mel, as raspas de limão e a baunilha. Misture bem.
2. Em uma tigela grande, junte a farinha de trigo, o fubá, o fermento, o sal e a canela. Acrescente a mistura do leite e mexa bem com uma colher de pau.
3. Faça os waffles de acordo com as instruções da sua máquina de waffles. Sirva quentes, regados com a calda de mirtilo (ver abaixo). Se não for servir imediatamente, deixe os waffles sobre uma grelha e cubra com pano de prato para mantê-los aquecidos.

Como fazer a calda de mirtilo

Misture os ingredientes da calda de mirtilo em uma panela pequena e deixe levantar fervura. Reduza o fogo e continue mexendo, por 3 a 5 minutos, até engrossar. Tire do fogo e sirva quente.

PREPARO: 15 minutos
COZIMENTO: 25 minutos

- 2 xícaras (500 ml) de leite vegetal
- ⅓ de xícara (80 ml) de suco de limão-siciliano
- ⅓ de xícara (80 ml) de óleo de coco derretido
- ¼ de xícara (60 ml) de mel da abelha feliz (pág. 46) ou xarope de agave
- 2 colheres (sopa) de raspas de casca de limão
- 1 colher (chá) de extrato de baunilha
- 1½ xícara (195 g) de farinha de trigo
- ¾ de xícara (105 g) de fubá
- 1½ colher (sopa) de fermento químico em pó
- ½ colher (chá) de sal
- ¼ de colher (chá) de canela em pó

Calda de mirtilo

- 4 xícaras (600 g) de mirtilo fresco ou congelado
- 1 colher (sopa) de amido de milho
- 1 a 2 colheres (sopa) de xarope de agave (depende de quanto você quer adoçar)
- 1 colher (sopa) de suco de limão-siciliano
- 1 colher (sopa) de água

RABANADAS RECHEADAS COM MAÇÃ CARAMELIZADA

RENDE 4 A 6 TORRADAS

SO

Como as rabanadas são um luxo no café da manhã dos fins de semana, a farinha de grão-de-bico e o leite vegetal se uniram para fazer uma versão vegana bem simples. Se as rabanadas ganharem um recheio delicioso, teremos um prato para uma ocasião especial – ainda mais se o recheio for quente, com maçãs caramelizadas, banhadas em uma rica calda de caramelo à base de tâmaras; e será um prato *especialíssimo* se as torradas forem polvilhadas com açúcar e regadas com mais calda. Uma das moças que testaram as minhas receitas fez estas torradas para o marido no Dia dos Namorados, e foram o prato perfeito para essa celebração.

1. No processador, junte os ingredientes da calda de caramelo. Processe até obter uma mistura bem lisa, desligando para raspar as paredes, se for preciso.

2. Derreta a manteiga vegana em uma frigideira grande, em fogo médio. Acrescente as fatias de maçã, o açúcar de coco e misture bem. Deixe ferver, mexendo de vez em quando, até o líquido desaparecer e as maçãs ficarem macias e douradas. Misture o suco de limão e retire do fogo. Junte 2 colheres (sopa) da calda de caramelo.

3. Em uma vasilha grande e rasa ou assadeira, misture o leite vegetal, o leite de coco, a farinha de grão-de-bico, o maple syrup, o amido de milho, a baunilha, a canela, a noz-moscada e o sal. Corte 4 a 6 fatias de pão (de 5 cm de largura). Com a faca de pão, abra uma fenda na parte de cima de cada fatia (veja pág. 146), sem danificar os lados e o fundo, como se fosse uma bolsa.

4. Com cuidado, espalhe requeijão por dentro de um dos lados e encha a bolsa com ⅓ de xícara (80 ml) de maçãs carameladas.

5. Preaqueça o forno na temperatura mínima. Forre uma assadeira com papel-manteiga ou tapete de silicone. Reserve.

6. Aqueça uma frigideira grande ou uma chapa em fogo médio. Borrife azeite. Pegue um "sanduíche" e mergulhe na mistura do

{ RECEITA CONTINUA }

PREPARO: 30 minutos
COZIMENTO: 20 minutos

Calda de caramelo

10 tâmaras sem caroço

⅔ de xícara de leite vegetal

¼ de xícara (60 ml) de água

½ colher (chá) de extrato de baunilha

sal a gosto

Maçãs

1 colher (sopa) de manteiga vegana

2 maçãs verdes sem caroço cortadas em fatias bem finas

2 colheres (sopa) de açúcar de coco ou açúcar mascavo vegano

1 colher (sopa) de suco de limão

Rabanadas

1 xícara (250 ml) de leite vegetal

½ xícara (125 ml) de leite de coco ou creme de leite vegano

½ xícara (55 g) de farinha de grão--de-bico

2 colheres (sopa) de maple syrup (xarope de bordo)

1½ colher (sopa) de amido de milho

1 colher (chá) de extrato de baunilha

½ colher (chá) de canela em pó

algumas pitadas de noz-moscada ralada

algumas pitadas de sal

1 filão de pão sovado (cerca de 10 a 12 cm de largura)

requeijão vegano

azeite para borrifar

maple syrup (xarope de bordo) para regar

açúcar vegano ou xilitol vegano para polvilhar, opcional

leite, 15 a 20 segundos de cada lado. Frite o sanduíche embebido por 3 ou 4 minutos de cada lado, até dourar e ficar crocante. Transfira para a assadeira preparada e leve ao forno. Repita com os outros sanduíches, untando a frigideira a cada vez. Sirva quente, depois de regar com maple syrup e a calda de caramelo ou outra de sua preferência. Se desejar, polvilhe com açúcar.

VARIAÇÕES

▶ Simplifique a receita eliminando a calda de caramelo e substituindo as maçãs por outras frutas frescas, como morango, mirtilo, framboesa e até por manga!

▶ Faça apenas as rabanadas cortando o pão em fatias regulares, sem as frutas e o caramelo.

FALSAS "COMIDAS" ME TIRAM DO SÉRIO!

Pratos que não imitam carne nem laticínio nem nada disso

Não gosta da ideia de carnes e queijos falsos? Eu também não gosto. Embora existam inúmeras e ótimas opções (neste livro, inclusive), às vezes você quer comer coisas de verdade feitas com legumes e verduras. Estas receitas não têm a pretensão de imitar pratos que normalmente seriam feitos com produtos animais. São receitas deliciosas cujas grandes estrelas são simplesmente os vegetais.

BOLINHOS DE MILHO COM MOLHO CREMOSO DE LIMÃO E PIMENTA

RENDE 2 A 4 PORÇÕES

Omilho e a quinoa se unem nesta receita para formar deliciosos bolinhos. A farinha de milho age como aglutinante para impedir que os bolinhos se desfaçam durante a fritura. A erva-cidreira, a salsinha e o coentro são responsáveis pelo melhor bolinho de milho que você já provou na vida. Um intenso e picante molho de iogurte temperado com limão e pimenta é o acompanhamento perfeito.

1. Ponha os ingredientes do molho de limão e pimenta em um processador ou liquidificador e bata para homogeneizar. Para fundir os sabores, deixe na geladeira até a hora de usar.

2. Em uma vasilha grande, junte a quinoa, o milho, a farinha de milho, a cebolinha, o leite vegetal, a maionese, a erva-cidreira, o tamari ou shoyu, a levedura (se decidiu usá-la), a salsinha, o cominho, o coentro, a páprica e a pimenta-de-caiena; misture tudo muito bem. A mistura deve ser úmida o suficiente para se manter coesa quando espremida, mas não tanto quanto uma massa. Se estiver muito úmida, acrescente farinha de milho até atingir a consistência certa. Tempere com sal e pimenta.

3. Forre uma assadeira com papel-manteiga ou tapete de silicone. Enrole nas mãos bolinhos de massa do tamanho de uma bola de pingue-pongue e arranje-os na assadeira preparada.

4. Aqueça uma frigideira grande, de preferência de ferro, em fogo médio. Coloque óleo suficiente para cobrir o fundo e aqueça por 2 ou 3 minutos. Forre uma travessa com toalhas de papel.

5. Com cuidado, espalhe 5 a 6 bolinhos na frigideira e frite por 3 a 4 minutos, virando-os a cada 3 segundos para fritar por inteiro e dourar. Com uma escumadeira, retire os bolinhos da frigideira e transfira-os para a travessa forrada; cubra com papel-toalha para absorver o excesso de óleo. Repita com o restante da massa e complete o óleo na frigideira, quando necessário. Sirva quente, regado com o molho.

VARIAÇÃO

▶ Se preferir assar os bolinhos, preaqueça o forno a 175 °C. Borrife-os com azeite e asse por 20 a 25 minutos, até ficarem firmes e dourados, virando-os uma vez durante esse tempo para assarem por inteiro.

PREPARO: 15 minutos *(não inclui o tempo de cozimento da quinoa)*
COZIMENTO: 15 minutos

Molho cremoso de limão e pimenta

- 1 xícara (225 g) de iogurte vegetal de coco
- 3 colheres (sopa) de suco de limão-taiti
- 3 colheres (sopa) de pimenta-jalapeña em cubinhos
- 1 colher (chá) de cebola em pó
- 1 colher (chá) de alho em pó

Bolinhos

- 2 xícaras (320 g) de quinoa cozida (veja pág. 21)
- 1½ xícara (210 g) de milho em conserva escorrido ou fresco descongelado
- 1 xícara (130 g) de farinha de milho (não use fubá)
- ¼ de xícara de cebolinha picada (só a parte branca), e mais para guarnecer
- ¼ de xícara + 2 colheres (sopa) (90 ml) de leite vegetal
- 2 colheres (sopa) de maionese vegana
- 2 colheres (sopa) de erva-cidreira picada (veja dica)
- 1 colher (sopa) de tamari ou shoyu (molho de soja)
- 2 colheres (chá) de levedura nutricional (veja pág. 29), opcional
- 1 colher (chá) de salsinha desidratada
- ½ colher (chá) de cominho em pó
- ½ colher (chá) de coentro em grãos
- ½ colher (chá) de páprica defumada
- algumas pitadas de pimenta-de-caiena
- sal e pimenta-do-reino a gosto
- óleo de canola para fritar

 DICA
É preciso remover as camadas externas e mais duras da erva-cidreira antes de fatiar. Passe a faca pelo talo de cima a baixo, mas não até o fim. Elimine as camadas externas e agora você pode fatiá-la!

BOLINHOS DE SAMOSA DE BATATA E ERVILHA COM MOLHO DE TAMARINDO

RENDE 15 BOLINHOS

pág. 147

A samosa é um tradicional pastel indiano condimentado, em geral recheado com batatas e outros legumes. Estes bolinhos são basicamente o recheio da samosa fora da massa. O molho forte e azedo de tamarindo é o acompanhamento ideal. São perfeitos como aperitivo ou para acompanhar o Curry de lentilha, acelga e batata-doce (pág. 155). Mas você pode se servir de quatro ou cinco (ou nove!) bolinhos e criar um delicioso prato principal.

1. Junte os ingredientes do molho de tamarindo em uma cumbuca e mexa bem. Deixe na geladeira até a hora de usar.

2. Em outra vasilha, misture o caldo de legumes, o curry em pó, o cominho, o gengibre, a páprica, o cardamomo e a pimenta-de-caiena e reserve.

3. Coloque o azeite e a mostarda em grãos em uma frigideira rasa e aqueça até os grãos começarem a estourar. Acrescente a cebola e o alho e refogue até a cebola ficar transparente. Junte então a batata, o pimentão, a cenoura e a mistura de caldo; cozinhe até as batatas e as cenouras ficarem macias. Se o líquido secar muito rápido ou as batatas começarem a grudar, adicione mais caldo para deglacear o fundo da frigideira e reduza o fogo.

4. Quando conseguir espetar um garfo nos legumes, retire do fogo. Amasse ligeiramente as batatas e os legumes com um amassador de batatas (deixando pedaços grandes) e tempere com sal e pimenta-do-reino. Deixe esfriar por 5 a 10 minutos.

5. Preaqueça o forno a 190 °C. Forre uma assadeira com papel-manteiga ou tapete de silicone.

6. Quando os legumes esfriarem o suficiente para não queimar os dedos, junte a farinha de grão-de-bico e as ervilhas, e misture bem. Unte com azeite um cortador de biscoito redondo de 6,5 cm de diâmetro e coloque dentro da assadeira. Encha com duas colheres da mistura de legumes e aperte bem. Com cuidado, erga o cortador sem danificar o bolinho na assadeira. Repita com o restante da massa.

7. Asse a samosa por 20 minutos, até os bolinhos estarem firmes e dourados. Retire do forno e deixe esfriar por 5 minutos, ainda dentro da assadeira. Regue com o molho de tamarindo e sirva.

PREPARO: 25 minutos
COZIMENTO: 35 minutos

Molho de tamarindo

3 colheres (sopa) de pasta de tamarindo

⅓ de xícara (80 ml) de água

¼ de xícara (60 ml) de xarope de agave

1 colher (sopa) de tamari ou shoyu (molho de soja)

1 colher (sopa) de gengibre ralado

sal a gosto

Bolinho de samosa

½ xícara (125 ml) de caldo de legumes ou mais, se necessário

2 colheres (sopa) de curry em pó

1 colher (chá) de cominho em pó

1 colher (chá) de gengibre em pó

1 colher (chá) de páprica

½ colher (chá) de cardamomo em pó

¼ a ½ colher (chá) de pimenta-de-caiena

2 colheres (chá) de azeite

1 colher (chá) de mostarda em grãos

½ cebola roxa média bem picada

2 dentes de alho bem picados

500 g de batatas pequenas picadas

½ pimentão vermelho picado

1 cenoura picada

sal e pimenta-do-reino a gosto

½ xícara (55 g) de farinha de grão-de-bico

½ xícara (70 g) de ervilhas frescas ou descongeladas

azeite para borrifar

TIGELA MEXICANA DE QUINOA, FARRO E AMARANTO

RENDE 2 A 4 PORÇÕES

Arrumar os alimentos em uma tigela é uma das práticas mais comuns na culinária vegana. Vira um superprato maravilhoso com vários elementos: feijão, cereais, verduras, legumes, pastas, molhos e frutas secas. Já vi livros de receitas inteiros só com refeições montadas assim. Esta receita contém o trio quinoa, farro e amaranto, além de feijão-preto, guacamole e queijo e é uma homenagem ao que há de melhor na culinária mexicana.

1. Junte os ingredientes do queijo de castanha de caju em um processador de alimentos e mais 6 colheres (sopa) da água da demolha reservada. Bata para homogeneizar. Deixe na geladeira em um recipiente com tampa até a hora de usar. Isso pode ser feito com alguns dias de antecedência.

2. Coloque os ingredientes da salada em uma tigela e misture. Cubra e deixe na geladeira até a hora de usar. Também pode ser feito com um dia de antecedência.

3. Coloque a quinoa, o farro, o amaranto, o caldo de legumes e a água em uma panela média. Tampe e deixe levantar fervura; afaste um pouco a tampa e diminua o fogo. Cozinhe por uns 20 minutos até o líquido ser absorvido. Retire do fogo e solte os grãos com um garfo. Tampe e reserve até a hora de usar.

4. Nos últimos 10 minutos de cozimento, prepare o feijão. Aqueça o azeite em uma frigideira em fogo médio. Acrescente a cebola e refogue até ficar transparente. Junte o alho e o feijão e misture bem. Adicione o caldo de legumes, o tamari ou shoyu, o cominho, a páprica e a pimenta em pó. Misture. Cozinhe até o líquido ser absorvido, mexendo de vez em quando para não grudar no fundo da panela. Tire do fogo e tempere com o suco de limão, o sal e a pimenta-do-reino.

5. Distribua as verduras nos pratos em que for servir; acrescente os grãos cozidos, o feijão e a salada. Termine com uma generosa colherada de guacamole e outra de queijo de castanha de caju. Espalhe por cima as sementes de abóbora torradas e o coentro picado ao redor do prato. Sirva em seguida, com molho de pimenta, se desejar.

PREPARO: 25 minutos *(não inclui o tempo de demolha das castanhas de caju e da quinoa)*
COZIMENTO: 20 minutos

Queijo de castanha de caju

½ xícara (80 g) de castanhas de caju cruas de molho em água por 1 hora pelo menos. *Reserve a água*

1½ colher (sopa) de suco de limão

2 colheres (sopa) de levedura nutricional (veja pág. 29)

1 colher (chá) de missô branco

½ colher (chá) de alho em pó

sal a gosto

Salada de tomate, milho e abobrinha

2 tomates grandes ou 3 pequenos picados em cubinhos

1 abobrinha picada em cubinhos

⅔ de xícara (95 g) de milho em conserva escorrido ou fresco descongelado

1 cebolinha (só a parte branca) bem picada

¼ de xícara (10 g) de coentro picado

suco de 1 limão-taiti

algumas pitadas de pimenta-de--caiena

sal a gosto

Quinoa, farro e amaranto

¼ de xícara (45 g) de quinoa de molho em água por 1 hora. *Descarte a água*

¼ de xícara (45 g) de farro (ou arroz integral para quem tem intolerância a glúten)

¼ de xícara (50 g) de amaranto

2 xícaras (500 ml) de caldo de legumes

¼ de xícara (60 ml) de água

Feijão

1 colher (chá) de azeite

½ cebola roxa picada em cubinhos

2 dentes de alho bem picados

1½ xícara (265 g) de feijão-preto cozido (veja pág. 20)

½ xícara (125 ml) de caldo de legumes

½ colher (chá) de tamari ou shoyu (molho de soja)

1 colher (chá) de cominho em pó

½ colher (chá) de páprica defumada

½ colher (chá) de pimenta vermelha em pó

suco de ½ limão-taiti

sal e pimenta-do-reino a gosto

Para a tigela

2 xícaras (60 g) de verduras picadas (por ex., espinafre, couve, acelga ou alface-romana)

guacamole (pág. 117)

⅓ de xícara (55 g) de sementes de abóbora torradas

coentro picado

molho de pimenta, opcional

CURRY DE LENTILHA, ACELGA E BATATA-DOCE

RENDE 4 PORÇÕES

Um sinal claro de que você está cozinhando alguma coisa muito gostosa é o aroma que se espalha pela casa toda. Esta é uma dessas receitas. Cebola, alho, gengibre, curry em pó e garam masala (mistura de condimentos defumados muito usada na culinária indiana) liberam um delicioso perfume durante o cozimento. Sirva sobre uma base de arroz ou de quinoa, ou com chapatti vegano, naan ou pão francês estalando de fresco.

1. Aqueça o azeite em uma frigideira grande em fogo médio por 30 segundos. Acrescente a cebola e refogue até ficar transparente. Junte o alho e continue a refogar por 1 minuto. Acrescente a pimenta-jalapeña e refogue por mais 2 minutos. Junte o gengibre, o curry em pó, o garam masala e o cúrcuma (se decidiu usá-lo). Misture bem e cozinhe por 2 minutos.

2. Adicione o caldo, a batata-doce e as lentilhas; misture bem. Tampe e deixe ferver, então reduza o fogo e tampe novamente, deixando uma pequena abertura. Cozinhe por mais 20 minutos.

3. Quando o líquido secar e as lentilhas estiverem macias, acrescente o iogurte, o suco de limão e a acelga; cozinhe até a acelga murchar. Tempere com sal negro e pimenta-do-reino, misture bem e retire do fogo. Sirva quente.

PREPARO: 15 minutos
COZIMENTO: 30 minutos

- 1 colher (chá) de azeite
- 1 cebola pequena picada
- 3 ou 4 dentes de alho picadinhos
- ½ pimenta-jalapeña picada em pedaços pequenos
- 2,5 cm de gengibre fresco descascado e ralado
- 1 colher (chá) de curry em pó
- 1½ colher (chá) de garam masala
- ½ colher (chá) de cúrcuma, opcional
- 4 xícaras (1 litro) de caldo de legumes
- 3 xícaras (375 g) de batata-doce (2 batatas médias) descascada e picada
- 1½ xícara (315 g) de lentilhas amarelas (toor dal) escolhidas e lavadas
- ¾ de xícara (170 g) de iogurte vegetal de coco ou de soja
- suco de ½ limão
- 1 maço de acelga sem os talos e com as folhas rasgadas
- 1 colher (chá) de sal negro (kala namak) ou sal comum
- pimenta-do-reino a gosto

PASTA PRIMAVERA COM MOLHO DE LIMÃO

A primavera é a época de calçar sandálias, relaxar ao sol, comprar todas as verduras e legumes que começam a surgir em feiras e mercados. Não há nada melhor do que chegar em casa com uma cesta repleta dos mais frescos produtos da estação. Como é natural querer usá-los todos de uma vez, cozinhe rapidamente ervilhas e aspargos, alho-poró e alguns punhados de espinafre. A seguir, espalhe essa bela mistura de hortaliças sobre a massa, regue com um molho de limão muito simples e decore com brotos de ervilha frescos. E salve a primavera!

PREPARO: 10 minutos
COZIMENTO: 15 minutos

½ xícara (125 ml) de suco de limão

2 colheres (chá) de mostarda de Dijon

1 colher (sopa) + 1 colher (chá) de azeite, separadas

4 xícaras (280 g) de macarrão da sua preferência (sem glúten, se necessário)

1 alho-poró (só a parte branca) dividido ao meio e cortado em fatias muito finas (veja dica na pág. 149)

1 dente de alho bem picado

2½ xícaras (200 g) de ervilhas frescas ou descongeladas

½ maço de aspargos verdes cortados em fatias de 2,5 cm

1 colher (chá) de manjericão seco

1 colher (chá) de tomilho seco

4 a 5 punhados de folhas de espinafre

pimenta-do-reino a gosto

1 xícara de brotos de ervilha ou verduras tenras

1. Em uma vasilha pequena, misture o suco de limão, a mostarda e 1 colher (sopa) de azeite. Reserve.

2. Ferva água em uma panela grande. Acrescente sal, a massa e cozinhe de acordo com as instruções da embalagem, de preferência al dente. Retire do fogo e escorra.

3. Enquanto isso, aqueça o restante do azeite em uma frigideira em fogo médio. Acrescente o alho-poró e salteie por 2 ou 3 minutos. Junte o alho e refogue por mais 2 minutos. Junte as ervilhas, o aspargo, o manjericão e o tomilho e cozinhe até as ervilhas ficarem tenras, por uns 5 minutos. Se os legumes começarem a pegar no fundo da panela, adicione um pouco de água para deglacear e reduza o fogo. Quando estiver pronto, retire do fogo e acrescente o espinafre.

4. Espalhe os legumes sobre a massa cozida. Regue com suco de limão e acerte o sal e a pimenta-do-reino. Finalize com os brotos de ervilha. Sirva quente.

ROLINHOS PRIMAVERA DE COUVE COM HOMUS DE PAINÇO

RENDE 2 A 3 PORÇÕES

É um charutinho de couve. Não, é um rolinho primavera. Está decidido: é um rolinho primavera dentro de um charutinho de couve – o almoço perfeito. O painço é uma semente classificada como grão (assim como a quinoa), repleto de proteína. Por isso, estes charutinhos são muito nutritivos. Ficam prontos em segundos, e o papel-arroz que envolve a couve permite transportá-los com facilidade (não use palitos de dente para fazer os charutinhos!).

1. Torre o painço em uma panela média, em fogo médio, por 3 a 4 minutos. Mexa constantemente para não queimar. Quando o painço estiver dourado e começar a soltar seu aroma, despeje a água e deixe ferver. Reduza o fogo, tampe e cozinhe (sem destampar) por 10 minutos. Retire do fogo e deixe assentar, sempre tampado, por 10 minutos. Tire a tampa e solte os grãos com um garfo.

2. Enquanto o painço cozinha, misture os ingredientes do homus em um processador e bata até obter uma pasta cremosa (veja dicas). Junte 1 xícara do homus ao painço. Misture bem. Reserve. Isso pode ser feito com antecedência e ficar na geladeira em recipiente com tampa hermética por 2 ou 3 dias.

3. Abra a folha de couve sobre uma tábua de cortar, o verso da folha voltado para cima. Corte o talo na base. Retire o talo central, rijo e lenhoso, correndo a faca paralelamente à superfície da folha. Faça isso em todas as folhas. Se elas forem muito grandes, recorte cada folha nos quatro lados, formando um quadrado de 10 cm. Reserve os cortes laterais e superior (descarte os da parte inferior e os talos).

4. Encha uma vasilha grande com água quente. Mergulhe 1 folha de papel-arroz na água e retire em seguida. Tudo bem se o papel ainda estiver um pouco rígido; ele continuará absorvendo água e ficará mais mole e pegajoso. Estenda o papel sobre uma superfície seca – não de madeira, de preferência. Coloque a folha de couve cortada sobre o papel-arroz, o verso voltado para cima, e um dos lados próximo ao limite do papel-arroz que estiver mais perto de você (os cantos devem tocar os limites do círculo do papel-arroz, sem ultrapassá-lo).

PREPARO: 30 minutos
COZIMENTO: 20 minutos

½ xícara de painço
1½ xícara (375 ml) de água

Homus
1½ xícara (225 g) de grão-de-bico cozido (veja pág. 20)
2 ou 3 dentes de alho picados
3 colheres (sopa) de tahine
3 colheres (sopa) de suco de limão
1 ou 2 colheres (sopa) de azeite
½ colher (chá) de cominho em pó
½ colher (chá) de páprica defumada
sal e pimenta-do-reino a gosto

4 a 6 folhas grandes de couve
4 a 6 folhas de 20 cm de diâmetro de papel-arroz
2 ou 3 cenouras cortadas em palitos de 8 cm
1 pimentão vermelho cortado em fatias finas
¼ de repolho roxo cortado em tiras

molho picante de amendoim (pág. 113), opcional

{ RECEITA CONTINUA }

5. Espalhe ¼ de xícara da mistura de painço no centro da folha, ao longo do veio principal, mas sem ultrapassar esse limite. Sobre a mistura de painço disponha alguns palitos de cenoura, algumas fatias de pimentão vermelho e por fim as tiras de repolho roxo. Termine com as tiras de couve.

Começando pelo lado mais próximo de você, comece a enrolar o papel-arroz sobre o recheio. Dobre as laterais da folha sobre o recheio e continue enrolando, apertando com os dedos o tempo todo. Reserve, com a borda externa voltada para baixo. Repita com o restante dos ingredientes. Sirva em seguida, com o molho picante de amendoim (se decidiu usá-lo). Se quiser servir mais tarde, enrole cada charutinho em filme de PVC e deixe na geladeira por até 5 horas.

||||||||||||||||||||||||

VARIAÇÃO

▶ Se preferir, dispense o papel-arroz e não corte as folhas de couve em quadrados (mas remova o talo central). Distribua a mistura de painço no centro da folha, a cenoura, o pimentão e o repolho roxo. Dobre a folha e coma como se fosse um taco. É mais fácil.

DICAS

- Se você aquecer o grão-de-bico antes de processá-lo, o homus ficará mais cremoso.
- Se estiver sem tempo, compre homus pronto.
- Alguns truques: não enxarque o papel-arroz com água quente, não exagere na quantidade de recheio e aperte bem o recheio ao enrolar. Talvez não fiquem perfeitos da primeira vez, mas não desanime, é uma questão de prática.

É TUDO COMIDA DE PASSARINHO.

Comidas veganas não tão saudáveis assim

Vegano e saudável não são sinônimos. Acredito que a dieta vegana seja a mais saudável de todas, porque consumimos alimentos integrais ricos em nutrientes. Mas existem versões veganas de comidas tipicamente não saudáveis que são um pouco mais saudáveis que as originais, mas com sabor diferente. Gosta de nachos? Pois aqui você encontra uma opção vegana maravilhosa. Você não tem de se privar de nada – apenas coma com moderação. Tudo é uma questão de equilíbrio!

NACHOS SUPREME COM JACA E QUEIJO

RENDE 6 PORÇÕES

Se você teme que, por ser vegano, seus amigos não vão querer mais assistir ao futebol na sua casa, saiba que, se você preparar estes nachos, eles não vão é querer ir embora! O que torna este prato maravilhoso é uma camada de jaca desfiada e temperada escondida por baixo do feijão-preto, além da salsa de milho, do creme azedo, do guacamole e, obviamente, do supercremoso queijo de castanha de caju. Isso faz um supernacho a que nenhum zagueiro de sofá vai resistir.

1. Misture todos os ingredientes da salsa em uma vasilha grande, cubra e ponha na geladeira até a hora de usar. Quanto mais tempo descansar, mais saborosa ficará.

2. No processador ou no liquidificador, junte os ingredientes do queijo e mais ½ xícara da água da demolha e processe até ficar liso. Deixe tampado até a hora de servir.

3. Lave muito bem a jaca em um escorredor. Use dois garfos ou os dedos para desmanchar os gomos. Reserve.

4. Aqueça o azeite em uma frigideira grande, em fogo médio. Refogue o alho durante 1 minuto. Junte a cebola e refogue até ficar transparente. Acrescente o pimentão vermelho e as pimentas verdes e refogue até a pimenta ficar tenra, uns 5 minutos. Enquanto isso, em uma tigelinha misture o tamari ou shoyu, o extrato de tomate, a fumaça líquida, o cominho, a páprica e a pimenta vermelha. Adicione a jaca desmanchada à frigideira e salteie por alguns minutos antes de acrescentar a mistura de tomate. Mexa bem e cozinhe uns 10 minutos para o molho engrossar. Tempere com sal e pimenta-do-reino e tire do fogo.

5. Espalhe os chips de tortilha em uma travessa grande. Espalhe a jaca sobre eles. Acrescente o feijão-preto e a salsa de milho. Cubra com o queijo. Finalize com o creme azedo de tofu e/ou o guacamole, se decidiu usá-lo. Salpique cebolinha e sirva em seguida.

PREPARO: 30 minutos
COZIMENTO: 25 minutos

Salsa de feijão-preto e milho

1½ xícara (265 g) de feijão-preto cozido (veja pág. 20)

1½ xícara (210 g) de milho em conserva escorrido ou descongelado

1 xícara (160 g) de tomate italiano picado

½ xícara (20 g) de coentro fresco picado

2 colheres (sopa) de suco de limão-taiti

1 colher (sopa) de pimenta-jalapeña picada

sal a gosto

Queijo

¾ de xícara (120 g) de castanhas de caju cruas de molho por 1 hora, pelo menos. *Reserve a água*

¼ de xícara (35 g) de levedura nutricional (veja pág. 29)

2 colheres (sopa) de pimenta verde em conserva picada

2 colheres (sopa) de suco de limão-taiti

2 colheres (chá) de missô branco

1 colher (chá) de alho em pó

1 colher (chá) de cominho em pó

½ colher (chá) de cúrcuma, opcional

sal a gosto

Nachos

1,1 kg de jaca verde em gomos

1 colher (chá) de azeite

3 dentes de alho bem picados

½ cebola grande bem picada

1 pimentão vermelho bem picado

2 colheres (sopa) de pimenta verde em conserva bem picada

¼ de xícara (60 ml) de tamari ou shoyu (molho de soja)

VARIAÇÃO

▶ Se preferir, antes de montar os nachos, coloque o feijão, o milho e os temperos em uma panela de tamanho médio e aqueça em fogo baixo, mexendo ocasionalmente enquanto a jaca cozinha.

¼ de xícara (60 g) de extrato de tomate

2 colheres (chá) de fumaça líquida

1½ colher (chá) de cominho em pó

1 colher (chá) de páprica defumada

½ colher (chá) de pimenta vermelha em pó

sal defumado ou sal comum a gosto

pimenta-do-reino a gosto

6 a 8 punhados de chips de tortilha

creme azedo de tofu (pág. 45), opcional

guacamole (pág. 117), opcional

¼ de xícara (25 g) de cebolinha picada

ONION RINGS ASSADAS E CROCANTES

RENDE 2 OU 3 PORÇÕES

"Onion rings assadas? Como é possível?", você deve estar se perguntando. Calma, não feche o livro ainda. É possível, sim, fazer onion rings no forno, sequinhas, com uma casquinha crocante e quebradiça, como as que se comem nos restaurantes e lanchonetes. São tão gostosos quanto a versão frita original e muito mais saudáveis. Prepare em casa e coma o quanto quiser.

PREPARO: 30 minutos
COZIMENTO: 20 minutos

1 cebola grande

1 xícara (250 ml) de leite vegetal sem açúcar

suco de 1 limão-siciliano

1 xícara (140 g) de amido de milho

2 xícaras (80 g) de farinha de mandioca flocada ou panko (sem glúten, se necessário)

1 colher (chá) de sal

1 colher (chá) de alho em pó

½ colher (chá) de páprica defumada

azeite para borrifar

ketchup vegano, molho barbecue (pág. 43) ou molho ranch (pág. 44), opcionais

1. Preaqueça o forno a 200 °C. Forre duas assadeiras com papel-manteiga ou tapetes de silicone.

2. Corte a cebola em rodelas de 1 cm. Separe os anéis.

3. Em uma vasilha pequena, misture o leite vegetal com o suco de limão. Em outra vasilha coloque o amido de milho. Em uma vasilha maior, misture a farinha, o sal, o alho em pó e a páprica. (Talvez você tenha de repetir esta mistura mais algumas vezes).

4. Um por vez, mergulhe os anéis de cebola na mistura de leite, cobrindo-os completamente (veja dicas). Em seguida passe o anel pelo amido de milho e recubra completamente. Sacuda o anel para tirar o excesso antes de mergulhar rapidamente no leite mais uma vez. Por fim, passe o anel na farinha e confira se está todo recoberto. Arranje na assadeira preparada. Faça o mesmo com todos os outros anéis.

5. Borrife com azeite os anéis de cebola empanados e asse por 15 a 20 minutos até que estejam dourados e crocantes. Sirva em seguida, com ketchup ou outro molho da sua preferência.

DICAS

- Para seus dedos não ficarem grossos de massa, passe os anéis no leite com uma das mãos e use a outra para empanar com o amido de milho e a farinha de mandioca flocada.

- É muito importante tirar o excesso de amido de milho do anel de cebola antes de transferi-lo novamente para o leite, do contrário os anéis de cebola ficarão muito secos.

- Para aproveitar melhor o espaço na assadeira, ponha os anéis de cebola menores dentro dos maiores.

FRITAS COM CHILI, CERVEJA ESCURA E CACAU

RENDE 2 PORÇÕES, COM MAIS CHILI

Após uma longa e interminável semana, nada melhor para relaxar do que batatas fritas e uma boa cerveja. Depois de tantos aborrecimentos – o carro quebrou, o cachorro mordeu seus sapatos *outra vez*, você trabalhou todas as noites –, você merece comer bem, agora que *está tudo bem!* Esta receita de chili levou em consideração a sua semana difícil e propõe incluir a cerveja escura e o cacau não só para intensificar e aprofundar o sabor, mas para ajudar a aliviar o estresse. Servido sobre uma montanha de fritas, este prato vai ajudar você a deixar tudo para trás e ficar numa boa!

PREPARO: 20 minutos
COZIMENTO: 40 minutos

1 colher (sopa) de azeite

3 dentes de alho bem picados

1 cebola pequena picada

2 cenouras picadas

1 talo de salsão picado

1 pimentão vermelho picado

1 pimenta-jalapeña pequena bem picada

2 colheres (sopa) de pimenta verde em conserva picada

2 latas (850 g) de tomate pelado cortado em cubos

1 lata (445 ml) de molho de tomate

½ xícara (125 ml) de cerveja preta vegana

1½ xícara (265 g) de feijão-carioca cozido (veja pág. 20)

1½ xícara (265 g) de feijão-branco cozido

1½ xícara (265 g) de feijão-vermelho cozido

2 colheres (sopa) de tamari ou shoyu (molho de soja)

2 colheres (sopa) de maple syrup (xarope de bordo)

2 colheres (sopa) de cacau em pó

1 colher (sopa) de extrato de tomate

2 colheres (chá) de pimenta vermelha em pó

2 colheres (chá) de cominho

2 colheres (chá) de páprica defumada

1 colher (chá) de salsinha desidratada

1 colher (chá) de tomilho desidratado

¼ de colher (chá) de pimenta-de--caiena, opcional

2 colheres (chá) de fumaça líquida

sal e pimenta-do-reino a gosto

1 porção de fritas (pág. 92)

creme azedo de tofu (pág. 45)

outras coberturas, como tomates, pimentões, abacate ou cebolinha, picados

1. Aqueça o azeite em uma panela grande, em fogo médio. Refogue o alho e a cebola até que ela comece a ficar transparente. Junte a cenoura, o salsão, o pimentão, a pimenta-jalapeña e a pimenta verde e refogue por 3 a 4 minutos. Acrescente o tomate pelado com o líquido, o molho de tomate, a cerveja, os feijões, o tamari ou shoyu, o maple syrup, o cacau em pó, o extrato de tomate, a pimenta vermelha, o cominho, a páprica, a salsinha, o tomilho e a pimenta-de-caiena. Misture bem e deixe ferver. Reduza o fogo e cozinhe por mais 30 minutos (veja dica).

2. Junte a fumaça líquida, o sal e a pimenta-do-reino ao chili. Sirva sobre as fritas, guarnecido com creme azedo de tofu e a cobertura da sua preferência.

VARIAÇÃO

▶ Se você prefere fazer o chili sem glúten, ou sem a cerveja, use ½ xícara de café ou mais de molho de tomate.

▶ E para simplificar, compre feijões cozidos já prontos.

 DICA
Para ganhar tempo, enquanto cozinha o chili leve as fritas ao forno.

TORTA DE CHEESEBÚRGUER

RENDE 6 A 8 PORÇÕES

É cheesebúrguer? É torta? Não, não é impossível; e é MUITO fácil. Esta torta clássica e suculenta foi o primeiro prato que preparei na vida e quando me tornei vegana foi um dos primeiros que "veganizei". Na minha versão vegetal, as lentilhas entraram no lugar da carne moída e ganharam Molho barbecue (pág. 43), ketchup e mostarda dentro de uma crosta crocante envolta em queijo cheddar vegano. É como se o cheesebúrguer que você tanto gosta fosse desconstruído e transformado em uma torta. É *impossível* não se tornar um dos seus pratos preferidos.

PREPARO: **30 minutos** *(não inclui o tempo de cozimento das lentilhas)*
COZIMENTO: **20 minutos**

azeite para borrifar

2 colheres (chá) de azeite

½ cebola média bem picada

2 dentes de alho bem picados

2½ xícaras (400 g) de lentilhas verdes cozidas (veja pág. 20)

¼ de xícara (60 ml) de caldo de legumes

2 colheres (sopa) de tamari ou shoyu (molho de soja)

2 colheres (chá) de molho inglês vegano, opcional

2 colheres (chá) de fumaça líquida

1 colher (chá) de tomilho seco

½ colher (chá) de orégano seco

sal e pimenta-do-reino a gosto

½ xícara (125 ml) de ketchup vegano

¼ de xícara (60 ml) de mostarda amarela ou escura picante

¼ de xícara (60 ml) de molho barbecue (pág. 43) ou comprado pronto

1 receita da massa para pãezinhos (pág. 245), preparada até o passo 3

1 xícara (120 g) de cheddar de sementes de girassol (pág. 54) ralado

2 tomates fatiados

2 cebolinhas cortadas em rodelas finas

1. Preaqueça o forno a 230 °C. Unte com azeite uma fôrma redonda de aro removível, uma assadeira ou uma fôrma de torta.

2. Aqueça 2 colheres (chá) de azeite na frigideira, em fogo médio. Acrescente a cebola e o alho e refogue até a cebola ficar transparente. Junte as lentilhas, o caldo de legumes, o tamari ou shoyu, o molho inglês, a fumaça líquida, o tomilho, o orégano, o sal e a pimenta-do-reino. Ferva por 4 a 5 minutos ou até o líquido ser absorvido. Retire do fogo.

3. Adicione ketchup e mostarda ao molho barbecue e junte à mistura de lentilhas.

4. Abra a massa no fundo da fôrma preparada. Espalhe a mistura de lentilhas e leve para assar por 15 minutos.

5. Salpique cheddar ralado sobre a mistura de lentilhas. Cubra com fatias de tomate, leve ao forno e asse por mais 5 minutos. Tire do forno e espalhe a cebolinha. Sirva quente.

ENCHILADAS DE BATATA-DOCE COM MOLHO DE PIMENTAS ASSADAS

RENDE 6 A 8 PORÇÕES

pág. 161

Se você quer mesmo surpreender a si mesmo e seus convidados, espere até retirar do forno estas enchiladas. O aroma é a primeira coisa que vocês vão sentir. O molho de pimentas assadas na brasa estará borbulhando e o creme de castanha de caju já terá dourado. E então virão os *agonizantes* minutos que vocês terão de esperar enquanto as enchiladas descansam. Quando tudo estiver no seu devido lugar e um pouco menos quente, vocês finalmente poderão prová-las. As tortilhas se romperão em alguns lugares, o recheio de batata-doce com queijo escorrerá da colher, mas *vocês nem perceberão*, porque estarão avançando sobre o primeiro pedaço e sobre o molho e o creme que escorreu pelo prato...

PREPARO: 60 minutos
COZIMENTO: 30 minutos
DESCANSO: 10 minutos

Molho da enchilada

2 pimentas-jalapeñas ou pasilla

1 lata (425 g) de tomate pelado cortado em cubos, com o líquido

1½ xícara (375 ml) de caldo de legumes

1 cabeça de alho assada (pág. 19)

sal e pimenta-do-reino a gosto

Recheio de batata-doce

2 colheres (chá) de azeite

½ cebola roxa de tamanho médio picada

2 dentes de alho bem picados

1 pimentão vermelho picado

4 xícaras (550 g) de batata-doce cortada em cubos de 2,5 cm

2 colheres (chá) de açúcar de coco ou açúcar mascavo vegano

1½ colher (chá) de cominho

1 colher (chá) de páprica defumada

½ colher (chá) de canela em pó

½ colher (chá) de pimenta vermelha em pó

2 a 3 colheres (sopa) de levedura nutricional (veja pág. 29)

1 colher (sopa) de suco de limão-siciliano

sal e pimenta-do-reino a gosto

azeite para borrifar

Como fazer o molho da enchilada

1. Preaqueça o forno a 230 °C. Forre uma assadeira com papel-manteiga ou tapete de silicone.

2. Se o seu fogão for a gás, acenda uma das bocas em fogo médio para alto. Coloque as pimentas sobre o queimador. Use uma pinça para girar cada pimenta lentamente, até ficar escura e queimada (tudo bem se não ficar completamente preta). Se o fogão for elétrico, ligue o forno e erga uma das grades na posição mais alta. Coloque as pimentas para assar sobre essa grade (ou na assadeira), mas vigie-as de perto. Vire as pimentas com frequência para que todos os lados fiquem escuros e queimados. Retire as pimentas do forno; se a temperatura estiver muito alta, reduza para 230 °C.

3. Arranje as pimentas na assadeira preparada e asse por 5 minutos na grelha do meio, virando-as durante o cozimento para que assem por igual. Retire as pimentas do forno e deixe-as esfriar dentro de um saco plástico ou em recipiente hermeticamente fechado.

4. Quando as pimentas esfriarem, retire a pele. Com cuidado, corte as pontas e tire as sementes. Coloque no liquidificador. Junte os tomates, o caldo e o alho assado e bata até obter uma massa lisa. Reserve.

5. Diminua a temperatura do forno para 175 °C. Borrife azeite em uma assadeira de 23 x 33 cm. Reserve.

Como fazer o recheio

1. Aqueça o azeite em uma frigideira grande, em fogo médio. Acrescente a cebola e o alho e refogue até a cebola começar a ficar transparente.

2. Adicione o pimentão, a batata-doce, o açúcar de coco, o cominho, a páprica, a canela e a pimenta vermelha. Refogue a batata-doce até amolecer, entre 10 e 15 minutos. Se começar a grudar, junte um pouco de água ou de caldo de legumes para deglacear a frigideira e reduza o fogo.

3. Junte a levedura, o suco de limão, o sal e a pimenta-do-reino; retire do fogo. Com um amassador de batatas amasse um pouco a batata-doce, mas deixe alguns pedaços.

Como fazer o creme de castanha de caju

Junte os ingredientes do creme de castanha de caju em um processador e bata até obter um creme homogêneo. Reserve.

Como montar

1. Embrulhe as tortilhas em um pano de prato úmido e leve ao micro-ondas por 30 segundos. Retire do micro-ondas, mas mantenha-as cobertas até a hora de usar.

2. Despeje ½ xícara do molho da enchilada na assadeira preparada, apenas o suficiente para cobrir o fundo. Espalhe ¼ a ½ xícara do recheio no meio da tortilha. Enrole e coloque a tortilha no prato, a borda externa voltada para baixo. Repita com todas as outras.

3. Regue as tortilhas com o restante do molho da enchilada, cubra a assadeira com papel-alumínio e asse por 20 minutos. Retire o papel, espalhe o creme de castanha de caju sobre as tortilhas e leve ao forno por mais 5 minutos. Retire do forno e deixe descansar por 10 minutos antes de servir. Salpique a cebolinha, o coentro e/ou abacate sobre tudo e sirva quente. Guarde as sobras em um recipiente hermético por até 1 semana.

||||||||||||||||||||||

VARIAÇÃO

▶ Para ganhar tempo ou para fazer um molho de enchilada menos apimentado, substitua a pimenta-jalapeña ou pasilla por 2 pimentões vermelhos assados.

Creme de castanha de caju

1 xícara (160 g) de castanhas de caju cruas, de molho em água por 1 hora, pelo menos. *Reserve a água*

½ xícara (125 ml) da água da demolha reservada

2 colheres (sopa) de suco de limão-siciliano

1½ colher (chá) de levedura nutricional (veja pág. 29)

1½ colher (chá) de missô branco

1½ colher (chá) de vinagre branco

½ colher (chá) de alho em pó

½ colher (chá) de cebola em pó

sal a gosto, opcional

Enchiladas

10 tortilhas de milho

cebolinha picada

coentro fresco picado

abacate picado

 DICA

Se estiver sem tempo, o molho da enchilada e o creme de castanha de caju podem ser feitos com antecedência.

HAMBÚRGUER BARBECUE COM BACON DE TEMPEH

RENDE 6 HAMBÚRGUERES

Todo mundo sabe que existe um tipo de fome que só hambúrguer consegue saciar. Não sai da cabeça aquela rodela de carne moída com os mais variados recheios. Nada mais resolve. E então surge este hambúrguer para nos salvar. É um hambúrguer com sabores defumados feito de lentilhas vermelhas, beterrabas e farro. E, claro, coberto com Bacon de tempeh (pág. 37), picles de repolho roxo e Molho barbecue (pág. 43). Como o queijo vegetal deixa tudo mais gostoso, recomendo o gorgonzola de castanha de caju (pág. 58). Por ser tão suculento, sugiro vestir uma blusa bem velha quando for comer.

Como fazer os picles de repolho roxo

1. Prepare os picles de repolho roxo de véspera. Corte o repolho em quatro partes e tire o miolo. Rale em um ralador grosso ou corte fatias bem finas. Ponha o repolho fatiado em um escorredor grande, jogue sal por cima e misture bem; deixe o escorredor na pia uns 10 minutos até soltar a água do repolho.

2. Depois de 10 minutos, lave rapidamente o sal e seque o repolho em um pano de prato limpo. Em uma vasilha com tampa, misture o vinagre de vinho tinto, o vinagre de maçã, o açúcar de coco, a pimenta-da-jamaica, os cravos e as folhas de louro. Acrescente o repolho e misture bem. Tampe e leve à geladeira por 24 horas. Antes de servir, retire as pimentas-da-jamaica, os cravos e as folhas de louro. As sobras podem ficar na geladeira por até 1 mês.

Como fazer o hambúrguer

1. Preaqueça o forno a 200 °C. Forre uma assadeira com papel-manteiga ou tapete de silicone.

2. Apoie um escorredor sobre uma panela com água e espere ferver. Coloque a beterraba no escorredor, tampe e cozinhe até o garfo entrar com facilidade, por cerca de 10 minutos. Retire a beterraba do escorredor e deixe esfriar por 5 minutos. Se tiver, use uma panela própria para cozimento no vapor.

{ RECEITA CONTINUA }

PREPARO: **50 minutos** (*não inclui o tempo de cozimento das lentilhas e do farro*)

COZIMENTO: **30 minutos**

DESCANSO: **24 horas** (*para apurar os picles de repolho roxo*)

Picles de repolho roxo

1 repolho roxo

sal

1 xícara (250 ml) de vinagre de vinho tinto

½ xícara (125 ml) de vinagre de maçã

2 colheres (sopa) de açúcar de coco ou açúcar mascavo vegano

3 ou 4 pimentas-da-jamaica

3 ou 4 cravos inteiros

2 folhas de louro

Hambúrgueres

água

1 xícara (150 g) de beterrabas picadas

2½ xícaras (365 g) de farro cozido (veja pág. 22)

1½ xícara (240 g) de lentilhas vermelhas cozidas (veja pág. 20)

¼ de xícara (30 g) de farinha de quinoa

2 dentes de alho

¼ de xícara (60 ml) de molho barbecue (pág. 43) ou comprado pronto

3 colheres (sopa) de levedura nutricional (veja pág. 29)

2 colheres (sopa) de tamari ou shoyu (molho de soja)

1 colher (chá) de cominho

1 colher (chá) de tomilho seco

½ colher (chá) de pimenta vermelha em pó

½ colher (chá) de páprica defumada

1 colher (chá) de fumaça líquida, opcional

1 colher (chá) de molho inglês vegano, opcional

sal e pimenta-do-reino a gosto

3. Enquanto a beterraba cozinha, junte o farro, as lentilhas e a farinha de quinoa em uma vasilha grande. Amasse com as mãos até formar grumos. Reserve.

4. Junte no processador a beterraba, o alho, o molho barbecue, a levedura, o tamari ou shoyu, o cominho, o tomilho, a pimenta vermelha, a páprica, a fumaça líquida (se decidiu usá-la), o molho inglês (se decidiu usá-lo), sal e pimenta-do--reino e processe até obter uma mistura homogênea em sua maior parte (tudo bem se sobrarem pedacinhos de beterraba). Acrescente tudo à vasilha onde está a mistura do farro e combine tudo muito bem.

5. Divida essa massa em 8 partes iguais, modele os hambúrgueres e leve ao forno. Asse por 20 a 30 minutos, virando uma vez para assar por igual.

6. Antes de desligar o forno, abra os pães de hambúrguer ao meio e deixe na grelha do forno por 2 minutos para aquecer. Retire do forno e espalhe uma camada de molho barbecue nas duas metades. Em uma delas, abra uma folha de alface e coloque o hambúrguer. Cubra com 2 ou 3 tiras de bacon de tempeh, um pouco de gorgonzola de castanha de caju e por fim espalhe os picles de repolho roxo. Feche o sanduíche e sirva quente. Se sobrarem hambúrgueres prontos, guarde na geladeira, em recipiente fechado, por 4 a 5 dias ou no congelador por 1 mês.

||||||||||||||||||||||||||||

VARIAÇÕES

▶ Experimente um queijo diferente, como o cheddar de sementes de girassol (pág. 54), o Chèvre de tofu (pág. 48) ou mesmo um queijo vegano industrializado.

▶ Para fazer hambúrguer sem glúten, substitua o farro por arroz integral e use pães sem glúten.

Sanduíches

8 pães de hambúrguer veganos

molho barbecue (pág. 43)

mix de verduras ou alface

½ receita de bacon de tempeh (pág. 37)

½ receita de gorgonzola de castanha de caju (pág. 58) ou qualquer outro queijo vegano, opcional

DICAS

- A farinha de trigo-sarraceno, a de aveia e a de arroz integral substituem a farinha de quinoa.

- Para o hambúrguer ficar redondo, unte um cortador de biscoito com azeite e molde o hambúrguer dentro da assadeira.

- Se quiser o hambúrguer mais tostado, unte uma frigideira com azeite e frite rapidamente de cada lado.

- Para preparar o hambúrguer mais rapidamente, cozinhe o farro, as lentilhas e a beterraba com até 3 dias de antecedência.

SOPA DE NOVO?

Clássicos e novidades que surpreendem

Por alguma razão que não consigo entender, muita gente acha que as sopas precisam ser temperadas com queijo ralado e pedacinhos de bacon. Não é o caso destas aqui. Seja um cremoso bisque, um caldo encorpado ou uma sopa pedaçuda, neste capítulo você vai encontrar pratos com sabores que explodem na boca, mantêm você aquecido nas frias noites de inverno e dão ao seu pão algo para molhar.

SOPA CREOLE DE MILHO

Todo mundo sabe que o jeito mais gostoso de saborear o milho é diretamente na espiga, de preferência grelhado e lambuzado em manteiga vegana. Outro jeito é a sopa de milho, se possível bem apimentada, estilo creole. Não precisamos daqueles cremes pesados para fazer isso acontecer. Uma combinação de castanha de caju, iogurte e leite vegetais e batatas compõe a sopa de milho mais cremosa que o Mississippi já viu. E, então, é só acrescentar um punhado de bolachinhas salgadas, assim como eu imagino que se faça no Sul, e está pronta.

1. Junte as castanhas de caju e o caldo de legumes no liquidificador e bata para obter uma mistura lisa. Reserve.

2. Aqueça o azeite em uma panela grande, em fogo médio. Acrescente a cebola e o alho e refogue por 3 minutos. Junte a batata, os dois tipos de pimentão e a pimenta verde. Salteie por 3 ou 4 minutos, sem deixar grudar no fundo.

3. Junte a mistura de castanha de caju, a água, a páprica, o orégano, o tomilho, a mostarda em pó e a pimenta-de-caiena; deixe levantar fervura. Reduza o fogo e tampe ligeiramente a panela. Cozinhe por 20 minutos, mexendo sempre para não grudar no fundo.

4. Acrescente metade do milho, o leite vegetal, o iogurte, o suco de limão e a fumaça líquida. Use um mixer para bater a sopa e deixá-la quase lisa, mas ainda com alguns pedaços. Acrescente as 2 xícaras restantes de milho, o sal e a pimenta-do-reino e retire do fogo. Finalize com a cebolinha por cima, toques de molho de pimenta e as bolachas (se decidiu usá-las). Sirva quente. As sobras podem ficar na geladeira, em recipiente com tampa hermética, por 3 ou 4 dias.

PREPARO: 10 minutos
COZIMENTO: 30 minutos
DESCANSO: 60 minutos *(enquanto as castanhas de caju estão de molho)*

¾ de xícara (120 g) de castanhas de caju de molho em água por 1 hora, pelo menos. *Descarte a água*

3 xícaras (750 ml) de caldo de legumes

1 colher (chá) de azeite

½ cebola grande cortada em cubinhos

2 dentes de alho bem picados

4 batatas grandes picadas

1 pimentão vermelho picado em cubinhos

½ pimentão verde picado em cubinhos

1 colher (chá) de pimenta verde fresca picada

1 xícara (250 ml) de água

2 colheres (chá) de páprica defumada

1 colher (chá) de orégano seco

1 colher (chá) de tomilho seco

½ colher (chá) de mostarda em pó

½ colher (chá) de pimenta-de-caiena

4 xícaras (560 g) de milho em conserva escorrido ou fresco descongelado, separadas

1 xícara (250 ml) de leite vegetal sem açúcar

¾ de xícara (170 g) de iogurte vegetal de coco

1 colher (sopa) de suco de limão

½ colher (chá) de fumaça líquida

1 colher (chá) de sal

pimenta-do-reino a gosto

Guarnições

cebolinha picada

molho de pimenta

bolachinhas salgadas (se não houver restrição a glúten)

SOPA CREMOSA DE BRÓCOLIS E CHEDDAR

RENDE 4 A 5 PORÇÕES

Anos atrás, quando trabalhei em um restaurante francês, uma das minhas funções era fazer a sopa de queijo do dia. É óbvio que eu deveria usar as receitas do chef, mas, sinceramente, jamais gostei de nenhuma delas, especialmente a de brócolis e cheddar, que tinha mais gosto de gordura do que de queijo (e muito menos de brócolis). Eu sei que o chef não aprovaria esta versão vegana com grão--de-bico e levedura nutricional, mas se você adora uma sopa de brócolis cremosa e nutritiva, tenho certeza de que vai gostar da minha sugestão! E, se encontrar, não deixe de comprar um pretzel vegano para acompanhar.

PREPARO: 15 minutos
COZIMENTO: 30 minutos

1 maço de brócolis grande com os talos (mais ou menos 500 g)
azeite para borrifar
sal e pimenta-do-reino a gosto
1½ xícara (255 g) de grão-de-bico cozido (veja pág. 20)
½ xícara (35 g) de levedura nutricional (veja pág.29)
2 colheres (sopa) de suco de limão
2 colheres (sopa) de extrato de tomate
1 colher (chá) de missô branco
½ a 1 colher (chá) de fumaça líquida, a gosto
1 colher (chá) de alho em pó
½ colher (chá) de páprica defumada
¼ de colher (chá) de cúrcuma
2 xícaras (500 ml) de caldo de legumes
2 xícaras (500 ml) de água

1. Preaqueça o forno a 200 °C. Forre uma assadeira com papel-manteiga ou tapete de silicone.

2. Separe os buquês do brócolis e corte os talos em fatias finas. Espalhe em uma assadeira. Borrife levemente com azeite e salpique com sal e pimenta-do-reino. Misture bem. Asse por 20 minutos, virando uma vez para garantir o cozimento por igual.

3. No liquidificador, junte o grão-de-bico, a levedura, o suco de limão, o extrato de tomate, o missô, a fumaça líquida, o alho em pó, a páprica, o cúrcuma e o caldo de legumes e bata para homogeneizar. Acrescente os brócolis cozidos e pulse para misturar a maior parte (deixe alguns pedaços de brócolis).

4. Transfira essa mistura para uma panela grande e acrescente a água. Cozinhe em fogo médio, mexendo sempre, por volta de 2 minutos. Tampe e cozinhe por mais 8 minutos, sempre mexendo. Retire do fogo e sirva quente. As sobras podem ficar na geladeira, em recipiente hermético, por 3 ou 4 dias.

BISQUE DE COUVE-FLOR

RENDE 4 A 6 PORÇÕES

Certa vez comi um bisque de couve-flor muito delicado e muito cremoso, com intenso sabor de ervas. Era como se as coisas mais brancas do mundo – a primeira neve, as estrelas-do-mar ou as casas de Santorini, na Grécia – se materializassem naquela sopa deliciosa. Tentei durante muitos anos reproduzi-la, mas jamais consegui resultados tão brancos – geralmente ficavam beges ou alaranjados. Então, tive um estalo: não refogar a cebola nem a couve-flor por completo; usar água em vez de caldo de legumes; extrair o aroma de ervas de um buquê garni retirado antes de passar a sopa no liquidificador, acrescentar leite de coco... e *voilà!* A transcendente beleza de uma sopa branca e aveludada é toda sua!

PREPARO: 10 minutos
COZIMENTO: 25 minutos

3 ou 4 raminhos de tomilho fresco

2 ou 3 folhas de louro

1 ramo de alecrim fresco

2 colheres (chá) de óleo de gergelim torrado ou de azeite

¼ de xícara (30 g) de cebola pérola picada

2 dentes de alho bem picados

1 couve-flor grande, os buquês grosseiramente picados

3 xícaras (750 ml) de água

1 vidro (200 ml) de leite de coco light

1 colher (chá) de suco de limão-siciliano fresco

sal a gosto

azeite trufado ou óleo de gergelim torrado para regar

1. Junte o tomilho, as folhas de louro e o alecrim e amarre com barbante culinário formando um pequeno buquê. Reserve.

2. Aqueça o óleo em uma frigideira grande, em fogo médio. Refogue rapidamente a cebola e o alho, mexendo de vez em quando, por 2 minutos. Junte a couve-flor e cozinhe por 3 ou 4 minutos.

3. Acrescente água e o buquê de ervas. Deixe levantar fervura, diminua o fogo e tampe, deixando uma pequena abertura. Cozinhe a couve-flor por 15 ou 20 minutos até ficar bem tenra.

4. Retire o buquê e com cuidado transfira a mistura para o liquidificador (em partes, se for preciso). Você também pode usar um mixer, mas o liquidificador produz uma sopa mais cremosa. Acrescente o leite de coco e o suco de limão e misture bem. Tempere com sal.

5. Sirva com um fio de azeite trufado. As sobras podem ficar na geladeira, em recipiente com tampa, por 3 ou 4 dias.

VARIAÇÃO

▶ Para dar mais sabor, e se não se importar que o bisque não seja tão branco, acrescente ¼ de xícara (20 g) de levedura nutricional (veja pág. 29) antes de servir ou use caldo de legumes no lugar da água.

COZIDO DE FEIJÃO-BRANCO E COGUMELOS PORTOBELLO

RENDE 6 A 8 PORÇÕES

Faz frio e chove lá fora. A lareira está acesa. Pantufas quentinhas cobrem seus pés. O cobertor sobre os ombros. Um cozido denso e nutritivo. Uma baguete fresquinha. Mais nada a dizer.

1. Aqueça o azeite em uma panela grande, em fogo médio. Refogue o alho-poró e o alho por 2 ou 3 minutos, até sentir o aroma. Acrescente a cenoura e o salsão e salteie por mais 2 ou 3 minutos. Junte os cogumelos, o tamari ou shoyu, o alecrim, o tomilho, a sálvia e as sementes de erva-doce. Refogue por 3 ou 4 minutos.

2. Junte o feijão, o caldo, a água e o missô. Deixe levantar fervura, reduza o fogo e tampe, deixando uma pequena abertura. Cozinhe por 25 ou 30 minutos.

3. Quando parte do líquido tiver secado e os legumes estiverem tenros, acrescente a fumaça líquida, o sal e a pimenta-do-reino. Junte a couve e cozinhe até começar a murchar, então retire do fogo.

4. Sirva quente e com pão, se desejar. As sobras podem ficar na geladeira, em recipiente tampado, por 5 dias.

PREPARO: 15 minutos
COZIMENTO: 40 minutos

- 2 colheres (chá) de azeite
- 2 alhos-porós (só a parte branca) cortados ao meio e em fatias finas
- 2 dentes de alho bem picados
- 1 cenoura picada
- 1 talo de salsão picado
- 4 cogumelos portobello cortados em fatias de 1 cm
- 1 colher (sopa) de tamari ou shoyu (molho de soja)
- 1 colher (sopa) de alecrim fresco picado
- 1 colher (sopa) de tomilho fresco picado
- 1 colher (sopa) de sálvia fresca picada
- 1 colher (chá) de sementes de erva-doce
- 3 xícaras (525 g) de feijão-branco cozido (veja pág. 20)
- 4 xícaras (1 litro) de caldo de legumes
- 1 xícara (250 ml) de água
- 1 colher (chá) de missô branco
- 1 colher (chá) de fumaça líquida
- sal e pimenta-do-reino a gosto
- 3 xícaras (40 g) de couve grosseiramente picada
- baguete ou os pãezinhos da pág. 245, opcionais

SOPA DE BATATA E CHUCRUTE COM CRUMBLE DE LINGUIÇA

RENDE 6 A 8 PORÇÕES

Ninguém discute que uma sopa de batata cremosa é uma delícia. E se fosse misturada com chucrute levemente ácido e creme azedo de tofu? E polvilhada com linguiça de sementes de girassol esfarelada? E servida com pão francês crocante? Agora você sabe do que estou falando! Mas é possível ter tudo isso e ainda ser vegano? É! Um pouco dessa sopa deliciosa é o bastante para provar que não estou inventando.

PREPARO: 10 minutos *(não inclui o tempo de preparo da linguiça girassol)*
COZIMENTO: 30 minutos

1 colher (chá) de azeite

½ cebola média picada

2 dentes de alho bem picados

5 xícaras (625 g) de batata picada

½ xícara (80 g) de cenoura picada

1 colher (chá) de salsinha seca

1 colher (chá) de tomilho seco

1 colher (chá) de páprica defumada

3 xícaras (750 ml) de caldo de legumes

2 xícaras (500 ml) de água

1½ xícara (385 g) de chucrute, um pouco mais para guarnecer

1 a 1½ xícara (225 a 340 g) de creme azedo de tofu (pág. 45), mais um pouco para guarnecer

sal e pimenta-do-reino a gosto

½ receita de linguiça de sementes de girassol esfarelada (pág. 38)

salsinha fresca, opcional

1. Aqueça o azeite em uma panela grande, em fogo médio. Refogue a cebola e o alho até a cebola ficar transparente. Acrescente as batatas e a cenoura e refogue por 2 ou 3 minutos. Adicione a salsinha, o tomilho, a páprica, o caldo e a água; deixe levantar fervura. Reduza o fogo e tampe ligeiramente a panela. Cozinhe por cerca de 20 minutos.

2. Acrescente o chucrute e use um mixer para bater a sopa até ficar lisa (tudo bem se sobrarem alguns pedaços). Ou então, bata por partes no liquidificador. Junte 1 xícara de creme azedo de tofu. Se quiser reforçar o sabor do creme azedo, inclua a ½ xícara restante. Cozinhe em fogo baixo por 5 minutos, mais ou menos. Tempere com sal e pimenta-do-reino e retire do fogo.

3. Sirva a sopa em cumbucas. Finalize com uma porção de creme azedo, uma colherada generosa de chucrute, ¼ a ½ xícara de linguiça de sementes de girassol esfarelada, salpique salsinha fresca (se decidiu usar) e sirva em seguida. As sobras podem ficar na geladeira, em recipiente tampado, por 3 ou 4 dias.

SOPA DE ESPINAFRE E ALCACHOFRA

RENDE 6 PORÇÕES

Pois é: você está em uma festa, parado na frente da mesa de salgados e de repente enxerga aquela pasta de espinafre com alcachofra. Você não resiste: "Essa pasta é uma delícia!" O pão italiano terminou, você procura disfarçadamente pela mesa qualquer outra coisa para mergulhar na pasta. Experimenta um chip de tortilha, mas não é tão bom. Gostaria de poder comer de colher sem perder a dignidade. Pois saiba que há um jeito para tudo! Disfarçando a pasta em sopa, você pode pegar uma colher e dar conta de toda a sopeira sem perder o respeito por si mesmo. Vá em frente. Realize o seu sonho.

1. Reúna os ingredientes do creme em um liquidificador potente ou no processador e bata para obter uma massa lisa. Reserve.

2. Numa panela grande, aqueça o azeite em fogo médio durante 1 minuto. Acrescente a cebola e o alho e salteie até começar a soltar o aroma e a cebola ficar levemente transparente. Junte os corações de alcachofra, o manjericão e o orégano e refogue por 2 ou 3 minutos. Adicione o caldo e a água, misture bem e tampe. Quando levantar fervura, reduza o fogo e deixe semitampado. Cozinhe durante uns 10 minutos.

3. Quando estiver cozida e um pouco mais grossa, tire a sopa do fogo. Incorpore o espinafre e espere murchar. Use um mixer para bater a sopa e deixá-la com uma consistência grossa (mas não lisa). Junte o creme e não pare de mexer. Tempere com sal e pimenta-do-reino.

4. Leve ao fogo por 5 ou 10 minutos e sirva bem quente dentro dos pães preparados (se decidiu usá-los).

DICAS
- Servir a sopa com fatias de pão italiano é tão bom quanto servi-la dentro do pão.
- Para ficar ainda melhor, refogue 1 dente de alho bem picado em 1 colher (chá) de azeite. Jogue 1½ xícara de corações de alcachofra (em conserva escorridos ou frescos descongelados) cortados ao meio na frigideira e cozinhe por 3 ou 4 minutos de cada lado até ficarem levemente dourados. Espalhe os corações de alcachofra fritos sobre a sopa.

PREPARO: 5 minutos
COZIMENTO: 30 minutos

Creme
- 1½ xícara (265 g) de feijão-branco cozido (veja pág. 20)
- 1 xícara (250 ml) de leite vegetal sem açúcar
- ¼ de xícara (20 g) de levedura nutricional (veja pág. 29)
- 3 colheres (sopa) de suco de limão fresco
- 1 colher (sopa) de vinagre de umeboshi
- 2 colheres (chá) de missô branco
- 1 colher (chá) de mostarda de Dijon

Sopa
- 1 colher (chá) de azeite
- 2 cebolas pérola picadas
- 1 ou 2 dentes de alho bem picados
- 2 xícaras (360 g) de corações de alcachofra em conserva escorridos ou frescos descongelados
- 2 colheres (chá) de manjericão seco
- 1 colher (chá) de orégano seco
- 3 xícaras (750 ml) de caldo de legumes
- 1 xícara (250 ml) de água
- 6 xícaras (180 g) bem cheias de folhas frescas de espinafre ou 1 pacote (285 g) de espinafre descongelado
- sal e pimenta-do-reino a gosto
- minipães italianos sem o miolo, usados para servir, opcional

VOU SENTIR FALTA DE PIZZA.

Rodízio de pizza para todo mundo

Como diz Isa Chandra Moskowitz, "bolo é um luxo, pizza é um direito". Não pense que ser vegano significa que nunca mais vai roubar a última fatia de pizza, dobrá-la ao meio para o recheio não escorregar e enfiar na boca tudo de uma vez. Você vai continuar lambendo o molho dos dedos e roubando as bordas de massa do prato do seu amigo. É um direito de todo ser humano! Então, reclame, faça valer os seus direitos!

TRÊS TIPOS DE MASSA DE PIZZA

Aparte da pizza que nos deixa mais inseguros na hora de fazer é a massa. "Quanto tempo demora?", "O fermento vai funcionar?", "A massa vai crescer?" "Aquele rolo para massas me dá medo", e por aí vai. São muitas as desculpas que se ouvem para não fazer a própria massa de pizza, mas, quando você pega o jeito, não há nada mais fácil no mundo.

Dicas importantes:

- A água tem de estar exatamente a 45 °C. Use um termômetro culinário para não errar. Se estiver mais quente, matará o fermento; mais fria, e o fermento não será ativado. É suficiente esquentar a água no micro-ondas por 1 minuto, mas, se passar do ponto, ponha a xícara um pouco na geladeira e meça outra vez a temperatura.

- A massa pode ser preparada na batedeira de bolo equipada com o batedor de massa ou misturada à mão.
- A farinha deve ser acrescentada até formar a bola de massa. Às vezes não é preciso usar toda a quantidade indicada na receita, outras vezes é preciso mais.
- Uma superfície bem enfarinhada é essencial para esticar a massa (ou seja, nada de ataques de pânico só porque está grudando nos dedos).
- A melhor superfície para assar a sua pizza é uma pedra redonda preaquecida. Mas você vai precisar de uma boa pá de pizza para transferir a pizza para a pedra. Se não tiver a pedra, tudo bem. Pode usar uma fôrma de pizza de metal ou mesmo uma assadeira.

MASSA BÁSICA DE PIZZA

RENDE 2 DISCOS DE 23 CM DE DIÂMETRO

Esta massa resulta em discos macios e é fácil de mastigar, e a fatia pode ser dobrada ao meio.

PREPARO: 30 minutos
DESCANSO: 60 minutos

1 xícara de água (250 ml) aquecida a 45 °C

1 colher (chá) de açúcar vegano

2¼ colheres (chá) de fermento biológico seco

2 colheres (chá) de azeite

1 colher (chá) de sal

2½ a 3 xícaras (325 a 390 g) de farinha especial para pão, separadas, mais o suficiente para amassar

azeite para borrifar

1. Junte a água e o açúcar em uma tigela grande ou na vasilha da batedeira equipada com o batedor de massa. Acrescente o fermento, deixe assentar e ativar por 10 minutos ou até formar uma espuma espessa na superfície.

2. Depois que o fermento estiver ativado, adicione o azeite e o sal. Acrescente ½ xícara de farinha por vez e misture (ou bata) bem após cada adição até obter uma massa homogênea. Se optou por não usar a batedeira, amasse com as mãos quando não der mais para usar a colher. Continue a colocar a farinha, ½ xícara por vez, até obter uma bola macia (talvez não sejam necessárias as 3 xícaras). Se estiver seca e esfarelando, acrescente azeite aos poucos para deixar a massa mais úmida. Se passar do ponto e ficar grudenta, acrescente farinha aos poucos ou em colheradas até pressioná-la com o dedo e a massa não grudar.

3. Borrife ligeiramente uma vasilha grande com azeite. Coloque aí a bola de massa, cubra com um pano de prato úmido e deixe em lugar protegido, onde não haja corrente de ar. Deixe crescer por 1 hora ou até dobrar de tamanho.

4. Amasse delicadamente a bola de massa já crescida. Transfira para uma superfície enfarinhada e continue amassando durante 1 minuto.

5. Divida a massa ao meio e use de acordo com a receita de pizza que você escolheu. As sobras de massa podem ser guardadas em saco plástico selado na geladeira por 3 ou 4 dias ou no freezer por 1 mês.

MASSA DE PIZZA CONDIMENTADA OU COM ERVAS

RENDE 2 DISCOS DE 23 CM DE DIÂMETRO

Esta receita também faz um disco macio, mas é salpicada de ervas e condimentos que elevam o sabor da pizza a outro patamar.

1. Junte a água e o açúcar em uma tigela grande ou na vasilha da batedeira com o batedor de massa. Acrescente o fermento, deixe assentar e ativar por 10 minutos, ou até formar uma espuma grossa na superfície.

2. Em outra vasilha grande, misture bem a farinha com as ervas e os condimentos.

3. Depois que o fermento estiver ativado, adicione o azeite e o sal. Acrescente ½ xícara de farinha por vez e misture (ou bata) bem após cada adição até obter uma massa homogênea. Se você optou por não usar a batedeira, amasse a massa com as mãos quando não der mais para usar a colher. Continue a colocar a farinha, ½ xícara por vez, para formar uma bola macia (talvez não sejam necessárias as 3 xícaras). Se estiver seca e esfarelando, acrescente azeite aos poucos para umedecer a massa. Se passar do ponto e ficar grudenta, acrescente a farinha aos poucos até pressioná-la com o dedo e a massa não grudar.

4. Borrife ligeiramente uma vasilha grande com azeite. Coloque aí a bola de massa, cubra com um pano de prato úmido e deixe em lugar quente, onde não haja corrente de ar. Espere crescer por 1 hora ou até dobrar de tamanho.

5. Amasse delicadamente a bola de massa já crescida. Transfira para uma superfície enfarinhada e amasse por mais 1 minuto. Divida a massa ao meio e use de acordo com a receita. As sobras de massa podem ser guardadas em saco plástico selado na geladeira por 3 a 4 dias ou no freezer por 1 mês.

PREPARO: 30 minutos
DESCANSO: 60 minutos

1 xícara (250 ml) de água aquecida a 45 °C

1 xícara (chá) de açúcar vegano

2¼ colheres (chá) de fermento biológico seco

3 xícaras (390 g) de farinha especial para pão, separadas, mais o suficiente para amassar

ervas e condimentos da sua escolha (veja as variações)

2 colheres (chá) de azeite

1 colher (chá) de sal

azeite para borrifar

VARIAÇÕES

▶ Para a massa de cominho, acrescente à farinha 2 colheres (chá) de sementes de cominho.

▶ Para a massa de erva-doce e sálvia, acrescente à farinha 1½ colher (chá) de sementes de erva-doce e 1½ colher (chá) de sálvia seca.

▶ Para a massa de ervas, acrescente à farinha 1½ colher (chá) alecrim seco, 1½ colher (chá) de orégano seco e 1½ colher (chá) de manjericão seco.

▶ Para a massa de curry, acrescente à farinha 2 colheres (chá) de curry em pó e 1 colher (chá) de garam masala.

▶ Para a massa de cebola e alho, acrescente à farinha 1½ colher (chá) de cebola em pó e 1½ colher (chá) de alho em pó.

▶ Para a massa apimentada, acrescente à farinha 2 colheres (chá) de pimenta calabresa em flocos, 1 colher (chá) de cominho e 1 colher (chá) de pimenta vermelha em pó.

MASSA DE FUBÁ PARA PIZZA

RENDE 2 DISCOS DE 23 CM DE DIÂMETRO

Nesta massa, o fubá fará uma crosta muito mais crocante. E os recheios não escorregarão das fatias.

PREPARO: 30 minutos
DESCANSO: 60 minutos

1½ xícara (375 ml) de água aquecida a 45 °C

1 colher (chá) de açúcar vegano

2¼ colheres (chá) de fermento biológico seco

2 xícaras (260 g) + ½ xícara (65 g) de farinha especial para pão (se necessário), separadas, mais o suficiente para amassar

1½ xícara (210 g) de fubá mimoso

2 colheres (chá) de azeite

1 colher (chá) de sal

azeite para borrifar

1. Junte a água e o açúcar em uma tigela grande ou na vasilha da batedeira com o batedor de massa. Acrescente o fermento, deixe assentar e ativar por 10 minutos, ou até formar uma espuma grossa na superfície.

2. Em outra vasilha grande, misture 2 xícaras de farinha para pão e o fubá. Reserve.

3. Depois que o fermento estiver ativado, adicione o azeite e o sal. Acrescente ½ xícara da mistura de farinha por vez e agregue (ou bata) bem após cada adição para obter uma massa homogênea. Se não estiver usando batedeira, amasse com as mãos quando não der mais para usar a colher. Continue acrescentando a farinha misturada, ½ xícara por vez, até obter uma bola macia (talvez não sejam necessárias as 2½ xícaras). Se a massa estiver muito seca e esfarelando, acrescente colheradas de azeite para deixá-la mais úmida. Se passar do ponto e ficar grudenta, adicione farinha aos poucos ou em colheradas até pressioná-la com o dedo e a massa não grudar.

4. Borrife ligeiramente uma vasilha grande com azeite. Coloque aí a bola de massa, cubra com um pano de prato úmido e deixe em lugar aquecido, onde não haja corrente de ar. Deixe crescer por 1 hora ou dobrar de tamanho.

5. Amasse delicadamente a bola de massa já crescida. Transfira para uma superfície enfarinhada e continue amassando durante 1 minuto. Divida a massa ao meio e use de acordo com a receita da pizza que você escolheu. As sobras de massa podem ser guardadas em saco plástico selado na geladeira por 3 a 4 dias ou no freezer por 1 mês.

PIZZA BRANCA DE ALHO ASSADO E RICOTA DE MACADÂMIA

RENDE 1 PIZZA

Raramente você vai se dar o trabalho de fazer uma massa de pizza só para si, certo? Esta é uma das pizzas que mais gosto de fazer para meus amigos e surpreendê-los com este delicioso molho branco e a ricota de macadâmia (pág. 53) levemente tostada. Já fiz esta pizza para não veganos, que adoraram e anotaram a receita para fazer em casa. Muita gente não acredita que pizza pode ser uma delícia sem aquela montanha de queijo derretido. Pois esta é a pizza que elas deveriam experimentar.

1. Se for usar uma pedra de pizza, coloque-a no forno para aquecer. Se não, espalhe fubá sobre uma fôrma de pizza ou uma assadeira e reserve. Preaqueça o forno a 250 °C.

2. Misture em uma tigelinha o leite vegetal e o vinagre e espere no mínimo 5 minutos para usar.

3. Enquanto isso, leve ao fogo uma panela com cerca de 5 cm de água para ferver. Cozinhe a couve-flor no vapor por 10 minutos ou até o garfo entrar com facilidade nos buquês. Retire do fogo e deixe esfriar por alguns minutos.

4. Retire o dente de alho assado da casca com delicadeza e coloque no processador. Junte a couve-flor cozida, a mistura do leite, as castanhas de caju, o suco de limão, o missô, a levedura, o sal e a pimenta-do-reino. Processe para homogeneizar.

5. Aqueça uma frigideira grande em fogo médio. Acrescente o espinafre e a colher de água e cozinhe o espinafre até começar a murchar. Retire do fogo.

6. Em uma superfície enfarinhada, abra a massa da pizza no tamanho desejado. A massa deve ter no mínimo 0,5 cm de espessura. Espalhe sobre ela o espinafre, deixando 1 cm livre em toda a volta. Espalhe o molho branco sobre o espinafre. Esfarele a ricota de macadâmia sobre o molho.

7. Transfira a pizza para a pedra ou para a assadeira preparada. Asse por 10 a 20 minutos, até a borda crescer e ficar levemente dourada. Corte em fatias e sirva quente.

PREPARO: 45 minutos *(não inclui o tempo de preparo da massa da pizza ou da ricota de macadâmia)*

COZIMENTO: 15 minutos

DESCANSO: 1 hora *(enquanto as castanhas de caju ficam de molho)*

Recheio de alho assado

½ xícara (125 ml) de leite vegetal

1 colher (chá) de vinagre de maçã

½ couve-flor pequena, apenas os buquês

1 cabeça de alho assada (pág. 19)

¼ de xícara (40 g) de castanhas de caju, de molho em água por no mínimo 1 hora. *Descarte a água*

1 colher (sopa) de suco de limão--siciliano

1½ colher (chá) de missô branco

1 colher (chá) de levedura nutricional (veja pág. 29)

sal e pimenta-do-reino a gosto

Pizza

1 maço de espinafre sem os talos, as folhas grosseiramente picadas

1 colher (chá) de água

½ receita de massa básica de pizza (pág. 191)

farinha para amassar

ricota de macadâmia (pág. 53)

 DICA

O molho branco com alho assado dá para 2 pizzas e sobra um pouco. Você pode usá-lo como molho de macarrão ou para passar no pão do sanduíche.

PIZZA DEEP DISH COM VEGETAIS ASSADOS

RENDE 1 PIZZA

Pizza é sempre alto-astral, mas esta feita em fôrma alta é especial. Anos atrás, num período muito tumultuado da minha vida, tomei um avião para visitar uma amiga muito querida. Ela me apanhou no aeroporto e parou a caminho de casa para comprar a pizza deep dish preferida dela. Abrimos uma garrafa de vinho, comemos a pizza e conversamos durante horas. Depois desse encontro, minha vida (ou pelo menos como eu a conhecia) mudou. Quando você corta uma pizza de fôrma alta, as muitas camadas de molho e queijo derretido são, por si sós, uma tentação. E eu garanto que o recheio desta pizza – vegana! – esconde surpresas que mudarão a sua vida.

1. Em uma vasilha de tamanho médio misture os ingredientes do molho. Deixe na geladeira até a hora de usar.
2. Preaqueça o forno a 200 °C. Forre uma assadeira com papel-manteiga ou tapete de silicone. Espalhe os cogumelos, a abobrinha, o pimentão e a cebola roxa. Borrife azeite sobre os legumes e tempere com o manjericão, o orégano, o sal e a pimenta-do-reino. Revolva para que os legumes fiquem bem recobertos. Asse por 15 minutos, revolvendo mais uma vez para garantir o cozimento por igual. Retire do forno. Acrescente os tomates-cereja e misture-os delicadamente.
3. Aumente a temperatura do forno para 250 °C. Unte a fôrma para torta (de preferência) ou para bolo com azeite. Estique a massa no fundo da fôrma e pressione nas laterais. Se usar uma fôrma para torta desmontável, a massa não pode ultrapassar a altura da fôrma (porque vai se quebrar quando você soltar o anel).
4. Fatie a macarela em rodelas de 1,5 cm de espessura. Espalhe ¼ de xícara (60 ml) do molho da pizza sobre a massa no fundo da fôrma. Faça uma camada de macarela (tudo bem se ficar um espaço entre as rodelas). Por cima delas coloque metade dos legumes. Espalhe ½ xícara (120 ml) do

PREPARO: 30 minutos *(não inclui o tempo de preparo da massa de pizza e da macarela)*
COZIMENTO: 30 minutos

Molho

1 lata (445 ml) de molho de tomate sem sal

1 lata (170 g) de extrato de tomate

1 colher (sopa) de azeite

1 colher (chá) de manjericão seco

1 colher (chá) de orégano seco

¼ de colher (chá) de alho em pó

sal e pimenta-do-reino a gosto

Legumes assados

225 g de cogumelos-de-paris frescos

2 abobrinhas fatiadas

½ pimentão amarelo ou vermelho cortado em fatias finas

½ cebola roxa média cortado em fatias muito finas

azeite para borrifar

1 colher (sopa) de manjericão seco

2 colheres (chá) de orégano seco

sal e pimenta-do-reino a gosto

2 xícaras (360 g) de tomates-cereja cortados ao meio

Pizza

1 porção de massa de fubá para pizza (pág. 193), *sem* dividir ao meio

farinha de trigo para amassar

4 discos de macarela (pág. 61)

molho de pizza sobre os legumes e em seguida o restante dos legumes. Acrescente mais uma camada de medalhões e sobre eles o restante do molho da pizza.

5. Asse por 30 minutos ou até a crosta estar firme e dourada. Retire do forno e deixe descansar por 10 minutos. Se estiver usando fôrma com aro removível, talvez seja necessário passar uma faca para soltar a crosta. Se usar uma fôrma para bolo comum, fatie na própria fôrma e retire fatia por fatia.

PIZZA DE ABÓBORA-JAPONESA, CEBOLA CARAMELIZADA E COGUMELOS PORCINI

RENDE 1 PIZZA

Alguns podem estranhar uma pizza sem queijo. Se não tem queijo, de onde virá o sabor? Ora, dos recheios e da própria massa. Em pizzas com queijo, o sabor dos recheios é mascarado por queijos gordurosos e pesados. Se eles não estiverem presentes, é mais fácil brincar com uma variedade infinita de sabores que farão uma pizza muito mais interessante! Nesta receita, o purê de abóbora-japonesa espalhado sobre a massa de fubá acomoda uma camada de cebolas caramelizadas e cogumelos porcini. E o resultado será uma pizza robusta, adocicada e com sabor defumado.

1. Ponha os cogumelos em uma vasilha e cubra com água quente. Deixe de molho por 10 minutos ou até ficarem tenros; escorra e descarte a água.

2. Se for usar uma pedra para assar a pizza, coloque-a no forno. Se não, polvilhe uma fôrma de pizza com fubá e reserve. Preaqueça o forno a 220 °C.

3. Forre uma assadeira com papel-manteiga ou com tapete de silicone.

4. Coloque os cubos de abóbora na assadeira preparada e borrife-os generosamente com azeite. Tempere com a canela, o cominho, a noz-moscada, o sal e a pimenta-do-reino; revolva para recobrir. Asse por 30 minutos, revolvendo mais uma vez para garantir o cozimento por igual. Quando o garfo entrar facilmente nos pedaços de abóbora, retire do forno e deixe esfriar por 5 minutos.

5. Enquanto isso, aqueça metade do azeite em uma frigideira grande, em fogo médio. Quando estiver bem quente, junte a cebola, mexa bem para que fique recoberta de azeite e deixe cozinhar até ficar transparente. Diminua o fogo e misture o açúcar de coco. Continue refogando, mexendo a cada 3, 4 minutos, durante 20 a 30 minutos. Se a cebola começar a grudar na frigideira, deglaceie jogando um pouco de água e reduzindo a chama. Quando estiver escura e bem macia, junte sal e retire do fogo. Retire da frigideira e reserve.

PREPARO: **60 minutos** *(não inclui o tempo de preparo da massa)*
COZIMENTO: **10 minutos**

2 xícaras (90 g) de cogumelos porcini secos

água quente

1 abóbora-japonesa (cabochan) pequena, cortada ao meio, sem sementes, sem casca e cortada em cubos (veja dicas)

azeite para borrifar

1 colher (chá) de canela em pó

1 colher (chá) de cominho em pó

½ colher (chá) de noz-moscada em pó

½ colher (chá) de páprica defumada

sal e pimenta-do-reino a gosto

2 colheres (chá) de azeite, separadas

1 cebola roxa grande cortada ao meio e em fatias muito finas (use um fatiador de legumes)

uma pitada de açúcar de coco ou de açúcar mascavo vegano

2 colheres (chá) de tomilho fresco picado

½ colher (chá) de alho em pó

½ colher (chá) de cebola em pó

2 a 3 colheres (chá) de levedura nutricional (veja pág. 29), a gosto

1 colher (chá) de suco de limão-siciliano

2 colheres (chá) de maple syrup (xarope de bordo)

½ porção de massa de fubá para pizza (pág. 193)

farinha trigo suficiente para abrir a massa

6. Na mesma frigideira, aqueça o restante do azeite em fogo médio. Acrescente os cogumelos hidratados, o tomilho, o alho em pó, a cebola em pó e refogue, mexendo sempre para não grudar, durante 5 minutos ou até os cogumelos começarem a dourar. Acrescente sal e pimenta e retire do fogo.

7. Quando retirar a abóbora do forno, aumente a temperatura para 220 ºC.

8. Junte no processador de alimentos os pedaços de abóbora, a levedura, o suco de limão e o maple syrup. Bata até obter uma mistura lisa e, se necessário, desligue para raspar as laterais.

9. Em uma superfície enfarinhada, abra a massa de pizza no tamanho desejado, mas com espessura mínima de 0,5 cm. Espalhe por cima o purê de abóbora, deixando 1 cm livre em toda a volta. Distribua as cebolas caramelizadas e os cogumelos sobre a massa. Transfira a pizza para a pedra ou a assadeira preparada. Asse por 10 a 12 minutos, até a crosta levantar e ficar levemente dourada. Fatie e sirva quente.

DICAS

- Para descascar a abóbora, use uma faca bem afiada. Corte ao meio, vire as metades para baixo e corte as extremidades. Retire a casca passando a faca com muito cuidado de cima até embaixo. Depois corte o miolo em pedaços pequenos. Repita com a outra metade. Outro jeito é colocar as metades da abóbora em uma panela com água até cobrir e ferver por 10 minutos; depois, é só tirar a casca com um descascador de legumes.

- Você pode duplicar esta pizza sem ter de cozinhar mais legumes. Use as duas porções da massa de pizza de fubá e divida a abóbora, a cebola e os cogumelos entre elas. Eu prefiro usar menos ingredientes e fazer uma nova pizza na noite seguinte.

PIZZA DE BATATA E ALHO-PORÓ COM MASSA DE FUBÁ

RENDE 1 PIZZA

Simples e elegante. Esses adjetivos não são tipicamente associados às pizzas, mas esta, meu amigo, não é uma pizza qualquer. A crocante massa de fubá serve de base para uma camada generosa de alho-poró, que por sua vez acomoda finas fatias de batata temperadas com alecrim. São sabores básicos que envolverão você como um cobertor quentinho. Esta pizza não pode ser associada a cerveja ou a animados eventos esportivos na TV. É do tipo que você deve saborear bebendo um vinho branco seco e ouvindo Beatles (recomendo *O álbum branco*, para combinar). Mas se fizer questão de queijo, esfarele por cima uma porção generosa de Chèvre de tofu (pág. 48).

PREPARO: 15 minutos
COZIMENTO: 12 minutos
DESCANSO: 1 hora

3 batatas asterix médias

½ colher (chá) de sal ou mais, se preferir

1 colher (chá) + 1 colher (sopa) de azeite, separadas

1 alho-poró (só a parte branca) cortado ao meio no sentido do comprimento e fatiado (veja dica)

1 colher (chá) de alecrim seco

½ colher (chá) de suco de limão-siciliano

½ porção de massa de fubá para pizza (pág. 193)

farinha de trigo para abrir a massa

azeite para borrifar

1 colher (sopa) de alecrim fresco picado

pimenta-do-reino a gosto

1. No cortador de legumes ou com uma faca bem afiada, corte as batatas em fatias *muito* finas. Entendeu bem? Eu disse "muito finas".

2. Ponha as batatas em uma vasilha grande e rasa. Cubra com água e sal e deixe de molho por 1 hora. Escorra a água e espalhe as fatias de batata sobre um pano de prato. Cubra e aperte com delicadeza para secá-las.

3. Se for usar uma pedra de pizza, leve-a ao forno. Se não, polvilhe uma fôrma de pizza ou uma assadeira com fubá e reserve. Preaqueça o forno a 250 °C .

4. Aqueça 1 colher (chá) de azeite em uma frigideira grande em fogo médio. Separe 2 colheres (sopa) do alho-poró fatiado e coloque o restante na frigideira. Salteie por 3 minutos ou até ficar macio e começar a recender. Transfira para um processador de alimentos, junte a colher de azeite restante, o alecrim seco e o suco de limão. Processe até obter uma massa lisa (podem sobrar uns pedacinhos de alho-poró); salgue a gosto.

5. Sobre uma superfície enfarinhada, abra a massa da pizza no tamanho que desejar, mas no mínimo com 0,5 cm de espessura. Espalhe por cima a mistura de alho-poró (uma camada fina, talvez falhe em alguns lugares), deixando 1 cm livre em toda a volta. Distribua simetricamente as fatias de batata sobre o alho-poró. Borrife azeite sobre as batatas e por cima delas espalhe as 2 colheres (sopa) restantes de alho-poró e o alecrim fresco. Tempere com sal e pimenta-do-reino.

6. Transfira a pizza para a pedra ou a assadeira preparada. Asse por 10 a 12 minutos, até a crosta levantar e ficar levemente dourada. Corte e sirva quente.

||||||||||||||||||||||||

VARIAÇÃO

▶ Se você gosta muito de alho-poró, dobre a quantidade indicada na receita e coloque uma camada mais generosa sobre a massa da pizza. Alguns amigos e eu preferimos assim.

DICA

Quando for comprar alho-poró, escolha os que tiverem o talo longo e mais fino, em lugar dos mais curtos e mais grossos, que em geral são mais fibrosos. Para limpar, corte a parte verde e a base mais rija e descarte-as. Corte a parte branca ao meio no sentido do comprimento, lave sob água corrente abrindo com delicadeza as camadas, como se fosse um maço de cartas, e depois fatie.

PIZZA COM MASSA DE SEMENTES DE COMINHO E REUBEN DE SEITAN

RENDE 1 PIZZA

Gosto de combinar duas receitas que me agradam para criar uma terceira (processo também chamado de *fusion*). Dá certo 98 por cento das vezes (notou que este livro NÃO tem uma receita de cupcake de cebolinha?). Esta receita reúne o tradicional sanduíche Reuben com uma favorita da grande maioria, a pizza, para uma experiência que você não esquecerá tão cedo. O seitan cortado em fatias muito finas é "preservado" em uma marinada ácida e picante e então é combinado com um molho de queijo suíço, chucrute e um cremoso molho russo. Tudo isso sobre uma massa de pizza cravejada de sementes de cominho. Tenho certeza de que você vai adotar esta receita.

1. Use um cortador de legumes (ou uma faca bem afiada) para fatiar o seitan em tiras bem finas. Em uma vasilha rasa ou assadeira, junte o suco de beterraba, o vinagre, a água, o tamari ou shoyu, a água da alcaparra (se decidiu usá-la), a mostarda, o sal, a pimenta-da-jamaica, os cravos, o gengibre, a páprica, a pimenta-de-caiena e a pimenta-do-reino. Acrescente as tiras de seitan e misture bem. Leve à geladeira e deixe marinar por 1 hora, pelo menos (ou até 24 horas), revolvendo com frequência para misturar bem.

2. Junte no processador de alimentos os ingredientes do creme de queijo suíço e 9 colheres (sopa) da água da demolha reservada; bata até obter uma massa quase lisa (tudo bem se ficarem alguns carocinhos). Se quiser deixá-la lisa, acrescente mais 1 colher (sopa) da água reservada. Deixe na geladeira até a hora de usar. Pode ser feito com até 2 dias de antecedência.

3. Em uma vasilha pequena, misture os ingredientes do molho russo e reserve. Isso pode ser feito com até 2 dias de antecedência e guardado na geladeira em recipiente com tampa hermética.

4. Se estiver usando uma pedra para pizza, leve a pedra ao forno. Se não, polvilhe rapidamente uma fôrma de pizza ou assadeira com fubá; reserve. Preaqueça o forno a 250 ºC.

5. Sobre uma superfície enfarinhada, abra a massa de pizza no tamanho desejado, mas nunca com menos de 0,5 cm de espessura. Espalhe o creme de queijo suíço sobre a massa, deixando

PREPARO: 50 minutos (*não inclui o tempo de preparo do seitan e da massa de pizza*)

COZIMENTO: 15 minutos

DESCANSO: 3 a 4 horas (*enquanto as castanhas de caju estão de molho e o seitan marina*)

Seitan marinado

- ½ **porção de seitan caseiro (pág. 40) ou comprado pronto**
- ½ **xícara (125 ml) suco de beterraba (veja dica)**
- ¼ **de xícara (125 ml) de vinagre de arroz integral**
- ¼ **de xícara (60 ml) de água**
- **2 colheres (sopa) de tamari ou shoyu (molho de soja)**
- **1 colher (sopa) do líquido das alcaparras em conserva, opcional**
- **1 colher (sopa) de mostarda de Dijon**
- ½ **colher (chá) de sal defumado ou sal comum**
- ½ **colher (chá) de pimenta-da--jamaica moída**
- ½ **colher (chá) de cravo moído**
- ½ **colher (chá) de gengibre moído**
- ½ **colher (chá) de páprica defumada**
- ½ **colher (chá) de pimenta-de-caiena**
- **algumas pitadas de pimenta-do-reino**

Creme de queijo suíço

- ½ **xícara (75 g) de amêndoas cruas de molho em água por 3 a 4 horas. *Reserve a água***
- **1 colher (sopa) de tahine**
- **2 colheres (chá) de levedura nutricional (veja pág. 29)**
- **1 colher (chá) de missô branco**
- ½ **colher (chá) de alho em pó**
- ½ **colher (chá) de cebola em pó**
- **sal a gosto**

1 cm livre em toda a volta. Espalhe o seitan. Transfira para a pedra de pizza ou a assadeira preparada. Asse por 10 a 12 minutos, até que o seitan esteja quente e a crosta erguida e levemente dourada. Retire do forno, acrescente o chucrute e regue com o molho russo. Fatie e sirva em seguida.

||||||||||||||||||||||||

VARIAÇÃO

▶ Esqueça a pizza e use o seitan, o chucrute, o creme de queijo suíço e o molho russo entre duas fatias de pão de centeio. É o sanduíche mais gostoso que você já provou!

Molho russo

¼ de xícara (55 g) de maionese vegana

1½ colher (sopa) de ketchup vegano

1½ colher (chá) de vinagre de vinho tinto

1 colher (chá) de extrato de tomate

½ colher (chá) de endro seco

½ colher (chá) de páprica defumada

2 colheres (sopa) de picles agridoce

Pizza

½ porção de massa de pizza com semente de cominho (pág. 192, veja variação)

farinha de trigo para abrir a massa

½ xícara (130 g) de chucrute

 DICA

O suco de beterraba pode ser encontrado na seção de sucos da sua mercearia ou da loja de produtos naturais que você frequenta. Se não encontrar, amasse algumas beterrabas cozidas no vapor e use ½ xícara desse purê.

CALZONE DE COUVE-FLOR E GORGONZOLA DE CASTANHA DE CAJU

RENDE 2 CALZONES GRANDES OU 4 PEQUENOS (PARA 2 OU 4 PESSOAS)

pág. 188

Este é para convencer quem não quer acreditar que a comida vegana pode ser muito saborosa: um calzone de couve-flor com gorgonzola de castanha de caju se encarregará disso. Com um tempero supercondimentado, quem vai questionar se é frango ou couve-flor? Principalmente se a couve-flor, envolvida por uma casquinha crocante de farinha de grão-de-bico, estiver dentro de uma bolsa feita com massa de pizza, recheada com uma generosa quantidade de gorgonzola de castanha de caju. Precisa impressionar um amigo carnívoro? Faça esta receita.

1. Se for usar uma pedra de pizza, leve-a ao forno. Se não, polvilhe uma fôrma para pizza ou assadeira com fubá; reserve. Borrife com azeite uma assadeira de 23 x 33 cm. Preaqueça o forno a 230 °C.

2. Em uma vasilha pequena, misture o molho de pimenta, a massa de tomate e o xarope de agave. Junte a araruta, o sal e a pimenta-do-reino. Reserve.

3. Em uma vasilha grande, misture o leite vegetal, a farinha de grão-de-bico, o alho em pó e a páprica. Mergulhe um buquê da couve-flor por vez na mistura e acomode na assadeira preparada. Asse por 20 minutos (se a pedra de pizza estiver quente, coloque a assadeira sobre ela).

4. Retire do forno e use uma espátula para soltar os buquês da assadeira. Espalhe sobre os buquês a mistura do molho de pimenta, revolva bem e leve para assar por 5 minutos. Retire do forno e reserve.

5. Aumente a temperatura do forno para 250 °C.

6. Divida a massa de pizza em 2 ou 4 pedaços. Abra os círculos (com 25 cm de diâmetro para 2 calzones grandes ou com 12 cm para 4 menores) sobre uma superfície enfarinhada.

7. Em metade de cada círculo, coloque uma quantidade de couve-flor temperada (mais ou menos 1½ xícara nos calzones grandes, ¾ de xícara nos pequenos) a 2,5 cm na borda. Sobre a couve-flor espalhe ¼ de xícara de gorgonzola de castanha de caju amassado nos calzones grandes, 2 colheres (sopa) nos

PREPARO: **45 minutos** (*não inclui o tempo de preparo da massa de pizza e do gorgonzola de castanha de caju*)
COZIMENTO: **12 minutos**

Couve-flor condimentada

azeite para borrifar

1 xícara (250 ml) de molho de pimenta

2 colheres (sopa) de massa de tomate

1 colher (sopa) de xarope de agave

1½ colher (sopa) de araruta ou amido de milho

½ colher (chá) de sal

pimenta-do-reino a gosto

1 xícara (250 ml) de leite vegetal

1 xícara (110 g) de farinha de grão--de-bico

½ colher (chá) de alho em pó

½ colher (chá) de páprica defumada

1 couve-flor grande cortada em buquês

Calzones

1 porção de massa básica de pizza (pág. 191)

farinha de trigo para abrir a massa

½ porção de gorgonzola de castanha de caju (pág. 58)

azeite para borrifar

pequenos. Pincele com água a borda da massa em que está o recheio. Dobre o lado vazio da massa sobre o recheio de modo que as bordas coincidam, formando um semicírculo. Dobre as bordas para selar e evitar que o recheio vaze. Use um garfo para pressionar a massa. Borrife com azeite.

8. Transfira os calzones para a pedra de pizza ou a assadeira preparada. Asse por 10 a 12 minutos, até a massa crescer, ficar firme e dourada. Retire do forno e sirva em seguida. As sobras da couve-flor podem ser guardadas na geladeira, em um recipiente de tampa hermética, por 3 a 4 dias, ou consumidos enquanto a pizza está no forno.

|||||||||||||||||||||||||||

VARIAÇÕES

▶ Se quiser fazer pizzas em vez de calzones, reserve ¼ de xícara do molho quando preparar a couve-flor. Sobre uma superfície enfarinhada, abra a massa de pizza no tamanho desejado, mas com 0,5 cm de espessura, no mínimo. Espalhe o molho reservado sobre a massa, deixando livre 1 cm da borda. Esfarele o gorgonzola de castanha de caju sobre o molho, e sobre o gorgonzola o máximo possível da couve-flor. Transfira a pizza para a pedra ou para a assadeira preparada. Asse por 10 a 12 minutos, até a crosta levantar e ficar levemente dourada. Fatie e sirva quente.

▶ Se não gosta da couve-flor com molho apimentado, substitua-o, ou parte dele, por molho barbecue (pág. 43).

MINIPIZZAS DE COGUMELOS

RENDE 12 MINIPIZZAS

pág. 189

Todo mundo tem aqueles momentos em que deseja comer em casa, mas não quer ter muito trabalho. E pizza não é a primeira coisa que lhe vem à cabeça (a menos que você tenha massa pronta). E se, em vez da massa, você usar cogumelos? Você sabia que o cogumelo, se for recheado com molho de pizza, queijo e o que mais você quiser, pode se tornar uma base de pizza macia e crocante? Melhor ainda, é mais saudável e leva menos de 30 minutos para chegar à mesa. Que tal experimentar esta delícia sem ter nenhum trabalho?

PREPARO: **10 minutos** (*não inclui o tempo de preparo da macarela*)

COZIMENTO: **15 minutos**

12 cogumelos-de-paris grandes ou portobello bem pequenos (5 a 7 cm de diâmetro, no máximo)

azeite para borrifar

3 colheres (sopa) de pimentão verde picado

3 colheres (sopa) de cebola roxa picada

3 colheres (sopa) de azeitonas pretas sem caroço fatiadas

1 xícara (250 ml) de molho para pizza (pág. 196)

2 discos de macarela (pág. 61) cortados em rodelas finas

1. Preaqueça o forno a 200 °C. Forre uma assadeira com papel-manteiga ou tapete de silicone.

2. Tire os cabos dos cogumelos. (Eles são ótimos refogados ou assados, ou para engrossar molhos ou chili.) Use uma colher para raspar com delicadeza a parte interna do chapéu do cogumelo e criar uma bolsa. Borrife levemente com azeite a parte externa do cogumelo e coloque-o na assadeira com a cavidade voltada para cima.

3. Em uma vasilha, misture o pimentão, a cebola roxa, a azeitona e o molho para pizza. Preencha a cavidade dos cogumelos, até a borda, com essa mistura.

4. Asse por 8 a 10 minutos, até os cogumelos ficarem mais macios.

5. Acrescente uma rodela de macarela sobre cada cogumelo e leve de volta ao forno por mais 4 minutos. Deixe grelhar por 1 minuto e retire. Sirva quente.

VARIAÇÕES

▶ Para usar a macarela fresca, ainda não muito firme (pág. 61), prepare até o passo 2, enquanto os cogumelos estão no forno. Em vez de moldar o queijo nas forminhas de muffin, cubra cada cogumelo com uma colherada desse queijo quente. Se sobrar queijo, siga os passos 3 e 4 da receita da macarela. Asse os cogumelos por 2 a 3 minutos.

▶ Você pode usar outros queijos. Com Chèvre de tofu (pág. 48), por exemplo, fica uma delícia!

▶ Incremente com outros "recheios" na pizza. Experimente corações de alcachofra, pepperoncini, pimenta-jalapeña, linguiça de sementes de girassol (pág. 38) ou Bacon de tempeh (pág. 37)

▶ Use cogumelos de tamanhos diferentes. Por exemplo, 4 portobellos grandes nas "pizzas" individuais ou 20 cogumelos-de-paris para comer como aperitivo.

▶ Se estiver sem tempo, compre a mozarela vegana da sua marca preferida.

E SE EU SÓ COMESSE PEIXES?

Pratos inspiradores que vão fisgar você

Alguns decidem ser pescitarianos em lugar de ser vegetarianos ou veganos, porque não conseguem abandonar a carne de origem animal. É uma fase intermediária menos prejudicial, embora a indústria pesqueira esteja destruindo os nossos oceanos; não quero ser alarmista, mas os cavalos-marinhos estão em extinção exatamente por isso. Continue pesquisando... e experimentando algumas substituições propostas neste capítulo. Acredite que sentirá cada vez menos falta dos frutos do mar.

SANDUÍCHE DE "ATUM" DE JACA

RENDE 4 PORÇÕES

Se você adora um sanduíche de atum, acrescente esta novidade ao seu cardápio. A textura de carne desfiada e a natureza superabsorvente da jaca substituem perfeitamente o atum enlatado! (Como você já deve saber se experimentou as Fajitas de jaca assadas com molho barbecue e guacamole da pág. 117, ou o Nachos supreme de jaca e queijo da pág. 162.) Esta salada de feijão-branco amassado, maionese vegana, mostarda, picles e algas desidratadas dão aquele gostinho de praia que você tanto aprecia e conhece tão bem.

1. Coloque os gomos de jaca no escorredor e lave-os muito bem. Use dois garfos ou os dedos para desfiá-los. Reserve.

2. Em uma vasilha grande, amasse o feijão com um garfo ou amassador de batata. Acrescente os outros ingredientes da salada e misture bem. Integre a jaca desfiada.

3. Espalhe uma porção generosa dessa salada em uma fatia de pão. Adicione os complementos de sua preferência e feche o sanduíche com a outra fatia de pão. Repita com o restante dos ingredientes. A salada pode ser guardada na geladeira, em recipiente fechado, por 1 semana.

PREPARO: 15 minutos

Salada

600 g de jaca verde em gomos, lavada e escorrida

1½ xícara (265 g) de feijão-branco cozido (veja pág. 20)

1 colher (chá) de algas desidratadas

½ colher (chá) de estragão seco

¼ de xícara (55 g) de maionese vegana

2 colheres (sopa) de picles

1½ colher (sopa) de mostarda de Dijon

suco de 1 limão-siciliano

8 fatias de pão (sem glúten, se necessário)

para completar o sanduíche: alface, tomate, abacate e outros

VARIAÇÃO

▶ Para preparar um queijo quente com "atum" de jaca, acrescente cheddar de sementes de girassol (pág. 54) ou macarela (pág. 61) e grelhe o sanduíche em uma frigideira com óleo por 3 a 4 minutos de cada lado, até ficar dourado e aquecer por inteiro.

SUSHI DE COGUMELOS

RENDE 3 ROLOS

O sushi costuma ser imediatamente associado a peixes; na verdade, pode ser feito com vários ingredientes, desde que inclua arroz cozido e avinagrado. Para a nossa sorte, o arroz já é vegano, então nos resta preparar sushis com vegetais e nada mais! Nesta versão, vamos rechear os nossos rolinhos de nori com cogumelos salteados em molho de missô e tamari e fatias de abacate fresco. Substituí metade do arroz por quinoa para termos um pouco mais de proteína, mas você pode fazer como preferir.

PREPARO: **30 minutos** *(não inclui o tempo de cozimento do arroz e da quinoa)*
COZIMENTO: **10 minutos**

1 colher (chá) de azeite

1 colher (sopa) de tamari ou shoyu (molho de soja)

½ colher (chá) de missô branco

1½ xícara (90 g) de cogumelos shitake fatiados

1½ xícara (90 g) de cogumelos shimeji pretos

1½ xícara de (85 g) de cogumelos-de-paris

sal e pimenta-do-reino a gosto

1 xícara (160 g) de arroz integral cozido (veja pág. 21)

1 xícara (160 g) de quinoa cozida ou mais arroz integral cozido

1 colher (sopa) de vinagre de arroz

1 colher (chá) de mirin (veja pág. 27)

¼ de colher (chá) de sal

3 folhas retangulares de nori

½ abacate sem casca e sem caroço cortado em pedaços pequenos

1. Aqueça o azeite em uma frigideira grande, em fogo médio. Em uma tigelinha, misture com um garfo o tamari e o missô. Junte todos os cogumelos na frigideira e refogue. Acrescente a mistura de tamari e revolva bem para que todos os cogumelos fiquem recobertos. Cozinhe os cogumelos até ficarem macios e reduzirem de tamanho, durante uns 8 minutos. Acrescente sal e pimenta. Retire do fogo e deixe esfriar.

2. Em uma vasilha grande, misture o arroz, a quinoa, o vinagre, o mirin e o sal.

3. Em uma superfície plana, abra uma esteira de bambu de enrolar sushi (à venda em lojas de utensílios de cozinha) sobre um pedaço grande de filme de PVC. Estique uma folha de nori sobre a esteira, com o lado mais liso voltado para cima. O nori deve ser esticado no sentido do comprimento, da esquerda para a direita (o lado maior).

4. Encha uma cumbuca com água. Molhe os dedos para espalhar mais ou menos um terço da mistura do arroz sobre o nori, deixando livre 1 cm do lado que estiver mais distante de você. (A umidade evitará que o arroz grude nos seus dedos.) Tudo bem, se ficarem alguns espaços vazios.

5. A 5 cm da borda mais próxima de você, coloque uma fileira de abacate sobre o arroz, da esquerda para a direita. Arranje uma fileira de cogumelos sobre o abacate.

6. Umedeça o lado vazio do nori, mais distante de você, para que a alga possa aderir quando for enrolada. Usando a esteira, enrole o sushi bem apertado sobre a fileira de ingredientes, ajudando com os dedos para mantê-lo o mais compacto possível. Use a esteira para segurar o rolo com firmeza por alguns segundos; desenrole a esteira e transfira o rolo para uma tábua de corte.

7. Com uma faca bem afiada (acredite: uma faca sem corte vai arruinar tudo), corte o rolo ao meio. Agora fatie cada metade em 4 pedaços, totalizando 8 sushis. Repita com o restante dos ingredientes. Sirva em seguida.

 DICA

Seja paciente. Se você nunca enrolou um sushi, o primeiro (ou os dez primeiros) talvez não saia tão bonito. Não se desespere. Logo você pegará o jeito.

ESCALOPES DE COGUMELO AO MOLHO DE LARANJA E MISSÔ COM ARROZ NEGRO, LARANJA E ERVA-DOCE

RENDE 2 PORÇÕES

Os cogumelos pleurotus têm talo grosso, denso e esponjoso. O talo fatiado em pedaços de 2 cm lembra escalopes: a textura e o cozimento são muito semelhantes. Esses "escalopes" de cogumelo são refogados em molho de laranja e missô e servidos com laranja e funcho sobre arroz negro. Realmente, é um prato muito elegante.

1. Elimine as raízes e fatie o talo do cogumelo em "escalopes" de 2,5 cm de espessura. Limpe-os com um pano macio.

2. Derreta 1 colher (sopa) de manteiga vegana em uma frigideira grande em fogo médio. Tempere os escalopes com sal e pimenta-do-reino e transfira-os para a frigideira, o lado cortado para baixo. Frite por 1 minuto, até ficarem levemente dourados, e então vire. Frite por 1 minuto o outro lado e transfira para uma travessa.

3. Derreta a manteiga restante na mesma frigideira em fogo médio. Acrescente o vinho, o suco de laranja, o xarope de agave, o missô e o alecrim e misture bem. Adicione as fatias de laranja (reserve algumas para guarnecer) e a erva-doce e cozinhe (procure evitar que as laranjas grudem no fundo) até o molho engrossar, de 3 a 4 minutos. Acrescente os escalopes e salteie durante 1 minuto. Retire do fogo. Tempere com sal e pimenta-do-reino, se desejar.

4. Divida o arroz em dois pratos. Com uma escumadeira, distribua sobre o arroz primeiro as laranjas, depois a erva-doce e por fim os escalopes. Regue os escalopes com generosas colheradas de molho. Se você reservou algumas fatias de laranja, use para guarnecer o prato. Sirva em seguida.

PREPARO: **10 minutos** (*não inclui o tempo de preparo do arroz*)
COZIMENTO: **10 minutos**

- **4 cogumelos pleurotus com talo bem grosso; somente os talos (veja dica)**
- **2 colheres (sopa) de manteiga vegana, separadas**
- **sal e pimenta-do-reino a gosto**
- **3 colheres (sopa) de vinho branco**
- **3 colheres (sopa) de suco de laranja**
- **1 colher (sopa) de xarope de agave ou mel da abelha feliz (pág. 46)**
- **1½ colher (chá) de missô branco**
- **½ colher (chá) de folhas de alecrim seco esmagadas entre os dedos**
- **1 laranja-baía descascada e cortada em fatias redondas**
- **1 laranja-sanguínea descascada e cortada em fatias redondas**
- **1 bulbo de erva-doce pequeno cortado ao meio e em fatias finas**
- **2 xícaras (320 g) de arroz negro cozido (veja pág. 21)**

DICA

Os cogumelos plerotus também são conhecidos como cogumelos eryngii. Nesta receita, são usados apenas os talos; os chapéus podem ser aproveitados em outras receitas que levem cogumelos, como o Sushi de cogumelos (pág. 210) e a Salada de lentilha e cuscuz (pág. 126).

BOLINHOS DE ALCACHOFRA COM MOLHO TÁRTARO DE SRIRACHA

RENDE 3 A 4 PORÇÕES

Fibrosos, macios, com sabor de mar. Não, não estou falando de caranguejos, mas de corações de alcachofra! Essas três qualidades bastaram para me convencer a usar corações de alcachofra como base para esta receita inspirada nos bolinhos de caranguejo. Temperados com os clássicos sabores da baía de Chesapeake, indispensáveis nos pratos americanos de frutos do mar e maionese vegana para ligar, os ovos são dispensáveis. Os bolinhos fritos acompanhados de um delicioso molho tártaro de sriracha vão fazer você feliz por ter deixado os pobres caranguejos no fundo do oceano.

PREPARO: 10 minutos
COZIMENTO: 20 minutos

Molho tártaro de sriracha

- ½ xícara (110 g) de maionese vegana
- 1 a 2 colheres (sopa) de sriracha
- 1 colher (sopa) de água da conserva das alcachofras
- 1 colher (sopa) de suco de limão-siciliano

Bolinhos de alcachofra

- 1 xícara (53 g) de biscoito água e sal esmigalhado
- 1 vidro (425 g) de corações de alcachofra em conserva bem lavados e escorridos
- 3 a 4 cebolinhas finamente picadas, mais um pouco para guarnecer
- ¼ de xícara (35 g) de pimentão vermelho picado em cubinhos
- ¼ de xícara (35 g) de milho em conserva escorrido ou fresco descongelado
- 2 colheres (chá) do condimento Old Bay (veja dica, pág. 217)
- ½ colher (chá) de alga kelp granulada, opcional
- ½ colher (chá) de alho em pó
- ½ colher (chá) de salsinha desidratada
- ¼ de xícara (55 g) de maionese vegana
- sal e pimenta-do-reino a gosto
- óleo de canola para fritar

1. Em uma vasilha pequena, use o batedor de arame para misturar os ingredientes do molho. Deixe na geladeira até a hora de usar.

2. Leve os biscoitos ao processador de alimentos e bata até obter uma farinha grossa. Reserve.

3. Coloque os corações de alcachofra no processador de alimentos e pulse 6 ou 7 vezes, apenas para quebrá-los. Transfira para uma vasilha grande. Acrescente a cebolinha, o pimentão, o milho, a mistura de condimentos, a alga granulada, o alho em pó, a salsinha desidratada, a maionese, o sal e a pimenta e misture bem. Por fim, junte a "farinha" de biscoitos.

4. Use o equivalente a ¼ de xícara (60 ml) da mistura de alcachofra para moldar os bolinhos entre as mãos e deixe-os sobre um prato.

5. Esquente uma frigideira grande, de preferência de ferro, em fogo médio. Cubra o fundo com óleo e aqueça por 2 a 3 minutos. Forre uma travessa com papel-toalha.

6. Coloque 3 a 4 bolinhos na frigideira e frite por 3 a 4 minutos de cada lado, até ficarem corados. Deixe na travessa cobertos com mais papel-toalha para absorver o excesso de óleo. Repita a operação com toda a massa, acrescentando mais óleo, se necessário. Regue os bolinhos com molho tártaro de sriracha e salpique-os com cebolinhas.

VARIAÇÃO

▶ Se prefere não fritar, preaqueça o forno a 200 ºC, forre uma assadeira com papel-manteiga ou tapete de silicone e borrife com um pouco de azeite. Distribua os bolinhos na assadeira preparada e borrife-os com mais um pouco de azeite. Asse por 20 a 25 minutos até ficarem firmes e dourados, virando-os uma vez para assar por igual.

TACOS BAJA DELISH COM SALSA DE MANGA

RENDE 2 A 3

Chegou a hora de transformar a sua cozinha em uma barraca de tacos à beira-mar típica da Califórnia. Você sentirá a brisa fresca soprando em seus cabelos clareados pelo sol quando espalhar sobre os filés de grão-de-bico uma fresca salsa de manga. Experimente este taco leve, mas muito nutritivo, e você se sentirá assistindo a uma partida de vôlei de praia na quadra improvisada sobre as areias brancas. E, quando estiver comendo o último pedaço, pegará sua prancha e entrará no mar. Boas ondas para você!

1. Em uma tigela grande, misture os ingredientes da salsa de manga. Deixe na geladeira até a hora de usar.

2. Forre uma fôrma para pão com papel-manteiga, com sobra de papel nas laterais. Reserve.

3. Em uma vasilha menor, use o batedor de arame para misturar a farinha de grão-de-bico, a alga granulada, o condimento Old Bay, a cebola em pó, o alho em pó, a páprica, o sal, o endro e a pimenta-do-reino.

4. Ferva as 2 xícaras de água e acrescente à panela a mistura de grão-de-bico; diminua um pouco o fogo sem parar de mexer com o batedor de arame. Continue batendo por 3 a 4 minutos, até a mistura ganhar a textura de um creme espesso e grumoso. Sempre batendo, acrescente o azeite e retire do fogo. Despeje na fôrma de pão preparada e alise a superfície com uma espátula de borracha. Leve à geladeira por no mínimo 2 a 3 horas ou durante toda a noite.

5. Quando a mistura tiver endurecido, tire da geladeira. Use o papel-manteiga para erguer o bloco da fôrma e corte 6 fatias (os filés) no sentido da largura.

6. Despeje o leite vegetal em uma vasilha rasa, a araruta em outra e os farelos de pão em outra. Usando uma das mãos nos ingredientes úmidos e a outra nos secos, mergulhe o filé de grão-de-bico no leite e cubra com a araruta. Bata para retirar o excesso de araruta, mergulhe o filé no leite outra vez e cubra com os farelos de pão. Reserve em um prato e repita a operação com os outros filés.

PREPARO: 30 minutos
COZIMENTO: 20 minutos
DESCANSO: 2 a 3 horas

Salsa de manga

2 mangas sem casca e sem caroço cortadas em cubos

1 pimentão vermelho cortado em cubos

½ xícara (135 g) de cebola roxa cortada em cubos

½ xícara (15 g) de coentro fresco picado

2 colheres (sopa) de pimenta-jalapeña picada

suco de 1 limão-taiti

sal a gosto

Filés de grão-de-bico

1 xícara (110 g) de farinha de grão-de--bico

½ colher (chá) de alga kelp granulada

½ xícara (chá) de condimento Old Bay (veja dica, pág. 217)

½ colher (chá) de cebola em pó

½ colher (chá) de alho em pó

½ colher (chá) de páprica defumada

½ colher (chá) de sal

¼ de colher (chá) de endro seco

algumas pitadas de pimenta-do-reino

2 xícaras (500 ml) de água

2 colheres (chá) de azeite

1 xícara (250 ml) de leite vegetal

¾ de xícara (105 g) de araruta ou amido de milho

1 xícara (180 g) de farelos de pão de arroz integral sem glúten (veja dica)

azeite para borrifar

7. Forre um prato com papel-toalha. Aqueça uma frigideira grande, de preferência de ferro, em fogo médio por 3 a 4 minutos. Borrife generosamente com azeite (ou coloque azeite suficiente para cobrir o fundo e aqueça de 2 a 3 minutos). Distribua os filés na frigideira e frite por 3 a 4 minutos de cada lado, até ficarem dourados. Transfira para o papel-toalha.

8. Borrife novamente a mesma frigideira com azeite, coloque nela uma tortilha e frite por 30 segundos de cada lado apenas para aquecer, continuando macia. Retire da frigideira, transfira para uma travessa e cubra com um pano de prato limpo. Repita com todas as tortilhas.

9. Para rechear os tacos, espalhe algumas tiras de repolho e fatias de rabanete (se decidiu usá-lo) no meio da tortilha aquecida. Termine com um filé de grão-de-bico e a salsa de manga. Sirva com molho tártaro de sriracha, se desejar.

|||||||||||||||||||||||||
VARIAÇÃO

▶ Substitua os filés de grão-de-bico por Falso peixe (pág. 219).

Tacos

6 tortilhas de milho

1 xícara (50 g) de repolho fatiado

2 a 3 rabanetes cortados em fatias finas, opcional

molho tártaro de sriracha (pág. 214), opcional

 DICAS

- Os farelos de pão de arroz integral sem glúten são uma crosta excelente para estes filés. É fácil encontrá-los na seção dos produtos sem glúten do supermercado. Farinha de rosca também funciona, mas procure comprar a variedade mais fina.

- Para uma versão caseira do Old Bay, misture 1 colher (chá) de sal de aipo, ¼ de colher (chá) de páprica doce, ⅛ de colher (chá) de pimenta-do-reino, ⅛ de colher (chá) de pimenta-de-caiena e uma pitada de mostarda em pó, noz-moscada em pó, canela em pó, cardamomo em pó, pimenta-da-jamaica e cravo em pó.

"PEIXE" EMPANADO NA MASSA DE CERVEJA COM BATATAS AO FORNO

RENDE 4 PORÇÕES

Eu, antes de testar esta receita: "Como não gosto de nada empanado e frito, não sei se vou gostar deste prato". Eu, depois de testar esta receita: "Vou empanar tudo com esta massa! E fritar tudo! E comer tudo!" Eu disse *tudo!* Se você gosta ou não gosta de peixe frito ou de frituras em geral, não importa; tenho certeza de que vai adorar este falso peixe frito. O condimento Old Bay e as algas kelp granuladas são responsáveis pelo sabor de frutos do mar; e quando você espremer um limão sobre o falso peixe ou mergulhá-lo em vinagre de malte, vai se sentir em um pub britânico à beira-mar. Não se esqueça de gelar uma cerveja!

1. Em uma vasilha grande, use o batedor de arame para misturar a farinha de trigo, o fubá, a farinha de milho, o fermento, 1 colher (chá) de condimento Old Bay, ½ colher (chá) de sal, a cebola e o alho em pó. Acrescente aos poucos a cerveja até a mistura ficar um pouco mais rala que massa de panqueca. Se for preciso, adicione a mais um pouquinho de cerveja. Deixe a mistura na geladeira durante 1 hora.

2. Vire o bloco de tofu de lado e corte ao meio para obter duas metades de mesmo tamanho e com a mesma espessura do bloco original. Corte duas fatias em cada metade no sentido do comprimento para obter 4 tiras longas.

3. Em uma assadeira de vidro de 23 x 33 cm misture o suco de limão, o endro, a alga granulada, o restante do condimento Old Bay e a ½ colher (chá) restante de sal. Coloque as tiras de tofu na assadeira para absorver um pouco da marinada e em seguida vire-as do outro lado. Deixe na geladeira de 20 a 60 minutos ou até a mistura da cerveja ficar pronta.

4. Enquanto isso prepare as batatas: preaqueça o forno a 200 ºC com uma das grelhas na posição mais alta. Forre uma assadeira com papel-manteiga ou tapete de silicone. Espalhe as batatas cortadas sobre a assadeira e borrife generosamente com azeite. Acrescente sal e pimenta-do-reino e revolva para que todas fiquem recobertas. Asse por 30 minutos, virando-as uma vez para assar por inteiro. Retire do forno e desli-

{ RECEITA CONTINUA }

PREPARO: 15 minutos
COZIMENTO: 30 minutos
DESCANSO: 60 minutos

Falso peixe

1 xícara (130 g) de farinha de trigo

½ xícara (70 g) de fubá (entre fino e médio)

½ xícara (65 g) de farinha de milho

2 colheres (chá) de fermento químico em pó

2 colheres (chá) de condimento Old Bay, separadas (veja dica, pág. 217)

1 colher (chá) de sal, dividida

½ colher (chá) de cebola em pó

½ colher (chá) de alho em pó

2 xícaras (500 ml) de cerveja vegana, mais um pouco se necessário

2 blocos (490 g) de tofu extrafirme prensado por 30 minutos

¼ de xícara (60 ml) de suco de limão-siciliano

1 colher (chá) de endro seco

1 colher (chá) de alga kelp granulada

óleo de canola para fritar

1 xícara (140 g) de amido de milho ou araruta

Batatas assadas

3 a 4 batatas asterix grandes, cada uma delas cortada em 8 fatias verticais

azeite para borrifar

sal e pimenta-do-reino a gosto

limão cortado em quartos

vinagre de malte, opcional

molho tártaro de sriracha, opcional (pág. 214)

gue. Se as batatas ficarem prontas antes do falso peixe, cubra com um pano limpo e deixe dentro do forno desligado.

5. Forre uma travessa com papel-toalha. Aqueça uma frigideira grande em fogo médio. Cubra o fundo da frigideira com 7,5 cm de óleo de canola e deixe esquentar bem.

6. Enquanto o azeite aquece, espalhe a farinha de milho em uma travessa. Com uma das mãos, passe 2 tiras de tofu pelo fubá e sacuda com cuidado para tirar o excesso. Coloque as tiras na mistura de cerveja e com a mão limpa vire-as para recobri-las completamente. Transfira uma tira por vez para a frigideira. Frite-as duas a duas, 1 minuto de cada lado, até que estejam bem crocantes e douradas. Transfira para o papel-toalha para escorrer o excesso de óleo. Repita com o restante do tofu.

7. Sirva o falso peixe com as batatas assadas, o limão cortado (espremido sobre o falso peixe), o vinagre (se desejar) e o molho tártaro de sriracha (se decidiu usá-lo).

MEUS AMIGOS NÃO VIRÃO MAIS JANTAR EM CASA.

Receitas elegantes para os convidados pedirem bis

Optar por um estilo de vida vegano pode aborrecer os mais próximos ou por se sentirem inseguros, por não terem tido uma experiência positiva com comidas veganas, ou por não conhecerem a dieta. Apenas mostre que você e o seu bom paladar não mudaram – e a melhor maneira de demonstrar isso é convidar os amigos para um jantar elegante. A seguir, alguns pratos que certamente agradarão até os mais exigentes.

PATÊ DE CENOURA E CASTANHA DE CAJU

RENDE 1½ XÍCARA

Os aperitivos podem dar o tom de um jantar. Se não agradarem, seus convidados ficarão preocupados com o que virá pela frente. Comerão, mas vão comentar: "Ah, está explicado", quando você revelar que é vegano. Mas, se acharem bom, como é o caso deste patê, todos vão querer saber a receita. Quando você contar que é uma receita vegana, a surpresa será geral. "É meeesmo? Isto é vegano? Não acredito!" Eles vão esperar ansiosos pelo jantar, e na sobremesa admitirão que deveriam experimentar o veganismo...

1. Em um processador de alimentos, junte as castanhas de caju e a cenoura e processe durante 1 minuto. Acrescente o tamari ou shoyu, o suco de limão, o missô, o tomilho, a páprica, o sal e a pimenta; processe até obter uma massa lisa, pausando para raspar as laterais quando for necessário.

2. Leve à geladeira por 1 hora antes de servir para agregar os sabores. Sirva com os acompanhamentos preferidos.

PREPARO: 10 minutos
DESCANSO: 2 horas *(em parte enquanto as castanhas de caju ficam de molho)*

1 xícara (160 g) de castanhas de caju cruas de molho em água por no mínimo 1 hora. *Descarte a água*

1 xícara (110g) de cenoura ralada

2 colheres (sopa) de tamari ou shoyu (molho de soja)

1 colher (chá) de suco de limão--siciliano

½ colher (chá) de missô branco

½ colher (chá) de tomilho

½ colher (chá) de páprica

sal e pimenta-do-reino a gosto

pão, pão sírio, crackers ou legumes para acompanhar

Patê de
cenoura e
castanha
de caju

BRUSCHETTA GREGA COM TAPENADE DE PALMITO E FETA DE TOFU

RENDE 6 PORÇÕES

Está uma noite quente, muito agradável, e você está recebendo seus amigos para um jantar *al fresco*. Abre a geladeira, encontra um pouco de feta de tofu (pág. 56) e sabe exatamente o que vai fazer. Seus amigos conversam e se divertem enquanto você prepara uma aromática tapenade de palmito e corta umas fatias de pão. Eles elogiam a combinação do feta e da tapenade; você sorri, toma um gole de vinho e, disfarçadamente, dá os parabéns a si mesma pela ótima escolha.

1. Junte as azeitonas verdes e pretas, o palmito, a alcaparra, o suco de limão, a salsinha e o sal em um processador e bata até deixar todos os ingredientes do mesmo tamanho, não maiores do que uma lentilha. Leve à geladeira em recipiente fechado até a hora de usar. Pode ser guardado por 4 a 5 dias.

2. Adicione uma ou duas colheradas da tapenade sobre as fatias de pão e espalhe por cima o feta de tofu. Sirva em seguida.

PREPARO: **10 minutos** *(não inclui o preparo do feta de tofu)*

cerca de 20 azeitonas pretas sem caroço escorridas

cerca de 20 azeitonas verdes sem caroço escorridas

4 a 5 palmitos em conserva

3 colheres (sopa) de alcaparras

3 colheres (sopa) de suco de limão-siciliano

3 a 4 colheres (sopa) de salsinha picada

sal a gosto

⅓ da receita de feta de tofu (pág. 56)

1 baguete de fermentação natural cortada na diagonal em fatias muito finas

||||||||||||||||||||||||
VARIAÇÃO

▶ Para fazer esta receita sem glúten, sirva com pão sem glúten ou biscoitos de arroz.

TARTAR DE ABACATE E TOFU

RENDE 4 PORÇÕES

O termo tartar geralmente se refere às carnes cruas, vermelha ou de peixe, fatiadas muito fino e servidas com molho tártaro. Jamais provei essas preparações na minha fase pré-vegetariana; mais tarde testei algumas variações do tartar vegano e vi que era puro preconceito. Esta receita é inspirada em um tartar de tofu e abacate que meu marido e eu comemos em um restaurante em Barcelona. Perfeito para substituir a salada. Depois que seus convidados provarem este tartar vegano, tenho certeza de que não vão mais querer saber do original.

1. Misture o suco de limão, o suco de beterraba, o vinagre de arroz, o missô e a levedura em uma assadeira rasa.

2. Coloque o tofu no processador de alimentos e pulse algumas vezes para desmanchá-lo mas sem que vire um purê. Transfira o tofu para a assadeira com a marinada. Misture bem. Cubra e leve à geladeira por 2 a 3 horas; melhor ainda se for preparado de véspera.

3. Uns 30 minutos antes de montar o tartar, junte o abacate e o suco de limão em uma vasilha média e amasse delicadamente. A textura é semelhante à do guacamole. Acrescente sal, cubra e leve à geladeira por 30 minutos.

4. Borrife ligeiramente com azeite um aro de metal ou um cortador de biscoito de 7 cm de diâmetro.

5. Tire o tofu da geladeira e prove. Se precisar, acrescente mais sal. Transfira para uma peneira fina e com as costas de uma colher amasse e drene o máximo de líquido possível. Quando não houver mais líquido, deixe a peneira apoiada na vasilha.

6. Distribua as rodelas de pepino em círculo nos pratos de servir. O círculo deve ser suficientemente aberto para caber o tartar no centro, sem cobrir as fatias de pepino. Posicione o cortador de biscoito no centro do círculo. Encha-o com um quarto da mistura de abacate e aperte com os dedos para caber mais.

PREPARO: 30 minutos

COZIMENTO: 2 ou 3 horas ou preparar de véspera

¼ de xícara (60 ml) de suco de limão-siciliano

3 colheres (sopa) de suco de beterraba

2 colheres (sopa) de vinagre de arroz

1 colher (sopa) de missô branco

2 colheres (sopa) de levedura nutricional (veja pág. 29)

1 bloco (395 g) de tofu extrafirme

2 abacates sem caroço e sem casca

2 colheres (sopa) de suco de limão-taiti

sal a gosto

azeite para borrifar

1 pepino cortado em fatias muito finas (se possível, use cortador de legumes)

vinagre balsâmico para borrifar

gergelim preto ou branco

mix de folhas tenras ou brotos

Complete com o tofu e alise bem a superfície. Com cuidado, erga o cortador. Você terá feito uma pequena "torre" de tartar. Limpe o cortador, borrife-o com azeite e repita com o restante das misturas de abacate e tofu.

7. Finalize pingando vinagre balsâmico ao redor e sobre as rodelas de pepino. Salpique o gergelim e espalhe sobre o tartar as folhas tenras de verdura. Sirva em seguida.

CARPACCIO DE PORTOBELLO

RENDE 4 PORÇÕES

Algumas palavras soam melhor que outras. Quando pronunciadas, não importa o que signifiquem, revelam certo grau de conhecimento. Palavras como canapés, pletora ou Sacha Baron Cohen, por exemplo. Outra é carpaccio, que significa marinar, fatiar alguma coisa e arranjar sobre um prato. Antigamente, o carpaccio só podia ser feito com carne vermelha, mas os tempos mudaram. Frutas e legumes podem ser usados no lugar da carne, embora os meus preferidos sejam os cogumelos portobello. São fáceis de preparar e ficam lindos no prato.

PREPARO: 30 minutos
COZIMENTO: 8 minutos

3 colheres (sopa) de suco de limão--siciliano, separadas

3 colheres (sopa) de azeite, separadas

½ colher (sopa) de vinagre de vinho tinto

½ colher (sopa) de tamari ou shoyu (molho de soja)

½ colher (chá) de orégano seco

½ colher (chá) de manjericão seco

½ colher (chá) de fumaça líquida

4 cogumelos portobello médios e grandes sem os talos e sem as lamelas

3 colheres (sopa) de pimentão vermelho assado cortado em cubinhos

1 colher (sopa) de alcaparras

1½ xícara (40 g) de mix de folhas tenras ou brotos

pão de azeitona ou outro, para servir

1. Preaqueça o forno a 200 °C. Forre uma assadeira com papel-manteiga ou tapete de silicone.

2. Misture em uma vasilha pequena 1 colher (sopa) de suco de limão, 1 colher (sopa) de azeite, o vinagre, o tamari ou shoyu, o orégano, o manjericão e a fumaça líquida.

3. Pincele esse molho nos dois lados de cada cogumelo. Distribua os cogumelos na assadeira, o lado oco voltado para cima, e deixe descansar 10 minutos. Reserve o molho.

4. Dez minutos depois, leve a assadeira ao forno e asse por 40 minutos. Vire os cogumelos, pincele com o restante do molho e asse por mais 4 minutos. Retire do forno e deixe esfriar por cerca de 10 minutos.

5. Quando os cogumelos tiverem esfriado, use uma faca serrilhada para cortar fatias bem finas na diagonal. Se não for servir em seguida, deixe na geladeira em recipiente fechado até a hora de servir.

6. Disponha as fatias sobrepostas e enfileiradas em uma travessa ou em pratos individuais. Salpique o pimentão em cubinhos e as alcaparras sobre os cogumelos e decore com o mix de folhas. Regue com as 2 colheres (sopa) restantes do suco de limão e 2 colheres (sopa) do azeite. Sirva em seguida com pão.

GNOCCHI ALLA VODKA

RENDE 4 A 6 PORÇÕES

pág. 221

Você está planejando um jantarzinho há várias semanas. Pretende servir algo que seja "simples e elegante". Que lhe permita dizer aos amigos: "Fiz num piscar de olhos", e eles dirão que "falta pouco para você se tornar a deusa romana do veganismo – já é tão bonita quanto uma". Então você faz este nhoque rapidinho (que é muito mais fácil do que parece), servido com um molho que também é tão fácil de preparar que até dá tempo de fazer uma ótima salada, um pãozinho de alho e talvez uma escova rápida no cabelo. Agora, vista uma roupa bem bonita e vá para a cozinha!

PREPARO: 30 minutos
COZIMENTO: 30 minutos
DESCANSO: 60 minutos (*enquanto as castanhas de caju ficam de molho e as batatas cozinham*)

Nhoque

4 batatas grandes

sal a gosto

1 a 3 xícaras (130 a 390 g) de farinha de trigo integral (ou farinha especial para pão, se não estiver usando batatas portuguesas)

Molho de vodca

¾ de xícara (120 g) de castanhas de caju cruas de molho em água por 1 hora, pelo menos. *Reserve a água*

1 colher (sopa) de manteiga vegana

2 echalotas picadas

½ a ¾ de xícara (125 a 190 ml) de vodca, a gosto (veja variações)

1 lata (445 ml) de molho de tomate sem sal

½ xícara (120 g) de extrato de tomate

1 colher (sopa) pimenta vermelha em flocos, mais para temperar

sal e pimenta-do-reino a gosto

Como fazer os nhoques

1. Preaqueça o forno a 200 ºC. Espalhe as batatas na assadeira e asse por 1 hora, ou até conseguir espetar um garfo com facilidade. Retire do forno e corte-as ao meio, no sentido do comprimento.

2. Leve ao fogo uma panela grande com água para ferver. Acrescente sal.

3. Quando as batatas esfriarem um pouco (mas devem estar o mais quente possível), retire a casca e deixe em uma vasilha grande.

4. Use um espremedor de batatas; se não tiver, amasse com um garfo (até cansar o braço) ou use o processador. Acrescente sal.

5. Junte a farinha à batata amassada, ¼ de xícara por vez, e misture com as mãos após cada adição. Procure usar o mínimo de farinha para fazer uma bola de massa perfeita. Quando achar que chegou à consistência ideal, faça uma bolinha de massa e jogue-a na água fervente. Se boiar sem abrir, tudo bem; mas se ficar pegajosa, acrescente farinha às colheradas para deixar a massa mais firme. Se a bolinha desmanchar quando cair na água, umedeça mais a massa acrescentando água aos poucos.

6. Deixe a água do cozimento em fogo baixo enquanto corta os nhoques; isso leva algum tempo.

7. Abra a massa sobre uma superfície enfarinhada. Corte um pedaço e enrole um longo cordão de mais ou menos 2 cm de diâmetro. Corte o cordão ao meio, junte as duas metades e fatie "travesseirinhos" de 1 cm. Faça isso com toda a massa.

8. Use um garfo para dar forma ao nhoque e o polegar para enrolar cada "travesseirinho". Você terá sulcos de um lado e uma "cova" do outro, que é onde o molho vai se acumular. Faça isso com toda a massa.

9. Aumente o fogo da água fervente. Forre duas assadeiras com papel-manteiga.

10. Jogue 10 a 15 nhoques na água fervente. Eles dançarão um pouco na água, mas quando voltarem à superfície e aí permanecerem por alguns segundos estarão prontos. Não deixe os nhoques na água mais que alguns segundos. Use uma escumadeira para transferi-los para a assadeira forrada, sem encostar um no outro. Eles podem ser consumidos em seguida ou congelados para usar mais tarde (veja dicas).

Como fazer o molho de vodca

1. No processador de alimentos ou no liquidificador, misture as castanhas de caju e ¾ de xícara (190 ml) da água da demolha reservada; processe até obter uma mistura lisa. Reserve.

2. Derreta a manteiga vegana na frigideira, em fogo médio. Refogue as echalotas até ficarem levemente transparentes. Acrescente a vodca, o molho de tomate e o extrato de tomate. Deixe levantar fervura, diminua o fogo e cozinhe por 15 a 20 minutos, até o molho ficar reduzido em um quarto.

3. Acrescente ao molho a mistura de castanha de caju e cozinhe por 3 ou 4 minutos. Tempere com pimenta vermelha em flocos, sal e pimenta-do-reino. Adicione os nhoques frescos ou descongelados (veja dicas) para aquecer. Sirva em seguida. Se quiser, polvilhe parmesão de nozes-pecãs (pág. 50).

 DICAS

- Para congelar os nhoques, deixe esfriar e leve ao freezer dentro de uma assadeira. Uma vez congelados, transfira-os para um recipiente com tampa e deixe no freezer até a hora de usar ou por até 2 meses. Descongele dentro da geladeira 8 horas antes de usar.

- Se estiver sem tempo, compre nhoques prontos congelados. Ninguém achará ruim. Mas não deixe de ler os ingredientes, porque muitas marcas contêm ovos.

VARIAÇÕES

▶ Obtenha mais proteína acrescentando 1½ xícara de grão-de-bico cozido ou feijão-branco cozido (veja pág. 20) ao molho do nhoque.

▶ Não gosta de vodca? Substitua por vinho branco vegano; se também não gostar, experimente os nhoques grelhados com abóbora e pesto de avelã e sálvia (pág. 261).

TROUXINHAS DE MASSA FILO RECHEADAS COM SEITAN SOBRE PURÊ DE BATATAS

RENDE 6 TROUXINHAS

Você tem amigos que são mais do tipo carne-com-batatas? Eu tenho. Antes de nos tornarmos vegetarianos, e depois veganos, meu marido adorava carne com batatas. Quando eu fazia esse prato, a primeira coisa que ele dizia era: "Isto é a melhor comida que existe". Talvez ele se esquecesse de que comida não se faz sozinha, de que há um ser humano trabalhando na cozinha. O fato é que esta é a receita definitiva para servir aos amigos carne-com-batatas e mostrar a eles que ser vegano não é nenhum sacrifício.

1. Com batedor de arame, dilua a araruta em 1 xícara do caldo de legumes e depois incorpore as 2 xícaras de caldo restantes. Reserve.

2. Para o molho, aqueça o azeite em uma frigideira grande em fogo médio. Junte a cebola e o alho e salteie até a cebola ficar transparente. Acrescente a sálvia, o tomilho, a páprica, a pimenta, o tamari ou shoyu, a mostarda e a mistura do caldo de legumes. Quando levantar fervura, reduza o fogo e cozinhe por mais 15 minutos. Acrescente a levedura, o suco de limão e o sal.

3. Despeje metade do molho em uma tigela, cubra para mantê-lo aquecido e reserve. Coloque as fatias de seitan na frigideira com o restante do molho e refogue por 5 a 10 minutos para aquecer. Retire do fogo e tampe para que se mantenha aquecido.

4. Preaqueça o forno a 175 °C. Forre uma assadeira com papel-manteiga ou um tapete de silicone.

5. Abra as folhas de massa filo. Corte-as ao meio no sentido da largura, obtendo dois retângulos de 16,5 x 23 cm. Junte os retângulos e cubra com uma toalha úmida para que não ressequem. Abra um retângulo de massa filo e borrife com azeite. Coloque outro retângulo sobre o primeiro e borrife também com azeite. Repita até empilhar 4 retângulos untados. No centro da pilha formada, disponha cerca de ⅔ de xícara (120 a 130 g) da mistura de seitan. Junte os cantos e os lados abertos da massa filo e torça para formar uma trouxa. Se preferir, amarre a trouxa com um pedaço de barbante culinário. Repita com as demais folhas de filo e a mistura de seitan até completar 6 trouxinhas.

{ RECEITA CONTINUA }

PREPARO: 30 minutos *(não inclui o preparo do seitan caseiro)*
COZIMENTO: 30 minutos

Molho

- **3 colheres (sopa) de araruta ou amido de milho**
- **3 xícaras (750 ml) de caldo de legumes, separadas, mais um pouco se for preciso**
- **2 colheres (sopa) de azeite**
- **1 cebola pequena cortada em cubinhos**
- **2 dentes de alho bem picados**
- **½ colher (chá) de sálvia seca**
- **½ colher (chá) de tomilho seco**
- **¼ de colher (chá) de páprica**
- **⅛ de colher (chá) de pimenta-do-reino**
- **2 colheres (sopa) de tamari ou shoyu (molho de soja)**
- **½ colher (chá) de mostarda de Dijon**
- **2 colheres (chá) de levedura nutricional (veja pág. 29)**
- **1 colher (sopa) de suco de limão**
- **sal a gosto**

Trouxinhas

- **1 receita de seitan caseiro (pág. 40) ou pronto, cortado em fatias finas**
- **12 folhas de 33 x 46 cm de massa filo vegana**
- **azeite para borrifar**

Batatas amassadas

- **4 batatas yukon (com ou sem pele; você escolhe) cortadas ao meio, cozidas no vapor e mantidas aquecidas dentro de um recipiente com tampa**
- **1 colher (sopa) de azeite**
- **¼ de xícara de leite vegetal, ou mais se preciso**
- **1 colher (chá) de alecrim seco**
- **sal a gosto**

6. Arranje as trouxinhas na assadeira preparada e borrife com azeite. Asse por 30 minutos até a massa dourar.

7. Enquanto as trouxinhas estão no forno, amasse as batatas cozidas em uma vasilha grande. Acrescente o azeite e o leite vegetal; misture bem. Se não ficarem cremosas, junte mais leite aos poucos. Tempere com o alecrim e o sal. Cubra e mantenha aquecido até a hora de usar.

8. Enquanto as trouxinhas estão no forno, despeje na frigideira o molho reservado e leve ao fogo baixo para aquecer. Se engrossar muito, coloque mais água ou caldo aos poucos até atingir a consistência desejada. Mantenha aquecido.

9. Quando as trouxinhas estiverem assadas, retire do forno. Se usou barbante culinário para amarrá--las, retire-o. Despeje ¼ de xícara do molho restante em cada prato. Em seguida espalhe ½ xícara de batatas amassadas e por fim centralize a trouxinha de seitan. Sirva em seguida.

DICA

Se quiser preparar parte da refeição com antecedência, o molho e a mistura de seitan podem ser feitos no dia anterior e guardados na geladeira, em recipiente com tampa. Aqueça um pouco a mistura de seitan antes de fazer as trouxinhas. É melhor fazer as trouxinhas pouco antes de servir, para que não fiquem murchas.

NEM VEM! SOU ITALIANO!
(OU BRASILEIRO/ ALEMÃO/MEXICANO/ FRANCÊS!)

Pratos veganos dos quatro cantos do mundo

Uma desculpa que ouço muito se escora nos pratos de família ou no lugar onde a pessoa mora. Você está me dizendo que não se comem vegetais na Itália? Ou porque é descendente de portugueses precisa comer bacalhau? A pressão dos pares, principalmente da família, torna obrigatórios certos hábitos alimentares, mas, se você examinar bem a dieta da sua cultura, estou certa de que encontrará opções veganas e receitas que são facilmente veganizáveis. Experimente as receitas deste capítulo e use a criatividade na cozinha. Seja você de onde for, pode ser vegana.

QUESADILLAS ASSADAS DE MILHO, PIMENTA E CHÈVRE DE TOFU COM MOLHO DE ABACATE

RENDE 2 PORÇÕES

Feijão, arroz, tortilhas, salsa, guacamole – a lista de opções mexicanas veganas vai longe! É muito fácil evitar a carne nos pratos típicos do México; em geral você só tem de pedir *sin queso* (também é bom se certificar de que o feijão e o arroz não foram cozidos em gordura ou em caldo de origem animal). A minha receita preferida é a quesadilla recheada de chèvre de tofu (pág. 48), milho assado e pimentas verdes, e regada por um simples e rápido molho de abacate com castanha de caju. Tenho certeza de que vou matar a sua fome de comida mexicana.

1. Preaqueça o forno a 200 ºC
2. Junte os ingredientes do creme de abacate no processador de alimentos e bata até obter uma mistura lisa. Deixe na geladeira até a hora de usar.
3. Forre uma assadeira com papel-manteiga e espalhe o milho sobre ele. Borrife com um pouco do azeite, tempere com a páprica, o sal e a pimenta e revolva bem para recobrir. Asse por 10 minutos, virando uma vez na metade do cozimento. Retire do forno.
4. Abra uma tortilha e espalhe metade do chèvre de tofu em uma metade. Acrescente metade do milho cozido e metade da pimenta verde. Dobre a tortilha sobre os recheios e pressione para selar. Repita com o restante dos ingredientes.
5. Aqueça uma frigideira grande em fogo médio. Borrife o fundo com azeite. Coloque as quesadillas na frigideira e borrife-as com azeite . Frite de 2 a 3 minutos de cada lado até ficarem quentes e douradas. Corte cada quesadilla em quatro, finalize com uma colherada do creme de abacate e sirva em seguida.

PREPARO: 20 minutos (*não inclui o preparo do chèvre de tofu*)

TEMPO DE DE COZIMENTO: 5 minutos

DESCANSO: 60 minutos (*enquanto a castanha de caju está de molho*)

Molho de abacate

- **½ xícara (80 g) de castanhas de caju cruas de molho na água por no mínimo 1 hora.** *Reserve a água*
- **¼ de xícara (60 ml) da água da demolha reservada**
- **1 abacate pequeno sem caroço e sem casca**
- **1 dente de alho**
- **2 colheres (sopa) de suco de limão-taiti**
- **1 colher (chá) de levedura nutricional (veja pág. 29)**
- **½ colher (chá) de fumaça líquida**
- **algumas pitadas de pimenta-de-caiena**
- **sal e pimenta-do-reino a gosto**

Quesadillas

- **1 xícara (140 g) de milho em conserva escorrido ou fresco descongelado**
- **azeite para borrifar**
- **um pouco de páprica defumada**
- **sal e pimenta-do-reino a gosto**
- **2 tortilhas de farinha grandes (sem glúten, se necessário)**
- **½ porção de chèvre de tofu (pág. 48)**
- **2 a 3 colheres (sopa) de pimenta em conserva cortada em cubinhos**

PICCATA DE COUVE-FLOR

RENDE 2 A 4 PORÇÕES

Acozinha italiana é uma das mais fáceis de veganizar, porque já é rica em vegetais, frutas, feijões, grãos, massas e pães. A manteiga não é a gordura que mais se usa na Itália, mas sim o azeite. Você verá que a única coisa que terá de fazer é eliminar o queijo e substituir a carne. A piccata clássica de vitela ou de frango pode ser feita trocando a carne pela couve-flor. Corte fatias inteiras e asse-as para obter uma alternativa consistente e saborosa que absorve prontamente o molho mais ácido da picatta. Servida com orzo ou arroz, é *molto buona!*

PREPARO: 5 minutos
COZIMENTO: 35 minutos

- 2 couves-flores grandes sem as folhas
- azeite para borrifar
- sal e pimenta-do-reino a gosto
- 1 colher (sopa) de manteiga vegana
- 3 echalotas grandes finamente fatiadas
- ⅓ de xícara (80 ml) de caldo de legumes
- 2 colheres (chá) de araruta ou amido de milho
- ⅓ de xícara (80 ml) de vinho branco
- ¼ de xícara (60 ml) de suco de limão-siciliano
- ¼ de xícara (50 g) de alcaparras
- 1 colher (chá) de xarope de agave
- 6 a 8 fatias de limão com a casca, opcional

1. Preaqueça o forno a 200 °C. Forre uma assadeira com papel-manteiga ou tapete de silicone.

2. Corte a couve-flor ao meio, verticalmente. Em cada uma das metades, faça cortes paralelos ao corte original para obter fatias de 2 cm. Se a couve-flor for pequena, tire apenas uma fatia de cada metade e reserve o restante dos buquês.

3. Espalhe as fatias e o restante dos buquês na assadeira preparada. Borrife com azeite de ambos os lados. Salpique sal e pimenta-do-reino. Asse por 20 a 25 minutos, virando cada fatia uma vez, para que cozinhe por igual. Retire do forno e reserve.

4. Derreta a manteiga vegana em uma frigideira grande, em fogo médio. Refogue as echalotas até começarem a ficar transparentes. Em uma tigelinha, misture com um garfo o caldo de legumes e a araruta. Despeje essa mistura e o vinho na frigideira. Reduza o fogo e cozinhe por 5 minutos. Misture o suco de limão, as alcaparras e o xarope de agave.

5. Acrescente as fatias de couve-flor e regue-as com o molho. Aqueça por 2 ou 3 minutos. Sirva guarnecidas com as fatias de limão, se desejar.

BOLINHOS DE PRETZEL NO MOLHO DE COGUMELOS E CHUCRUTE

RENDE 4 OU 5 PORÇÕES (10 A 12 BOLINHOS)

Em um voo a bordo de uma companhia alemã, serviram-nos acidentalmente uns bolinhos de pretzel não veganos em molho cremoso de cogumelos. Ficamos sem saber o que fazer com aquela bandeja até a aeromoça vir retirá-la. Por muitos meses sonhei recriar esse prato. Esta versão vegana é *muito* mais apetitosa do que a original, feita com duas comidas veganas muito apreciadas pelos alemães: o chucrute e os pretzels macios. Os pretzels macios quase sempre são veganos (embora alguns levem manteiga ou um banho de ovos para segurar o sal ou serem adoçados com mel, por isso é bom perguntar). O resultado é um bolinho nutritivo e aromático acompanhado de um molho denso de cogumelos, enriquecido pelo chucrute.

1. Coloque os pedaços de pretzel e o leite vegetal em uma vasilha grande e misture bem para recobrir tudo. Tampe e deixe descansar por 30 minutos.

2. Passado esse tempo, use o amassador de batatas para amassar ligeiramente os pretzels. Acrescente as echalotas, os farelos de pão, a farinha, o alho em pó, a salsinha, o sal e a pimenta-do-reino.

3. Enquanto os pretzels em pedaços descansam, comece a preparar o molho. Em uma vasilha média ou uma jarra medidora, use o batedor de arame para misturar 2 xícaras de caldo de legumes com a araruta. Reserve.

4. Aqueça o azeite em uma panela ou frigideira grande, em fogo médio. Refogue a cebola e o alho apenas até a cebola começar a ficar transparente. Junte os cogumelos e cozinhe até ficarem tenros, mexendo de vez em quando. Acrescente a mistura do caldo de legumes e as 2 xícaras de caldo restantes. Junte o chucrute, a sálvia, o tomilho e a pimenta-do-reino.

5. Deixe levantar fervura e rapidamente diminua o fogo. Cozinhe por 10 minutos, mexendo de vez em quando, até engrossar um pouco e reduzir. Acrescente a levedura e acerte o sal.

PREPARO: 20 minutos
COZIMENTO: 35 minutos
DESCANSO: 30 minutos

Bolinhos

4 pretzels macios médios cortados em pedaços (veja dicas)

1¾ xícara (430 ml) de leite vegetal aquecido (veja dicas)

¼ de xícara (30 g) de echalotas picadas

6 colheres (sopa) (60 g) de farelos de pão

5 colheres (sopa) (55 g) de farinha de trigo integral

¼ de colher (chá) de alho em pó

¼ de xícara (10 g) de salsinha fresca picada

sal e pimenta-do-reino a gosto

Molho

4 xícaras (1 litro) de caldo de legumes, separadas

3 colheres (sopa) de araruta ou amido de milho

1 colher (chá) de azeite

½ cebola picada em cubinhos

1 dente de alho bem picado

225 g de cogumelos-de-paris fatiados

½ a ¾ de xícara (130 a 195 g) de chucrute (de acordo com sua preferência), opcional

1 colher (chá) de sálvia

1 colher (chá) de tomilho seco

⅛ de colher (chá) de pimenta-do-reino

2 colheres (sopa) de levedura nutricional (veja pág. 29)

sal a gosto

6. Use xícaras medidoras (⅓ de xícara para os bolinhos pequenos ou ½ xícara para os bolinhos grandes) para moldar os bolinhos e coloque-os no molho. Repita com toda a mistura dos bolinhos. Tudo bem se os bolinhos ficarem próximos uns dos outros, mas procure manter uma distância igual entre eles. Cozinhe, mas sem ferver, por 15 minutos. Vire os bolinhos e cozinhe por mais 5 minutos. Use uma escumadeira para retirar os bolinhos: sirva com o molho por cima. As sobras podem ficar na geladeira em recipiente fechado por 2 dias.

 DICAS

- Se você costuma comprar pretzels em padaria, compre 1 ou 2 dias antes de fazer os bolinhos para que eles fiquem mais secos e escolha os que não têm sal. Se não, remova o máximo possível de sal antes de cortá-los.

- Para aquecer o leite vegetal, leve ao micro-ondas por 1 minuto ou aqueça em fogo médio por alguns minutos. Tem de estar quente, mas não muito, para ser manipulado.

QUICHE DE ASPARGOS

RENDE 6 A 8 PORÇÕES

pág. 235

Carne, queijo, manteiga e ovos, todos têm papel fundamental nos pratos franceses, mas isso não quer dizer que sejam impossíveis de veganizar! Veja esta quiche, por exemplo. A clássica quiche francesa pode ser facilmente vegana: compre a massa filo vegana, encontrada nas boas mercearias, para fazer a crosta, e faça um recheio que lembra muito o de ovos, combinando tofu com farinha de grão-de-bico. É a comida perfeita para qualquer hora do dia. Sirva com uma saladinha, arremate com uma boa xícara de café e você se sentirá em Paris em plena primavera.

PREPARO: 20 minutos
COZIMENTO: 25 minutos

azeite para borrifar

1 folha de massa filo vegana descongelada de acordo com as instruções da embalagem

½ maço de aspargos (8 a 10 talos) sem a parte dura dos talos

1 colher (chá) de azeite

1 alho-poró (só a parte branca) cortado ao meio no sentido do comprimento e fatiado

2 colheres (chá) de tomilho fresco picado

½ xícara (50 g) de tomates secos fatiados (se estiverem rijos, reidrate com água até ficarem macios)

½ bloco de tofu extrafirme (mais ou menos 200 g)

1 xícara (250 ml) de leite vegetal

¾ de xícara (85 g) de farinha de grão--de-bico

¼ de xícara (20 g) de levedura nutricional (veja pág. 29)

1 colher (sopa) de suco de limão fresco

1 colher (chá) de sal negro (kala namak) ou sal comum

1 colher (chá) de alho em pó

¾ de colher (chá) de mostarda em pó

½ colher (chá) de cebola em pó

¼ de colher (chá) de cúrcuma

¼ de colher (chá) de pimenta-do--reino

1. Preaqueça o forno a 200 °C. Borrife levemente uma fôrma de torta (com fundo removível) com azeite.

2. Se a massa filo for pequena para cobrir a fôrma, estique-a mais um pouco sobre uma superfície enfarinhada. Forre a fôrma. Deixe pender 1 cm de massa em toda a borda; corte o restante.

3. Corte os aspargos ao meio e separe as metades superiores (com as pontas). Pique as metades inferiores em segmentos de 2,5 cm.

4. Aqueça o azeite em uma frigideira grande. Acrescente o alho--poró e refogue por 2 minutos. Junte os aspargos e o tomilho e cozinhe até ficarem macios, por 5 minutos. Acrescente os tomates secos e retire do fogo. Transfira para uma vasilha grande.

5. Suavemente, pressione o tofu para eliminar o excesso de água. Coloque-o em um processador de alimentos, juntamente com o leite vegetal, a farinha de grão-de-bico, a levedura, o suco de limão, o sal, o alho em pó, a mostarda em pó, a cebola em pó, o cúrcuma e a pimenta. Processe até obter uma massa lisa. Despeje essa mistura na vasilha dos aspargos cozidos e misture bem. Transfira para a massa filo preparada. Use uma espátula de borracha para espalhar. Distribua as metades superiores dos aspargos sobre o recheio. Com a espátula de borracha aperte com delicadeza para que continuem visíveis, mas não boiando sobre a quiche.

6. Asse por 25 a 30 minutos, até a quiche ficar dourada por cima e um palito de dente inserido no centro sair quase limpo. Retire do forno e deixe esfriar na fôrma por 10 minutos. Retire a quiche da fôrma e fatie, ou fatie e sirva na própria fôrma. As sobras podem ser envolvidas em filme de PVC e guardadas na geladeira por 2 a 3 dias.

‖‖‖‖‖‖‖‖‖‖‖‖‖‖‖‖‖‖

VARIAÇÃO

▶ Não é época de aspargos? Não gosta desse legume? Use os legumes frescos que estiverem mais à mão. Cogumelos fatiados, brócolis, pimentões vermelhos picados e verduras como espinafre ou acelga também vão muito bem em quiches.

PÃEZINHOS CASEIROS COM LINGUIÇA E MOLHO

RENDE 4 PORÇÕES

SO

Minha família tem raízes em Ohio e na Virgínia, e meu avô era um homem do campo. Sempre que nos reuníamos para o café da manhã, ele pedia "pãozinho com molho" – o máximo em termos de comida do campo. Eu o via deliciar-se com aqueles pãezinhos macios, o molho branco cremoso escorrendo por todo lado e os pedaços de linguiça espalhados pelo prato. Lembro-me dele toda vez que faço esta versão vegana. Pãezinhos amanteigados, recheados com linguiça de sementes de girassol (pág. 38), regados por um molho muito, muito denso e aveludado. Tenho certeza de que este prato deixaria meu avô orgulhoso.

1. Preaqueça o forno a 230 °C. Forre uma assadeira com papel-manteiga ou tapete de silicone. Misture o leite vegetal, o creme de leite e o vinagre em uma pequena vasilha; leve à geladeira.

2. Em uma vasilha grande, misture a farinha, o fermento em pó, o bicarbonato de sódio e o sal. Acrescente a manteiga vegana bem gelada e use um cortador de massa ou uma faca para picar a manteiga rapidamente dentro da farinha e obter a consistência de farelos de pão, manuseando-a, se necessário.

3. Acrescente a mistura do leite e combine tudo muito bem. Transfira para uma superfície enfarinhada e amasse com os nós dos dedos por alguns minutos para obter uma massa flexível. Com as mãos, achate a massa em um retângulo espesso (2,5 cm). Dobre ao meio no sentido do comprimento, e novamente, formando um quadrado. Repita essa operação duas ou três vezes. Amasse e estique a massa em um círculo de 2 cm de espessura.

4. Com um cortador de biscoito ou a boca de um copo corte os pãezinhos. Arranje-os em uma assadeira. Junte as sobras de massa, enrole-a, achate-a e corte mais alguns pãezinhos. Repita até que não sobre mais massa. Coloque a assadeira em local fresco.

5. Para fazer o molho, aqueça o azeite em uma panela grande e baixa. Refogue o alho e a cebola e salteie até a cebola começar a ficar transparente. Acrescente a farinha e cozinhe por 2 minutos, mexendo constantemente, para dourar a farinha.

PREPARO: **35 minutos** *(não inclui o tempo de preparo da linguiça de semente de girassol)*
COZIMENTO: **25 minutos**

Pãezinhos

¾ de xícara (180 ml) de leite vegetal

¼ de xícara (60 ml) de creme de leite vegetal (ou aumente a medida do leite vegetal para 1 xícara/250 ml)

1 colher (sopa) de vinagre de maçã

2 xícaras (260 g) de farinha de trigo

1 colher (sopa) de fermento químico em pó

1 colher (chá) de bicarbonato de sódio

1 colher (chá) de sal

⅓ de xícara (70 g) de manteiga vegana, gelada (veja dica)

Molho

2 colheres (sopa) de azeite

2 dentes de alho bem picados

½ xícara (135 g) de cebola picada em cubinhos

¼ de xícara (30 g) de farinha de trigo

3 xícaras (750 ml) de leite vegetal, e mais se necessário

½ colher (chá) de sálvia seca

½ colher (chá) de tomilho seco

⅛ de colher (chá) de pimenta-do-reino

algumas pitadas de noz-moscada

1 colher (sopa) de levedura nutricional, opcional (veja pág. 29)

sal a gosto

1 colher (sopa) de leite vegetal

1 colher (sopa) de manteiga vegana derretida

1 receita de linguiça de sementes de girassol (pág. 38) cozida e esfarelada

{ RECEITA CONTINUA }

6. Aos poucos, adicione as 3 xícaras de leite vegetal, mexendo com o batedor de arame, até levantar fervura. Reduza bem o fogo e acrescente a sálvia, o tomilho, a pimenta e a noz-moscada. Cozinhe, sem parar de mexer, por 15 minutos ou até o leite engrossar e ficar reduzido em um terço. Junte a levedura, prove e acrescente o sal. Mantenha em fogo bem baixo até a hora de servir. Se o molho engrossar demais, dilua com um pouco mais de leite.

7. Para finalizar os pãezinhos, faça com o polegar uma pequena depressão sobre cada um. Em uma tigelinha, misture 1 colher (sopa) de leite vegetal com a manteiga vegana derretida e pincele cada pãozinho. Asse por 12 a 15 minutos, até dourar.

8. Sirva quente, com linguiça de sementes de girassol e o molho.

Leve ⅓ de xícara de manteiga vegana ao freezer por 10 minutos antes de usar. A manteiga bem gelada é o segredo para o sucesso destes pãezinhos.

VARIAÇÃO

▶ Leve ⅓ de xícara (80 ml) de azeite ao freezer. Quando estiver quase congelado, retire e use no lugar da manteiga para obter um sabor um pouco mais acentuado.

EU ODEIO

[COMPLETE COM O VEGETAL MAIS ABOMINÁVEL QUE VIER À SUA CABEÇA].

Receitas para conquistar até os mais teimosos

A maioria de nós ainda tem pelo menos um legume ou verdura que empurramos para a borda do prato, que queremos esconder sob os outros alimentos ou dar para o cachorro quando ninguém está olhando. Se você já disse alguma vez: "Mãããe, eu detesto ervilha!" ou "Couve-flor é nojenta!", talvez pense que não nasceu para ser vegano. A verdade é que – sem querer ofender – sua mãe ainda não cozinhou da maneira certa. Dê uma olhada neste livro e nada ficará entre você e a sua vontade de experimentar.

SANDUÍCHE DE ALMÔNDEGAS DE BERINJELA COM MOLHO MARINARA APIMENTADO

RENDE 2 A 4 PORÇÕES

Quem não gosta de almôndegas? Todo mundo gosta. A "carne" destas almôndegas é a berinjela assada com amaranto, um antigo grão mexicano que fica pegajoso quando cozido (e por isso dá uma boa liga). A berinjela assada perde aquela textura molenga que costuma assustar qualquer um que se aproxime. Esta almôndega é deliciosa, mas fica ainda melhor com molho marinara apimentado, que é muito fácil de fazer. É tão bom que até quem não gosta sequer nota a presença da berinjela.

1. Preaqueça o forno a 200 ºC. Forre uma assadeira com papel-manteiga ou tapete de silicone. Espalhe os cubinhos de berinjela na assadeira. Borrife com azeite e regue com tamari ou shoyu. Salpique sal e pimenta e misture bem, para que todos os pedaços de berinjela fiquem recobertos. Asse por 20 minutos, virando uma vez no meio do cozimento. Quando todos os pedaços estiverem tenros e caramelizados, retire do forno e deixe esfriar por 5 minutos.

2. Enquanto isso, coloque o amaranto e o caldo de legumes em uma panela pequena com tampa. Deixe levantar fervura, reduza o fogo e afaste um pouco a tampa. Cozinhe até o líquido desaparecer, por 10 a 15 minutos. Solte os grãos com um garfo e reserve.

3. Enquanto a berinjela está no forno, aqueça o azeite em uma frigideira pequena por 1 minuto. Acrescente a cebola e o alho e frite até a cebola ficar transparente. Tire do fogo.

4. Em um processador, coloque a berinjela, a cebola, o alho, a levedura, o manjericão, o orégano e a fumaça líquida. Pulse apenas algumas vezes para despedaçar e amolecer, mas ainda ficar grumoso.

5. Junte à mistura de berinjela a farinha de grão-de-bico e o amaranto cozido e misture bem. Use uma colher de sopa ou uma concha de sorvete para transferir uma ou duas porções dessa mistura para a sua mão. Molde a almôndega e coloque na mesma assadeira forrada com papel-manteiga que usou para os pedaços de berinjela. Repita até a mistura terminar.

6. Asse por 25 a 30 minutos, até as almôndegas ficarem firmes e ligeiramente coradas.

PREPARO: 25 minutos
COZIMENTO: 30 minutos

Almôndegas

3 xícaras (300 g) de berinjela picada

azeite para borrifar

2 colheres (sopa) de tamari ou shoyu (molho de soja)

sal e pimenta-do-reino a gosto

¼ de xícara (190 g) de amaranto

¾ de xícara (180 ml) de caldo de legumes

1 colher (chá) de azeite

½ cebola picada em cubinhos

1 dente de alho bem picado

1 colher (sopa) de levedura nutricional (veja pág. 29)

2 colheres (chá) de manjericão seco

1 colher (chá) de orégano seco

1 colher (chá) de fumaça líquida

¼ de xícara (28 g) de farinha de grão-de-bico

2 minibaguetes ou 1 baguete longa fatiada em 2 ou 4 partes

Molho marinara apimentado

1 lata (425 g) de tomate pelado cortado em cubinhos, com o líquido

¼ de xícara (60 ml) de caldo de legumes

1 colher (sopa) de extrato de tomate

1 colher (chá) de sriracha

1 colher (chá) de manjericão seco

sal e pimenta-do-reino a gosto

7. Enquanto estão assando, prepare o molho marinara: em uma panela de tamanho médio, misture o tomate, o caldo, o extrato de tomate, o sriracha e o manjericão. Deixe ferver, reduza o fogo e cozinhe por mais 10 ou 15 minutos. Use um mixer para bater o molho por alguns minutos e desmanchar os pedaços de tomate. Se preferir, transfira o molho com muito cuidado para o liquidificador e bata até obter uma mistura espessa e grumosa. Acerte o sal e a pimenta.

8. Corte uma baguete no sentido do comprimento, mas não separe as metades. Espalhe algumas colheradas do molho marinara na metade inferior do sanduíche. Acrescente 3 ou 4 almôndegas e regue com algumas colheradas de molho. Deixe escorrer à vontade. Sirva em seguida.

IIIIIIIIIIIIIIIIIIIIIIIIIIIII

VARIAÇÃO

▶ Incremente este sanduíche derretendo macarela (pág. 61) sobre as almôndegas. Depois de montar o sanduíche e cobrir as almôndegas com o molho, acrescente 2 ou 3 fatias de queijo e leve o sanduíche ao forno, com o pão aberto. Faça uma tenda de papel-alumínio sobre o sanduíche para não grudar. Asse por alguns minutos, até o queijo começar a derreter. Sirva em seguida.

SMOOTHIE RED VELVET DE BETERRABA COM GLACÊ DE CASTANHA DE CAJU

RENDE 1 SUCO GRANDE OU 2 PEQUENOS

Tive de aprender a gostar de beterraba quando era criança. Minha mãe me dizia que era muito, muito gostoso e que ela comeria tudo sozinha se eu não me decidisse. Então eu, como toda garota de 5 anos de idade que se preze, agarrava o garfo e comia todas as beterrabas que havia no prato. Sei que nem todo mundo é tão competitivo a ponto de enfrentar essas raízes vermelhas tão cedo; se você é assim, saiba que elas ficam mais palatáveis se disfarçadas em algo mais doce. Gosto muito de usar beterrabas cozidas nos cupcakes red velvet, e beterrabas cruas em cremosos smoothies. Não, não: não estou tentando te convencer a comer beterrabas... É que se você não beber um pouco deste smoothie, vou dar cabo de tudo sozinha...!

Glacê de castanha de caju

- ¼ de xícara (40 g) de castanhas de caju, de molho em água por no mínimo 1 hora. *Reserve a água*
- 1 colher (chá) de açúcar vegano ou substituto (veja dicas)

Suco

- ¾ de xícara (115 g) de beterrabas cruas, picadas ou raladas (veja dicas)
- 4 a 6 morangos
- 1 banana gelada, sem a casca
- 1 xícara (250 ml) de leite vegetal gelado
- 2 tâmaras sem caroço
- 3 colheres (sopa) de cacau em pó
- 1 colher (sopa) de farinha de linhaça
- 1 colher (sopa) de xarope de agave

1. Em um processador de alimentos, coloque as castanhas de caju, ¼ de xícara (60 ml) da água da demolha reservada e o açúcar. Bata até obter um creme liso. Leve à geladeira até a hora de usar.
2. No liquidificador, junte os ingredientes do suco e bata até a mistura ficar homogênea, pausando para raspar as paredes quando necessário. Finalize com o glacê e sirva em seguida.

VARIAÇÃO

▶ Se você quiser, experimente usar chantili de coco (pág. 288) no lugar do glacê de castanha de caju.

 DICAS

- Estévia é um açúcar vegetal, com zero caloria e nenhuma alteração notável no sabor (diferentemente de algumas marcas de adoçantes artificiais). Fica muito bom no café e no chá.
- Se o seu liquidificador não é tão potente, cozinhe as beterrabas no vapor por 5 minutos (mas não completamente) e deixe esfriar antes de usar. Prove antes de servir. Talvez você tenha de usar mais xarope de agave para compensar a perda do açúcar durante o cozimento.

GUACAMOLE DE ERVILHAS COM CHIPS

RENDE 4 PORÇÕES

O guacamole é o príncipe das pastas (o homus é o rei). Embora a gordura do abacate seja benéfica à saúde, entendo que às vezes você prefira algo mais leve. É aí que entram as ervilhas. As ervilhas amassadas dentro do guacamole é a melhor maneira de introduzir este legumezinho altamente proteico na vida de quem não o aprecia. Este guacamole é tão absurdamente saboroso que eu não me surpreenderia se começasse a ser chamado de o grão-duque das pastas.

PREPARO: 10 minutos
COZIMENTO: 10 minutos

Chips

6 tortilhas de milho

azeite para borrifar

sal a gosto

Guacamole

1½ xícara (210 g) de ervilhas frescas descongeladas, mais algumas para decorar

½ xícara (100 g) de abacate amassado (mais ou menos ½ abacate pequeno)

2 colheres (sopa) de suco de limão-siciliano

2 colheres (sopa) de coentro fresco picado

½ colher (chá) de cominho em pó

½ colher (chá) de alho em pó

½ colher (chá) de cebola em pó

¼ colher (chá) de páprica

⅛ de colher (chá) de pimenta-de-caiena, ou a gosto

sal e pimenta-do-reino a gosto

1. Preaqueça o forno a 175 °C. Forre duas assadeiras com papel-manteiga ou tapetes de silicone.

2. Borrife generosamente os dois lados de uma tortilha com azeite. Coloque-a sobre uma tábua de corte. Borrife outra tortilha e coloque-a sobre a primeira. Repita com o restante das tortilhas até obter uma boa pilha. Corte as tortilhas em 6 triângulos para obter um total de 36 chips. Espalhe os chips nas assadeiras (sem sobrepor) e salpique-os com um pouco de sal. Asse por 8 a 10 minutos até as bordas ficarem douradas e enroladas. Retire do forno. Deixe esfriar (e continuar a dourar) completamente na assadeira.

3. Em um processador de alimentos, misture as ervilhas, o abacate, o suco de limão, o coentro, o cominho, o alho em pó, a cebola em pó, a páprica e a pimenta-de-caiena. Bata até obter um creme grosso e granuloso, parecido com o guacamole. Acrescente sal e pimenta-do-reino e guarneça com as ervilhas reservadas.

4. Sirva com os chips.

COUVE-FLOR AGRIDOCE

RENDE 3 A 4 PORÇÕES

Na minha opinião, a couve-flor é *o* legume. Não há nada que não se possa fazer com ela. Mesmo assim, muita gente ainda não sabe que a couve-flor assada ganha um sabor totalmente novo, mais forte e mais acastanhado, e uma textura mais rígida. E se transforma em uma esponja perfeita que absorve todo tipo de molho. Se você ainda não caiu de amores pelo Molho barbecue (pág. 43), o molho condimentado (pág. 204) ou o molho piccata (pág. 239), aqui está o agridoce para engrossar a fileira dos molhos que transformam a couve-flor em um alimento incrível. Depois de assar a couve-flor, misturar com pedaços de abacaxi (obrigatório em qualquer coisa agridoce, certo?) e regar com este molho forte e adocicado, você também vai se convencer.

1. Preaqueça o forno a 230 °C. Forre uma assadeira com papel-manteiga. Espalhe a couve-flor sobre a assadeira. Borrife levemente com azeite e salpique o alho em pó, o cominho, a páprica, o sal e a pimenta. Misture para recobrir tudo.

2. Asse por 20 minutos, virando no meio do cozimento para que tudo asse por igual. Retire do forno.

3. Enquanto a couve-flor assa, misture ao suco de limão a ½ xícara de abacaxi, a água, o vinagre, o açúcar de coco, o tomate seco, o tamari, o sriracha e o gengibre. Bata até obter uma pasta lisa.

4. Transfira-a para uma frigideira, deixe levantar fervura e imediatamente reduza o fogo. Junte o amido de milho diluído e mexa bem. Acrescente a xícara restante do abacaxi, o pimentão e o sal; continue a cozinhar por 5 minutos, mexendo de vez em quando para evitar que grude. Adicione a couve-flor e misture bem para recobrir todos os pedaços. Sirva em seguida com arroz e salpique por cima as sementes de gergelim, se desejar.

PREPARO: 10 minutos
COZIMENTO: 20 minutos

Couve-flor

1 couve-flor grande separada em buquês

azeite para borrifar

várias pitadas de alho em pó

várias pitadas de cominho

várias pitadas de páprica defumada

sal e pimenta-do-reino a gosto

Molho agridoce

suco de 1 limão-siciliano

½ xícara (80 g) de abacaxi picado em pedaços pequenos + 1 xícara (160 g) cortado em cubinhos, separadas

½ xícara (125 ml) de água

⅓ de xícara (80 ml) de vinagre de arroz

¼ de xícara (40 g) de açúcar de coco

3 colheres (sopa) de tomates secos fatiados (se estiverem rijos, hidrate em água até amolecerem)

1 colher (sopa) de tamari ou shoyu (molho de soja)

½ colher (sopa) de sriracha

½ colher (chá) de gengibre ralado

1 colher (sopa) de amido de milho completamente dissolvido em ¼ de xícara de água

½ pimentão vermelho picado

sal a gosto

arroz, quinoa ou qualquer outro cereal cozido (veja pág. 21)

sementes de gergelim, opcionais

TIGELA DE BRÓCOLIS COM HOMUS DE ALHO ASSADO

RENDE 2 A 4 PORÇÕES

Os brócolis foram a verdura que mais demorei a apreciar. Após tantos anos evitando-a, quis dar a essa hortaliça uma segunda chance ao me tornar vegana. Tentei prepará-la de várias maneiras e minhas experiências me levaram a três conclusões: 1) brócolis ficam melhores assados; 2) ficam ótimos quando envolvidos em um molho denso; e 3) combinam muito bem com cereais. Esta receita reúne as três conclusões: brócolis assados servidos em uma tigela com quinoa, cobertos com um delicioso homus de alho assado. Se até eu gosto de brócolis preparados dessa maneira, você não terá problemas.

1. Preaqueça o forno a 220 ºC. Forre uma assadeira com papel-manteiga ou tapete de silicone.

2. Em um processador de alimentos, junte o alho assado, o grão-de-bico, o tahine e o suco de limão. Bata até obter uma mistura lisa. Regue com o caldo de legumes até o molho engrossar, mas ainda escorrer da colher. Acrescente o sal e a pimenta. Reserve.

3. Espalhe os brócolis e as echalotas na assadeira preparada. Borrife generosamente com azeite. Salpique o alecrim, o tomilho, a salsinha, o sal e a pimenta; misture bem. Asse por 20 minutos ou até os brócolis estarem tenros e caramelizados, virando uma vez na metade do cozimento.

4. Divida a quinoa em duas ou três tigelas. Acrescente as verduras assadas por cima e finalize com o homus. Sirva em seguida.

PREPARO: **20 minutos** *(não inclui o tempo pra assar o alho)*
COZIMENTO: **20 minutos**

Homus de alho assado

1 cabeça de alho assado (pág. 19) sem casca

1½ xícara (255 g) de grão-de-bico cozido (veja pág. 20) ou 1 lata (425 g) de grão-de-bico escorrido

2 colheres (sopa) de tahine

2 colheres (sopa) de suco de limão-siciliano

½ xícara de caldo de legumes (talvez não seja preciso usar tudo)

sal e pimenta-do-reino a gosto

Para a tigela

1 maço grande de brócolis separado em buquês e com os talos fatiados

4 echalotas grandes cortadas em quatro

azeite para borrifar

1 colher (chá) de alecrim seco

1 colher (chá) de tomilho seco

1 colher (chá) de salsinha seca

sal e pimenta-do-reino a gosto

3 xícaras (480 g) de quinoa vermelha ou branca cozida (veja pág. 21)

COUVE-DE-BRUXELAS EM VINAGRE BALSÂMICO E MAPLE SYRUP COM BATATA-DOCE

RENDE 4 A 6 PORÇÕES

pág. 247

Não existe quem mais odeie couve-de-bruxelas do que meu marido. Dito isso, ele costuma repetir não duas, mas até três vezes esta receita. A couve-de-bruxelas assada é o segredo para converter os descrentes, e envolvê-las em um molho balsâmico, doce, ácido e delicioso é o segredo para fazê-los repetir.

PREPARO: 20 minutos
COZIMENTO: 40 minutos

azeite para borrifar

5 colheres (sopa) + ¼ de xícara (60 ml) de vinagre balsâmico, separadas

3 colheres (sopa) de maple syrup (xarope de bordo)

2 colheres (sopa) de azeite

1 colher (sopa) de tamari ou shoyu (molho de soja)

¼ de xícara (20 g) de levedura nutricional (veja pág. 29)

18 a 20 couves-de-bruxelas

2 batatas-doces descascadas e picadas em pedaços de 2,5 cm

⅓ de xícara (45 g) de cranberries desidratados

⅓ de xícara (130 g) de pistaches picados, opcional

1. Preaqueça o forno a 200 °C. Borrife levemente uma assadeira de 23 x 33 cm com azeite e reserve. Misture 5 colheres (sopa) de vinagre, o maple syrup, o azeite, o tamari ou shoyu e a levedura em uma tigela grande. Reserve.

2. Extraia qualquer sujeira das couves-de-bruxelas, as folhas amareladas e danificadas e lave bem. Retire os cabos e corte as couves ao meio, no sentido do comprimento. Coloque as couves e a batata-doce na tigela do molho. Misture para envolver todos os pedaços.

3. Despeje o conteúdo da tigela na assadeira preparada. Cubra com papel-alumínio. Asse por 20 minutos. Tire o alumínio, revolva bem para misturá-lo ao molho e asse, sem cobrir, por mais 20 minutos.

4. Enquanto isso, faça a cobertura fervendo ¼ de xícara restante do vinagre em fogo médio (nunca alto) em uma panela pequena. Quando começar a borbulhar, reduza o fogo e cozinhe por 3 a 4 minutos. Retire do fogo e deixe esfriar.

5. Quando os legumes estiverem tenros e caramelizados, acrescente os cranberries e os pistaches (se decidiu usá-los); misture bem. Sirva em seguida.

NÃO QUERO FICAR DE FORA DAS REUNIÕES FAMILIARES.

Receitas fartas para um batalhão

Ser a única pessoa vegana à mesa ou em reuniões familiares provoca pânico até nos mais convictos dos herbívoros. Será que vou ter o que comer? O tio Ed não vai jogar uma coxa de peru no meu prato só "de brincadeira"? Transforme os seus temores em determinação e mostre aos amigos e à família como é boa a comida vegana. Seja positivo, feliz, o porta-voz da boa alimentação. Quem sabe da próxima vez você não será o único vegano da festa!

NHOQUES GRELHADOS COM ABÓBORA E PESTO DE AVELÃS E SÁLVIA

RENDE 4 A 6 PORÇÕES (DOBRE A RECEITA PARA MAIS PESSOAS)

As abóboras me lembram Halloween, e, quando chega outubro, eu quero todas elas: abóbora-gigante, abóbora-menina, moranga, abóbora-japonesa (cabochan) e muitas outras. Quero vê-las por toda parte. Esta receita é a minha combinação preferida: abóbora-menina com nhoques grelhados e um pesto delicioso feito com avelãs e folhas de sálvia frescas. Não leva muito tempo para preparar e é ideal para uma refeição entre amigos depois de passar a tarde batendo papo.

1. Junte as avelãs e o alho em um processador de alimentos e pulse para quebrar. Acrescente a levedura, o suco de limão, o manjericão e a sálvia; bata até obter uma pasta. Adicione o azeite e o caldo e processe. Acrescente o sal e a pimenta e leve à geladeira até a hora de usar.

2. Preaqueça o forno a 200 ºC. Forre uma assadeira com papel-manteiga ou tapete de silicone. Espalhe a abóbora sobre a assadeira, borrife azeite e salpique com o tomilho, a canela, a noz-moscada, o sal e a pimenta. Asse por 20 minutos, revolvendo uma vez para assar tudo por igual. Quando a abóbora estiver tenra, retire do forno.

3. Aqueça 2 colheres (sopa) de azeite na frigideira. Acrescente os nhoques e grelhe, virando de vez em quando para dourarem por igual. Retire do fogo. Acrescente a abóbora cozida e o pesto, e misture delicadamente para envolver tudo (cuidado para não desmanchar os nhoques e a abóbora). Finalize com o parmesão de nozes-pecãs e sirva quente.

PREPARO: **10 minutos** *(não inclui o preparo do nhoque, se feito desde o início)*
COZIMENTO: **20 minutos**

Pesto

⅓ de xícara (55 g) de avelãs

2 ou 3 dentes de alho

2 colheres (sopa) de levedura nutricional (veja pág. 29)

1 colher (sopa) de suco de limão-siciliano

2 xícaras (60 g) de manjericão fresco

½ xícara (15 g) de sálvia fresca

2 colheres (sopa) de azeite

2 colheres (sopa) de caldo de legumes

sal e pimenta-do-reino a gosto

Nhoques e abóbora

4 xícaras (500 g) de abóbora-menina cortada em cubos

azeite para borrifar

1 colher (chá) de tomilho seco

½ colher (chá) de canela em pó

¼ de colher (chá) de noz-moscada ralada

sal e pimenta-do-reino a gosto

2 colheres (sopa) de azeite

1 receita de nhoque (pág. 230) ou 1 pacote (445 g) comprado pronto (veja dica)

parmesão de nozes-pecãs (pág. 50) para polvilhar

DICA

Se comprar nhoques prontos, leia com atenção a lista de ingredientes. Alguns contêm ovos ou mesmo leite de vaca. Se usar nhoques feitos em casa, deixe ferver antes de juntar ao molho; eles estão apenas quentes, e não cozidos, no passo 3.

CAÇAROLA DE FEIJÃO ASSADO EM MAPLE SYRUP E PÃO DE MILHO

RENDE 12 A 14 PORÇÕES

PREPARO: 30 minutos
COZIMENTO: 25 minutos

Vamos direto ao assunto: adoro caçarolas. Pertenço a uma família que amava caçarolas e, na minha época pré-vegana, uma travessa retangular com qualquer coisa cozida dentro, coberta com purê de batata, flocos de milho ou farelos de pão, era a materialização do aconchego familiar. Se você é como eu, fique tranquilo: as caçarolas veganas são muito melhores. Veja esta caçarola de feijão defumado, molho barbecue e maple syrup, tudo sob uma camada de pão de milho. Agora, imagine-se sentado a uma mesa com pessoas que você adora, as vozes e as risadas dançando em seus ouvidos e a caçarola esperando para ser servida. É a própria materialização da palavra "aconchego".

1. Preaqueça o forno a 200 °C. Borrife uma assadeira de 23 x 33 cm com azeite.

2. Aqueça o azeite em uma panela de tamanho médio. Acrescente a cebola e o alho e refogue até a cebola começar a ficar transparente. Junte o feijão, o tomate, o molho barbecue, o maple syrup, o extrato de tomate, o vinagre, a mostarda, o tamari ou shoyu , o sriracha, a fumaça líquida, o cominho, a canela e a noz-moscada. Quando levantar fervura, reduza o fogo e deixe cozinhar por 15 minutos, mexendo de vez em quando. Adicione a levedura (se decidiu usá-la), o sal e a pimenta. Retire do fogo.

3. Enquanto o feijão cozinha, prepare a massa do pão de milho. Em uma tigela, misture o leite vegetal com o vinagre e, em outra, misture a farinha de linhaça com água quente. Deixe ambas as misturas descansarem por no mínimo 5 minutos.

4. Em uma tigela grande, use um batedor de arame para misturar a farinha de milho, a farinha de trigo, o fermento, o bicarbonato de sódio, o sal, a páprica, a noz-moscada e a pimenta-de-caiena. Junte as misturas do leite e da farinha de linhaça, a manteiga vegana derretida e o maple syrup. Misture tudo muito bem.

Feijão assado em maple syrup

1 colher (chá) de azeite
1 cebola pequena picada em cubinhos
2 dentes de alho bem picados
1 lata (425 g) de feijão-branco cozido e escorrido
1 lata (425 g) de tomates picados sem sal, com o líquido
⅔ de xícara (160 ml) de molho barbecue (pág. 43) ou comprado pronto
⅓ de xícara (80 ml) de maple syrup (xarope de bordo)
2 colheres (sopa) de extrato de tomate
1½ colher (sopa) de vinagre de maçã
1½ colher (sopa) de mostarda de Dijon
1 colher (sopa) de tamari ou shoyu (molho de soja)
1 colher (chá) de sriracha
½ colher (chá) de fumaça líquida
½ colher (chá) de cominho em pó
½ colher (chá) de canela em pó
algumas pitadas de noz-moscada
1½ colher (sopa) de levedura nutricional (veja pág. 29), opcional
sal e pimenta-do-reino a gosto

Pão de milho

1½ xícara (375 ml) de leite vegetal
1 colher (sopa) de vinagre de maçã
1 colher (sopa) de farinha de linhaça dourada
2 colheres (sopa) de água quente
2 xícaras (280 g) de farinha de milho (fina ou grossa)

5. Despeje o feijão na assadeira preparada. Com uma espátula de borracha, espalhe sobre ele a massa do pão de milho. Asse por 25 minutos, ou até um palito inserido no centro da travessa sair limpo. Retire do forno e sirva quente. Cubra o que sobrar e guarde na geladeira por 3 ou 4 dias.

1 xícara (130 g) de farinha de trigo integral para pães

1 colher (sopa) de fermento químico em pó

½ colher (chá) de bicarbonato de sódio

½ colher (chá) de sal

¼ de colher (chá) de páprica defumada

¼ de colher (chá) de noz-moscada ralada

¼ de colher (chá) de pimenta-de-caiena em pó, opcional

⅓ de xícara (70 g) de manteiga vegana derretida

2 colheres (sopa) de maple syrup (xarope de bordo)

ASSADO DE SEITAN E COGUMELOS COM RECHEIO DE ARROZ SELVAGEM

RENDE 8 A 10 PORÇÕES

pág. 259

Por ser vegana, às vezes me preocupa não poder participar das reuniões familiares, embora saiba que o mais importante é estar ao lado das pessoas queridas. Além disso, sempre há uma tia que faz aquela torta, a avó que faz aquele molho pela primeira vez. Você também pode criar uma nova tradição levando este suculento assado em vez do peru (ou ao menos como segunda opção). O recheio pode ser servido à parte como acompanhamento. Sua família talvez estranhe (e até cace um pouco), mas não se esqueça de que todos estão emocionalmente ligados às mesmas tradições e logo vão perceber que o que interessa de fato não é o que está sobre a mesa, e sim quem está ao redor dela.

Como fazer o recheio

1. Ponha a água e o arroz selvagem em uma panela média e deixe ferver. Reduza o fogo, tampe e cozinhe por volta de 45 minutos.

2. Derreta a manteiga vegana em uma frigideira grande em fogo médio. Acrescente a cebola e o alho e salteie até a cebola começar a ficar transparente. Junte a abóbora-menina, a cenoura, o salsão, o alecrim, o tomilho e a sálvia. Salteie por 8 a 10 minutos, até conseguir introduzir o garfo na abóbora e nas cenouras, ainda firmes. Retire do fogo.

3. Escorra o arroz cozido e acrescente os legumes. Misture a levedura e em seguida os cranberries e as nozes-pecãs. Reserve.

Como fazer o seitan

1. Preaqueça o forno a 175 °C. Escolha uma assadeira. Abra dois pedaços de papel-alumínio, cada um com 40 a 46 cm de comprimento, de modo que um se sobreponha ao outro, na horizontal, entre 12 e 15 cm. Borrife com azeite.

2. Em uma vasilha grande, misture com batedor de arame o glúten de trigo vital, a farinha de grão-de-bico, a levedura, a cebola em pó, o tomilho, a sálvia, o cominho, o sal e a pimenta.

PREPARO: 90 minutos
COZIMENTO: 60 minutos

Recheio

3 xícaras (750 ml) de água

1 xícara (185 g) de arroz selvagem lavado

1 colher (sopa) de manteiga vegana

1 cebola média em cubinhos

1 ou 2 dentes de alho bem picados

2 xícaras (250 g) de abóbora-menina cortada em cubos de 1 cm

1 xícara (160 g) de cenoura cortada em cubos de 1 cm

½ xícara (60 g) de salsão cortado em pedaços de 1 cm

1 colher (sopa) de alecrim fresco picado

1 colher (sopa) de folhas de tomilho fresco

1 colher (sopa) de sálvia fresca picada

3 colheres (sopa) de levedura nutricional (veja pág. 29), opcional

¾ de xícara (105 g) de cranberries desidratados

⅔ de xícara (85 g) de nozes-pecãs picadas

Seitan

azeite para borrifar

2¼ xícaras (315 g) de glúten de trigo vital

⅔ de xícara (40 g) de farinha de grão-de-bico

½ xícara (35 g) de levedura nutricional (veja pág. 29)

2 colheres (chá) de cebola em pó

1 colher (chá) de tomilho seco

3. Na vasilha do processador, pulse os dentes de alho algumas vezes e acrescente os cogumelos. Pulse até os pedaços de cogumelo não ultrapassarem 0,5 cm. Transfira os cogumelos e o alho para uma vasilha menor e acrescente o caldo, o molho de soja, o azeite e a fumaça líquida. Misture bem.

4. Despeje a mistura do caldo na mistura de glúten e use uma colher de madeira para mexer. Quando não der mais para mexer com a colher, use os nós dos dedos para trabalhar a massa até formar uma bola.

5. Transfira a bola de seitan para a folha de alumínio preparada e com as mãos amasse e estique a massa para formar um retângulo de mais ou menos 23 x 33 cm. Espalhe 2 xícaras de recheio no meio do retângulo. Pegue o lado do seitan mais perto de você e dobre sobre o recheio, apertando bem com os dedos. Continue a enrolar e a apertar e feche com uma emenda firme em toda a largura do rolo. Feche também as extremidades. Use um pincel para pincelar sobre o rolo o que sobrou do caldo.

6. Dobre os lados do papel-alumínio sobre o rolo de modo que fique firmemente fechado e selado. Transfira para a assadeira e asse por 60 a 70 minutos, virando o rolo três ou quatro vezes para garantir o cozimento por igual. Levante o papel-alumínio e com um garfo teste o cozimento; se estiver bem firme, está pronto.

7. Tire do forno e deixe descansar no alumínio por uns 10 minutos antes de desembrulhar, fatiar em pedaços de 1 cm e servir. Ou então, transfira o assado para uma travessa e deixe o convidado se servir à vontade. As sobras podem ser guardadas na geladeira por 5 dias ou no freezer por 1 mês.

1 colher (chá) de sálvia seca

1 colher (chá) de cominho em pó

½ colher (chá) de sal

¼ de colher (chá) de pimenta-do-
-reino

2 dentes de alho bem picados

2 xícaras (140 g) de cogumelo-de-
-paris fatiado

1²⁄₃ xícara (410 ml) de caldo de legumes, mais o suficiente para regar

3 colheres (sopa) de tamari ou shoyu (molho de soja)

1 colher (sopa) de azeite

1 colher (chá) de fumaça líquida

BATATAS, VAGENS E ECHALOTAS CARAMELIZADAS COM VINAGRETE DE MOSTARDA DE DIJON E TOMILHO

RENDE 4 A 8 PORÇÕES

Vegetarianos e veganos sempre têm dúvidas sobre o que levar às reuniões familiares. Temos o dever de demonstrar que as hortaliças são fabulosas criando algo que seja elegante e delicioso, além de causar uma inesperada surpresa. Este é um desses pratos. A vagem é meio sem graça, mas se for servida com batatas começará a despertar o interesse das pessoas. Servir qualquer coisa com a palavra "caramelizada" é ganhar inúmeros fãs automaticamente. Mas, para ganhar a atenção de todos, basta regar com molho de mostarda de Dijon e tomilho. Você vai voltar para casa com a travessa vazia!

1. Ferva água em uma panela grande.

2. Preaqueça o forno a 200 °C. Forre uma assadeira com papel-manteiga ou tapete de silicone. Espalhe as batatas sobre a assadeira. Borrife com azeite e salpique sal e pimenta. Asse por 20 a 25 minutos, virando uma vez na metade do cozimento, até introduzir um garfo com facilidade.

3. Prepare um banho de gelo (uma vasilha cheia de água e gelo). Mergulhe as vagens na água fervente e deixe cozinhar por 2 minutos. Imediatamente transfira para o banho de gelo. Deixe lá por 1 minuto, então escorra e reserve.

4. Derreta metade da manteiga vegana em uma frigideira grande, em fogo médio. Acrescente as echalotas e cozinhe por 15 minutos, mexendo de vez em quando, até começar a dourar. Adicione a manteiga restante e deixe derreter. Junte as vagens e salteie até ficarem tenras. Coloque o suco de limão e tempere com sal e pimenta. Misture às batatas assadas.

5. Para fazer o vinagrete, misture todos os ingredientes em uma xícara e bata com um garfo até incorporar tudo.

6. Para servir, transfira as vagens, as batatas e as echalotas para uma travessa e regue com o vinagrete.

PREPARO: 10 minutos
COZIMENTO: 25 minutos

500 g de batatas pequenas cortadas ao meio

azeite para borrifar

sal e pimenta-do-reino a gosto

250 g de vagens sem as pontas

1 colher (sopa) de manteiga vegana, dividida

5 ou 6 echalotas finamente picadas

suco de ½ limão-siciliano

vinagrete de Dijon e tomilho

3 colheres (sopa) de vinagre de vinho tinto

2 colheres (sopa) de mostarda de Dijon

1½ colher (sopa) de xarope de agave

1 colher (sopa) de tomilho fresco picado

uma pitada de sal

SALADA DE TEMPEH E CURRY COM CEREJAS E AMÊNDOAS

RENDE 4 PORÇÕES (DUPLIQUE E TRIPLIQUE, SE PRECISAR)

Você vai a uma festa ao ar livre e quer levar uma salada que não murche com o calor. Vai a um almoço de trabalho em que haverá muita comida e quer levar alguma coisa que se sobressaia. Ou vai receber amigos e quer servir uma boa entrada. Esta salada é a mais indicada para essas e muitas outras ocasiões. Um molho denso e cremoso, tenros pedaços de tempeh, cerejas que explodem na boca e amêndoas crocantes agradam a todos, não importa como é servida – sozinha, com outras saladas, como aperitivo dentro de barquinhas de endívia ou como recheio de sanduíche.

PREPARO: 10 minutos
COZIMENTO: 20 minutos

1 bloco (225 g) de tempeh

1 colher (sopa) de tamari ou shoyu (molho de soja)

⅓ xícara (80 g) de maionese vegana

⅓ de xícara (75 g) de iogurte vegetal integral de coco

2 colheres (chá) de tahine

2 colheres (sopa) de curry em pó

½ colher (chá) de páprica defumada

½ colher (chá) de canela em pó

1 talo de salsão fatiado

2 colheres (sopa) de cebolinha picada

2 colheres (sopa) de coentro fresco picado

⅓ de xícara (50 g) de cerejas secas grosseiramente picadas

⅓ de xícara (50 g) de amêndoas grosseiramente picadas

sal e pimenta-do-reino a gosto

opcional

folhas de 2 pés de endívia

folhas tenras de verdura ou outras folhas verdes

pão para sanduíche

1. Ferva 5 cm de água em uma panela grande. Encaixe uma vaporeira para cozinhar o tempeh em pedaços de 2,5 cm mais ou menos. Os pedaços não podem ser pequenos. Tampe a vaporeira e cozinhe o tempeh no vapor por 20 minutos. Quando estiver macio, retire do fogo.

2. Despeje a água e transfira o tempeh para a panela. Aqueça em fogo médio e misture o tamari ou shoyu . Cozinhe mexendo sempre, e por mais 2 minutos depois que o líquido for absorvido. Retire do fogo e deixe esfriar.

3. Em uma tigela grande, misture a maionese, o iogurte e o tahine. Acrescente o curry, a páprica e a canela. Junte o salsão, a cebolinha, o coentro, as cerejas e as amêndoas. Por fim, misture o tempeh cozido. Acerte o sal e a pimenta. Deixe esfriar ao menos por 1 hora para que os sabores se fundam.

4. Sirva só a salada, dentro de folhas de endívia, com folhas tenras de verdura ou com verduras variadas ou no sanduíche. As sobras podem ser guardadas na geladeira em recipiente fechado por 3 a 4 dias.

VARIAÇÕES

▶ Junte ou substitua as cerejas por uvas-passas, groselhas ou mesmo frutas frescas como maçã ou manga. As amêndoas podem ser substituídas por nozes, nozes-pecãs, castanhas de caju, pistaches e até amendoins. As sementes de abóbora substituem bem as oleaginosas.

TORTA ENROLADA DE LEGUMES E QUEIJO

RENDE 12 A 14 PORÇÕES

 pág. 259

Sabe aquelas fatias de torta servidas em festas, com embutidos e queijo prato derretido dentro de uma massa toda mole? Este enrolado é como esses frágeis petiscos, mas turbinado por vegetais deliciosos. Tem muitas hortaliças e macarela derretida, tudo isso envolvido por uma massa de pizza com a crosta torradinha. Quando comi pela primeira vez, dei um grito tão alto que devo ter acordado os vizinhos. Se você espera a mesma reação de seus convidados no próximo encontro, sirva-lhes esta torta enrolada. É capaz de alimentar um exército e pode ser servida quente ou fria.

1. Preaqueça o forno a 230 ºC. Forre uma assadeira de 33 x 43 cm com papel-manteiga ou tapete de silicone.

2. Aqueça o azeite em uma frigideira grande em fogo médio. Salteie a cebola e o alho por 2 a 3 minutos. Acrescente os cogumelos, a abobrinha, os tomates, o manjericão, o orégano e a páprica. Cozinhe por 10 a 15 minutos, mexendo de vez em quando, até a abobrinha ficar tenra. Adicione sal e pimenta. Junte a acelga e cozinhe até começar a murchar. Tire do fogo e descarte o excesso de líquido.

3. Forre a assadeira com farinha. Coloque a bola de massa de pizza no meio e estique e amasse até cobrir a assadeira.

4. Corte a macarela em rodelas bem finas (se possível, no fatiador de legumes). Distribua sobre a massa de pizza, deixando 2,5 cm livres em toda a volta. Espalhe os pimentões assados e as azeitonas sobre os medalhões; e por cima deles a mistura de legumes. Dobre os lados menores do retângulo sobre o recheio. Começando pelo lado mais longo e mais perto de você, dobre a massa sobre o recheio e enrole para formar um rolo. Delicadamente, posicione o rolo diagonalmente na assadeira, o lado da emenda para baixo (o máximo possível), e borrife um pouco de azeite. Asse por 30 minutos até a massa estar firme e dourada. Retire do forno e deixe descansar por no mínimo 10 minutos antes de fatiar e servir quente ou fria. As sobras podem ficar na geladeira em recipiente fechado por 3 a 4 dias.

PREPARO: **20 minutos** *(não inclui o tempo de preparo da macarela)*
COZIMENTO: **30 minutos**

1 colher (sopa) de azeite

½ cebola cortada em cubinhos

3 dentes de alho bem picados

225 g de cogumelos-de-paris fatiados

2 xícaras (240 g) de abobrinha fatiada

1 lata (425 g) de tomate pelado cortado em cubinhos, com o líquido

2 colheres (chá) de manjericão seco

1½ colher (chá) de orégano seco

½ colher (chá) de páprica defumada

sal e pimenta-do-reino a gosto

½ maço de acelga sem o talo picada

1 receita de massa básica de pizza (pág. 191) preparada até o passo 4

3 ou 4 porções de macarela (pág. 61)

2 xícaras (280 g) de pimentão vermelho assado picado

1 xícara (180 g) de azeitonas pretas sem caroço fatiadas

azeite para borrifar

VARIAÇÃO

▶ Experimente substituir a macarela por chèvre de tofu (pág. 48) e os legumes por ratatouille assado (pág. 100).

NÃO EXISTE DOCE SEM MANTEIGA E SEM OVOS.

Sobremesas que fazem bonito

Há sempre aquele momento quando alguém que está considerando se tornar vegano pensa, "É claro que eu posso abrir mão do leite e dos ovos", mas então se dá conta de tudo o que contém esses produtos de origem animal. "Mas não posso garantir que nunca mais vou comer um cookie!" geralmente é o que vem em seguida. O fato é que os vegetais escondem inúmeras maneiras de reproduzir a ação dos ovos, da manteiga e do leite. As receitas deste capítulo exploram alguns desses métodos e satisfazem sua vontade de comer doces.

BARRAS DE CARAMELO SALGADO E MANTEIGA DE AMENDOIM

RENDE 16 BARRAS

Os ovos são fundamentais nos assados, mas podem ser facilmente substituídos. Há várias maneiras de reproduzir a liga do ovo. Nesta receita, é a banana amassada que assume esse papel. Além disso, a banana combina perfeitamente com o maple syrup e a manteiga de amendoim (que também oferece alguma liga). Um caramelo salgado de tâmaras completa esta guloseima inesquecível.

1. Preaqueça o forno a 175 °C. Forre uma assadeira com papel-manteiga e deixe alguma sobra nas laterais (para facilitar a retirada).

2. Junte no liquidificador as tâmaras e o leite de amêndoas. Bata até obter uma pasta lisa e aveludada, parando para raspar as laterais de vez em quando. (Isso levará alguns minutos.) Quando terminar, transfira-a para uma vasilha pequena, misture a araruta e o sal. Reserve.

3. Em uma vasilha grande, junte a farinha, o fermento e o sal. Em uma vasilha menor, a banana, a manteiga de amendoim, o maple syrup, o óleo e o extrato de amêndoas. Acrescente a mistura da banana à da farinha e mexa bem. Espalhe essa grossa massa na assadeira preparada. Alise a superfície com uma espátula de borracha.

4. Regue ou espalhe algumas colheradas de caramelo por cima, mas não todo o caramelo. Para criar um efeito marmorizado, passe algumas vezes uma faca através do caramelo e da massa em uma direção e algumas vezes na direção oposta, mas sem cortar a massa até o fundo.

5. Asse por 20 a 25 minutos, até um palito inserido no centro sair limpo. Espere esfriar na assadeira para erguer as barras pelas sobras do papel-manteiga e colocá-las sobre uma grade de metal para esfriar. Deixe esfriar completamente antes de fatiar. As sobras podem ser guardadas em um recipiente fechado.

PREPARO: 15 minutos
COZIMENTO: 25 minutos

Caramelo salgado

7 tâmaras sem caroço

3 colheres (sopa) de leite de amêndoas ou outro leite vegetal

1 colher (chá) de araruta ou amido de milho

¼ de colher (chá) de sal

Barras de manteiga de amendoim

1 xícara (130 g) de farinha de trigo integral para pães

1 colher (chá) de fermento químico em pó

½ colher (chá) de sal

1 banana grande madura amassada

½ xícara (130 g) de manteiga de amendoim

½ xícara (125 ml) de maple syrup (xarope de bordo)

1 colher (sopa) de óleo de canola

1 colher (chá) de extrato de amêndoas ou de baunilha

VARIAÇÃO

▶ Faça uma versão sem glúten substituindo a farinha de trigo integral por farinha sem glúten.

CUPCAKES DE CENOURA COM ESPECIARIAS E COBERTURA DE CREAM CHEESE

RENDE 12 CUPCAKES

É como eu digo: "Não confie em ninguém que não goste de bolo de cenoura". Na verdade, eu nunca disse isso, mas é a mais pura verdade. Desafio você a fazer estes cupcakes veganos de cenoura, doces e condimentados, envoltos em uma nuvem de cobertura de cream cheese, e encontrar alguém que não goste. Se existir, pegue de volta o seu cupcake (para impedir que acabe nas mãos de quem não saiba apreciá-lo).

1. Preaqueça o forno a 175 °C. Forre uma fôrma para muffins com forminhas de papel.

2. Em uma xícara, misture o leite vegetal e o vinagre. Deixe assentar por no mínimo 10 minutos.

3. Em uma vasilha grande, junte a farinha, a canela, o fermento, o gengibre, o cravo, a noz-moscada, o sal e o cardamomo.

4. Em uma vasilha média, coloque o mel da abelha feliz, a manteiga vegana, a farinha de linhaça e a baunilha. Acrescente a mistura do leite e a cenoura ralada. Junte a mistura de cenoura à de farinha e mexa muito bem. Adicione as uvas-passas, se decidiu usá-las.

5. Distribua a massa nas 12 forminhas, mas não encha mais que dois terços. Asse por 20 minutos ou até o palito inserido no centro sair limpo. Deixe os cupcakes esfriarem na fôrma por 5 minutos e então transfira para uma grade para esfriarem completamente.

6. Enquanto os cupcakes esfriam, faça a cobertura. Em uma vasilha, use um garfo para misturar o cream cheese, o açúcar, o xarope de agave, o suco de limão e a baunilha. Se quiser, coloque o merengue em um saco de confeitar ou um saco plástico com buraco aberto em um dos cantos.

7. Usando o saco de confeitar ou uma espátula de borracha, decore o cupcake com a cobertura e sirva. Se não for servir imediatamente, deixe na geladeira em recipiente fechado por 1 ou 2 dias. Se quiser congelar os cupcakes, espere esfriar.

PREPARO: 35 minutos
COZIMENTO: 20 minutos

¾ de xícara (185 ml) de leite vegetal

1 colher (chá) de vinagre de maçã

1¾ xícara (225 g) de farinha de trigo integral multiuso para pães

2 colheres (chá) de canela em pó

1½ colher (chá) de fermento químico em pó

1 colher (chá) de gengibre em pó

½ colher (chá) de cravo em pó

½ colher (chá) de noz-moscada moída

½ colher (chá) de sal

¼ de colher (chá) de cardamomo em pó

½ xícara (125 ml) de mel da abelha feliz (pág. 46) ou xarope de agave

⅓ de xícara (70 g) de manteiga vegana derretida

1 colher (sopa) de farinha de linhaça

1 colher (chá) de extrato de baunilha

1½ xícara (165 g) de cenoura ralada

½ xícara (60 g) de uvas-passas, opcionais

Cobertura de cream cheese

1½ xícara (380 g) de cream cheese vegano

5 colheres (sopa) de açúcar vegano ou xilitol em pó

2 colheres (sopa) de xarope de agave

2 colheres (chá) de suco de limão--siciliano

1 colher (chá) de extrato de baunilha

BOLO INGLÊS DE ALECRIM E LIMÃO COM GLACÊ DE LIMÃO

RENDE 1 BOLO

A receita tradicional deste bolo leva muito açúcar, muita farinha, muita manteiga e muitos ovos. Não sei para você, mas para mim parece um bolo muito pesado! Nesta versão vegana é possível reinventar a mesma textura úmida com óleo de coco em vez de manteiga, tofu macio no lugar dos ovos e açúcar de coco e xarope de agave para adoçar. Esta versão tem um toque de limão e alecrim. O resultado é um bolo intenso, doce, cítrico e ao mesmo tempo com um sutil sabor de ervas, perfeito para um chá da tarde (ou quando você quiser). E ninguém precisa ser halterofilista para tirá-lo do forno!

1. Preaqueça o forno a 175 °C. Forre uma fôrma de pão com papel-manteiga, deixando sobras dos quatro lados. Reserve.

2. Em uma xícara pequena, misture o leite vegetal e o vinagre. Deixe assentar por no mínimo 10 minutos.

3. Em uma tigela, misture a farinha, 1 colher (sopa) de alecrim, o fermento e o sal.

4. Com o batedor de arame do mixer (ou ligando o mixer dentro de uma vasilha grande) misture o óleo de coco e o açúcar. Reduza a velocidade do mixer para introduzir o xarope de agave, o tofu amassado, o suco de limão, a mistura de leite, a baunilha e a colher (chá) de raspas de limão.

5. Acrescente a mistura de farinha aos ingredientes úmidos em três etapas, misturando após cada adição só para agregar.

6. Despeje a mistura na assadeira preparada e asse por 50 ou 60 minutos. Estará pronto quando crescer no meio e um palito introduzido no centro sair seco e quase limpo (tudo bem se tiver algum resíduo).

7. Deixe o bolo esfriar na fôrma por 15 minutos. Coloque uma grade de metal dentro de uma assadeira (porque o glacê vai escorrer). Erga o bolo ainda quente da assadeira pelo papel-manteiga e coloque-o sobre a grade de metal para esfriar completamente.

PREPARO: 20 minutos
COZIMENTO: 50 minutos
DESCANSO: 30 minutos

¼ de xícara (60 ml) de leite vegetal

1 colher (chá) de vinagre de maçã

1½ xícara (195 g) de farinha de trigo integral multiuso

1 colher (sopa) de alecrim fresco picado, mais um pouco para guarnecer

1½ colher (chá) de fermento químico em pó

½ colher (chá) de sal

½ xícara (105 g) de óleo de coco derretido

½ xícara (75 g) de açúcar de coco

⅓ de xícara (80 ml) de xarope de agave ou mel da abelha feliz (pág. 46)

170 g de tofu macio extrafirme embalado a vácuo amassado

¼ de xícara (60 ml) de suco de limão--siciliano

1 colher (chá) de extrato de baunilha

1 colher (chá) de raspas de limão, um pouco mais para guarnecer

Glacê

½ xícara (60 g) de açúcar vegano ou xilitol em pó

1 a 2 colheres (sopa) de suco de limão--siciliano

8. Enquanto o bolo esfria, prepare o glacê. Em uma vasilha pequena, misture o açúcar e o suco de limão. Se ficar muito grosso, acrescente mais suco aos poucos, sem parar de mexer. Espalhe o glacê sobre o bolo frio e finalize com as raspas de limão e o alecrim picado. Quando o glacê estiver firme, corte o bolo em fatias e sirva.

PUDIM DE PÃO COM CALDA DE CARAMELO E MANTEIGA

RENDE 6 A 8 PORÇÕES

Quem é louco por carboidrato não abre mão de um tradicional pudim de pão. Pedaços de pão assados em uma calda doce e cremosa? Sim, é uma das melhores coisas que existem. Este pudim de pão é assado com damascos, nozes e calda de caramelo e manteiga feita em casa. E em seguida é regado com mais calda de caramelo e manteiga. É cheio de carboidrato, mas muito delicado.

PREPARO: 15 minutos
COZIMENTO: 40 minutos
DESCANSO: 45 minutos

Calda de caramelo e manteiga

½ xícara (105 g) de manteiga vegana

½ xícara (75 g) de açúcar de coco ou açúcar mascavo vegano

½ xícara (125 ml) de creme de soja para uso culinário

½ xícara (125 ml) de leite vegetal

¼ de xícara (60 ml) de xarope de agave

2 colheres (chá) de extrato de baunilha

⅛ de colher (chá) de sal

1 colher (sopa) de araruta ou amido de milho

1. Derreta a manteiga em uma panela média em fogo médio. Junte o açúcar de coco, o creme, o leite vegetal e o xarope de agave e deixe levantar fervura. Reduza o fogo e cozinhe por mais 5 minutos, mexendo de vez em quando. Misture a baunilha e o sal e em seguida a araruta. Retire do fogo e deixe a calda esfriar completamente. O resultado final deverá ser espesso o suficiente para cobrir as costas de uma colher, mas não tanto quanto um xarope. (Pode ser feito com 1 semana de antecedência e guardado em recipiente fechado na geladeira até que esteja pronto para usar. Se separar, misture bem.)

2. Preaqueça o forno a 175 °C. Borrife óleo de canola em uma assadeira, fôrma de pão ou frigideira de ferro ou 6 a 8 ramequins.

3. Em uma vasilha grande, junte o pão, os damascos e as nozes (se decidiu usá-las). Em uma vasilha média, junte o leite vegetal, o purê de maçã, o açúcar de coco, a baunilha, a canela, o cravo, a noz-moscada, o sal e ½ xícara (125 ml) da calda de caramelo e manteiga preparada. Junte a mistura do leite à mistura do pão e mexa bem. Deixe descansar uns 5 minutos.

4. Transfira a mistura final para a assadeira, a frigideira ou os ramequins preparados. Asse por 30 a 40 minutos (20 a 25 minutos nos ramequins), até a superfície começar a dourar. Retire do forno e deixe esfriar na fôrma por uns 10 minutos. Sirva em cumbucas (ou nos próprios ramequins) e regue com o restante da calda de caramelo e manteiga e o chantili de coco (se decidiu usá-lo).

Pudim de pão

óleo de canola para borrifar

6 xícaras (360 g) de pão francês amanhecido cortado em cubos

1 xícara (165 g) de damascos secos picados

½ xícara (50 g) de nozes picadas, opcionais

1¾ xícara (435 ml) de leite vegetal

½ xícara (120 g) de purê de maçã sem açúcar

¼ de xícara (40 g) de açúcar de coco ou mascavo vegano

1 colher (chá) de extrato de baunilha

1 colher (chá) de canela em pó

¼ de colher (chá) de cravo em pó

¼ de colher (chá) de noz-moscada em pó

¼ de colher (chá) de sal

chantili de coco (pág. 288), opcional

VARIAÇÕES

▶ Experimente substituir os damascos por outra fruta seca como figos, tâmaras ou uvas-passas. Pode-se substituir por nozes, também; é muito bom ainda com nozes-pecãs, amêndoas, castanhas de caju ou avelãs. Ou enlouqueça e acrescente gotas de chocolate quando for comer.

MINICHEESECAKES DE FRUTAS

Antes de me tornar vegana, tentei fazer cheesecakes centenas de vezes. Fracassei em todas elas. Quando aderi ao veganismo e comecei a fazer cheesecakes crus, nunca mais perdi nenhum. Mesmo que você não morra de amores por cheesecakes, verá que a crosta destes é muito simples e não desmancha na primeira mordida. As frutas e a crosta à base de amêndoas fazem um cheesecake muito rico e bem diferente dos cheesecakes não veganos que já provei. Além disso, ele é míni, e por isso mais bonito, mais prático e mais fácil de servir aos amigos. Tem sabor de frutas, jamais dá errado e não vai ao forno: nasceu para vencer!

PREPARO: 40 minutos

DESCANSO: 3 horas *(em parte durante a demolha das castanhas de caju)*

Crosta

óleo de canola para borrifar, opcional

1 xícara (150 g) de amêndoas cruas

7 a 8 tâmaras sem caroço

2 colheres (chá) de óleo de coco

uma pitada de sal

Recheio

2 xícaras (320 g) de castanhas de caju cruas de molho em água por 3 a 4 horas. *Descarte a água*

1 xícara (130 g) de fruta(s) fresca(s) picada(s) (p. ex.: morango, mirtilo, amora, manga, abacaxi), mais algumas para enfeitar

½ xícara (105 g) de óleo de coco derretido

½ xícara (125 ml) de xarope de agave

2 colheres (sopa) de suco de limão-siciliano

uma pitada de sal

1. Forre uma fôrma para 12 muffins com forminhas de papel ou borrife óleo de canola levemente. Junte as amêndoas, as tâmaras, o óleo e o sal em um processador e bata até a mistura não cair da colher, mas ainda com pedacinhos de frutas. Divida essa mistura pelas 12 cavidades da fôrma, mais ou menos 1 colher (sopa) em cada uma, e aperte bem com os dedos. Leve a fôrma ao freezer.

2. Misture os ingredientes do recheio no processador e bata até obter uma massa lisa, pausando para raspar as laterais, se necessário. Retire a fôrma do freezer e encha as crostas com o recheio, quase até a boca. Com uma colher ou uma espátula de borracha, alise a superfície. Congele por 30 minutos e deixe na geladeira por 1 hora antes de servir. Finalize com algumas frutas e sirva.

|||||||||||||||||||||||

VARIAÇÃO

▶ Faça minicheesecakes ainda *menores* usando uma fôrma para muffins com 24 cavidades.

COOKIES DE AVEIA COM COBERTURA

RENDE 20 A 24 BISCOITOS

pág. 271

Quem nunca comeu tantos biscoitos que a mãe teve de arrancar a lata das mãozinhas meladas de açúcar e escondê-la naquela prateleira inacessível? Estes biscoitos que as crianças adoram são uma versão saudável e um pouco mais crocante que os tradicionais biscoitos de aveia. O purê de maçã e a linhaça substituem os ovos, e o leite vegetal se encarrega de garantir uma cobertura perfeita. Agora que somos adultos, a única coisa que nos impede de comer quantos biscoitos quisermos é ter de dividi-los com os amigos (mas para isso basta dobrar a receita, certo?).

1. Preaqueça o forno a 175 °C. Forre duas assadeiras com papel-manteiga ou tapete de silicone.

2. Misture em uma xícara o leite vegetal e o vinagre. Deixe descansar por no mínimo 5 minutos.

3. Em uma vasilha grande, misture as farinhas de trigo e de aveia, a canela, o fermento, o bicarbonato de sódio, o gengibre, o sal, o cravo e a noz-moscada.

4. Em uma vasilha média, misture bem ou use o mixer para combinar o óleo de coco, o açúcar de coco, o purê de maçã, o maple syrup, a farinha de linhaça e o extrato de amêndoas. Acrescente a mistura do leite. Junte tudo à mistura de farinha e ligue o mixer só para combinar.

5. Com uma colher de sopa ou colher para sorvete, distribua a massa nas assadeiras preparadas. Umedeça ou borrife os dedos com óleo para achatar os cookies e moldá-los em discos. Asse por 8 a 10 minutos até ficarem firmes e a base começar a dourar. Retire do forno; deixe os cookies esfriarem na assadeira por 3 a 4 minutos e então transfira-os para uma grade de metal para esfriar completamente.

6. Enquanto os cookies esfriam, misture o açúcar vegano e o leite vegetal com um garfo. Quando os cookies estiverem frios, use uma colher para aplicar a cobertura. Espere secar um pouco. As sobras podem ser guardadas na geladeira por 3 a 4 dias.

PREPARO: 15 minutos
COZIMENTO: 10 minutos

¼ de xícara (60 ml) de leite vegetal

1 colher (sopa) de vinagre de maçã

1¼ xícara (160 g) de farinha de trigo

¾ de xícara (75 g) de aveia em flocos

1 colher (chá) de canela em pó

½ colher (chá) de fermento químico em pó

½ colher (chá) de bicarbonato de sódio

½ colher (chá) de gengibre em pó

½ colher (chá) de sal

¼ de colher (chá) de cravo em pó

¼ de colher (chá) de noz-moscada em pó

⅓ de xícara (80 ml) de óleo de coco derretido ou óleo de canola

⅓ de xícara (50 g) de açúcar de coco ou mascavo vegano

¼ de xícara de purê de maçã sem açúcar

2 colheres (sopa) de maple syrup (xarope de bordo)

1½ colher (chá) de farinha de linhaça

1 colher (chá) de extrato de amêndoas ou de baunilha

óleo de canola para borrifar

Cobertura

1 xícara (120 g) de açúcar vegano ou xilitol em pó

2 colheres (sopa) de leite vegetal

VARIAÇÃO

▶ Você pode usar os cookies sem cobertura para montar sanduíches de sorvete (pág. 304)!

NÃO DIGA! CHOCOLATE É VEGANO?

Sobremesas especiais com chocolate, muito chocolate

Logo depois que me tornei vegana senti uma vontade profunda de comer chocolate e fiquei apreensiva: "Nunca mais vou poder comer chocolate! O que fui fazer?" Mas logo aprendi que existem muitos chocolates veganos por aí, esperando para serem devorados. É só checar os ingredientes. Veja algumas receitas que ajudam a usá-los bem.

BROWNIE COM GOTAS DE CHOCOLATE

RENDE 16 PEDAÇOS

Brownie é simplesmente o suprassumo em se tratando de chocolate, certo? Além de comer o chocolate propriamente dito, o chocólatra satisfaz seu desejo por chocolate de quatro formas diferentes: no chocolate amargo derretido, no chocolate em pó, no extrato de chocolate e nas gotas de chocolate por toda parte. Todo esse chocolate faz o brownie mais grosso, mais denso e mais macio que você já provou!

1. Preaqueça o forno a 175 °C. Borrife óleo de canola em uma assadeira de 20 x 20 cm. Forre com papel-manteiga, deixando sobras nas laterais para retirar o brownie com facilidade.

2. Em uma vasilha pequena ou em uma xícara, use um batedor de arame para dissolver a farinha de linhaça em água quente. Reserve. Em uma vasilha média junte a farinha, o cacau, o fermento em pó, o bicarbonato de sódio e o sal.

3. Em uma tigela de vidro encaixada sobre uma panela com água fervente derreta o chocolate com manteiga vegana, mexendo sem parar. Quando estiver totalmente derretido, retire do fogo. Acrescente o xarope de agave, o açúcar de coco, o extrato de chocolate, a farinha de linhaça dissolvida e misture bem.

4. Acrescente a mistura de farinha à do chocolate derretido. Mexa e adicione as gotas de chocolate. A massa deve ficar bem grossa, quase como uma massa de cookie.

5. Espalhe a massa na assadeira preparada. Asse por 20 minutos ou até o palito inserido no centro sair quase limpo (tudo bem se houver algum resíduo). Retire do forno e deixe esfriar na assadeira por 5 minutos. Erguendo pelo papel-manteiga, retire o brownie da assadeira e transfira para uma grade de metal para esfriar completamente antes de cortar. Guarde as sobras em um recipiente com tampa em temperatura ambiente ou na geladeira por 3 a 4 dias.

PREPARO: 20 minutos
COZIMENTO: 20 minutos

óleo de canola para borrifar

1½ colher (sopa) de farinha de linhaça

3 colheres (sopa) de água quente

1 xícara (130 g) de farinha de trigo

3 colheres (sopa) de cacau em pó (veja dica)

1½ colher (chá) de fermento químico em pó

½ colher (chá) de bicarbonato de sódio

½ colher (chá) de sal

1 xícara (180 g) de chocolate amargo vegano picado

6 colheres (sopa) de manteiga vegana

¼ de xícara (40 ml) de xarope de agave ou mel da abelha feliz (pág. 46)

¼ de xícara (40 g) de açúcar de coco ou açúcar mascavo vegano

2 colheres (chá) de extrato de chocolate

1 xícara (180 g) de gotas de chocolate vegano

VARIAÇÃO

▶ Se for inverno, substitua as gotas de chocolate por nozes, avelãs ou amêndoas picadas.

Use cacau e chocolate de ótima qualidade. Vai valer a pena!

TRUFAS DUPLAS DE CHOCOLATE

RENDE 20 TRUFAS

Li certa vez que o leite de que são feitos os doces e os bombons não veganos se espalha dentro da boca e mascara todos os demais sabores. Isso não é bom, especialmente se for um bombom de chocolate. Quero degustar tudo o que existe no chocolate. Quero que o chocolate me tome completamente! Quando você come uma destas pequenas trufas, simplesmente não consegue pensar em mais nada. O chocolate se espalha por todos os sentidos e provoca uma deliciosa euforia. Exatamente o que um bombom de chocolate deve fazer.

PREPARO: 35 minutos
COZIMENTO: 24 horas + 30 minutos

Recheio de ganache

1 xícara (180 g) de gotas de chocolate amargo vegano

½ xícara (125 ml) de leite de coco integral em lata

½ colher (sopa) de manteiga vegana derretida

Cobertura de chocolate

¾ de xícara (135 g) de chocolate amargo vegano, picado

1 colher (chá) de óleo de coco

Para decorar

nibs de cacau

minigotas de chocolate vegano

nozes picadas

chocolate vegano derretido

1. Para fazer o ganache, coloque as gotas de chocolate em uma vasilha e reserve. Despeje o leite de coco em uma panelinha, deixe ferver e despeje sobre as gotas de chocolate. Deixe por 2 minutos e só depois mexa com delicadeza para desmanchá-las completamente. Acrescente a manteiga vegana derretida, misture bem e deixe esfriar em temperatura ambiente. Quando a mistura estiver fria, cubra e deixe na geladeira durante a noite.

2. No dia seguinte, forre uma assadeira com papel-manteiga. Retire uma porção correspondente a ½ colher de sopa para enrolar. (Suas mãos ficarão sujas, mas tudo bem – é só chocolate.) Não tem problema se as bolinhas não ficarem todas iguais.

3. Leve a assadeira à geladeira por 10 ou 15 minutos. Retire, modele as bolinhas de ganache em esferas (quase) perfeitas e leve de volta à geladeira por mais 10 ou 15 minutos.

4. Para fazer a cobertura, coloque o chocolate e o óleo de coco em uma tigela de vidro sobre uma panela de água fervente e mexa sem parar até o chocolate derreter completamente. Retire do fogo.

5. Use uma colher para mergulhar uma bolinha de ganache por vez nessa cobertura e em seguida coloque a trufa na assadeira preparada. Enfeite cada trufa como preferir, e, quando esfriar completamente, regue com mais chocolate. Mantenha as trufas na geladeira até a hora de servir.

VARIAÇÕES

Se você gosta de trufas com sabores, é fácil dar um toque diferente a esta receita sem interferir no sabor do chocolate. Experimente:

▶ Café: deixe ¼ de xícara (25 g) de grãos de café de molho no leite de coco por no mínimo 2 horas. Passe o leite de coco por uma peneira fina para retirar os grãos antes de fervê-lo. Guarneça as trufas com um grãozinho de café seco.

▶ Lavanda: coloque 2 colheres (sopa) de lavanda seca de molho no leite de coco por no mínimo 2 horas. Passe o leite de coco por uma peneira fina para retirar as lavandas antes de ferver. Use uma florzinha da lavanda para guarnecer as trufas.

▶ Gengibre: misture 1 colher (chá) de gengibre em pó no ganache ao acrescentar a manteiga derretida. Guarneça as trufas com pedacinhos de gengibre cristalizado.

▶ Sal marinho: acrescente ¼ de colher (chá) de sal marinho mo- ído à da ganache ao acrescentar a manteiga derretida. Guarneça as trufas com pequenos cristais de sal rosa do Himalaia.

▶ Pimenta: junte ¼ de colher (chá) de pimenta-de-caiena ao ganache ao acrescentar a manteiga derretida. Guarneça as trufas com flocos de pimenta calabresa.

TORTA MUSSE DE CHOCOLATE, MELADO E AVELÃS COM CHANTILI DE COCO

RENDE 16 PEDAÇOS

O tofu macio e as castanhas de caju criam uma excelente base vegana para uma musse de chocolate que é simplesmente inesquecível. Se quiser parar por aqui e só provar a musse, você tem todo o direito; mas se quiser que a sua musse repouse em um ninho delicioso, então uma crosta de melado e avelãs se torna indispensável. O melado não só contém vitaminas e minerais (e ferro também!), como dá à crosta de avelãs um leve sabor de biscoitos de gengibre. Acrescente uma nuvem de chantili de coco e terá um doce que agradará a todo chocólatra.

1. Se pretende fazer o chantili, coloque a tigela e os batedores da batedeira elétrica na geladeira.

2. Coloque as avelãs, as tâmaras, a farinha de aveia, o melado e o sal no copo do processador de alimentos. Pulse até obter uma massa lisa com pequenos grumos, raspando dos lados quando necessário.

3. Forre com papel-manteiga o fundo de uma fôrma para torta ou uma fôrma canelada. Pressione a mistura da crosta no fundo da fôrma e (se usar uma fôrma de torta) também dos lados. Se soltar óleo (porque processou demais), absorva o excesso com papel-toalha. Leve a fôrma ao freezer por 1 hora.

4. Em uma tigela de vidro encaixada sobre uma panela com água fervente derreta o chocolate, mexendo sempre até derreter. Retire do fogo.

5. Junte, no liquidificador ou no processador de alimentos, o chocolate derretido, as castanhas de caju, o tofu, o cacau em pó e o açúcar de coco. Bata até a mistura ficar lisa, pausando para raspar as paredes laterais, se for preciso. Despeje-a sobre a crosta congelada e alise a superfície com uma espátula de borracha. Leve à geladeira por no mínimo 2 horas.

6. Se for usar o chantili, pouco antes de servir retire a lata de leite de coco da geladeira. A gordura terá se separado do líquido

PREPARO: 30 minutos
COZIMENTO: 5 a 7 horas

Crosta

2½ xícaras (400 g) de avelãs

14 tâmaras sem caroço

5 colheres (sopa) de farinha de aveia (sem glúten, se necessário)

1½ colher (sopa) de melado

¼ de colher (chá) de sal

Musse

1 xícara (180 g) de chocolate amargo vegano picado

1 xícara (160 g) de castanhas de caju cruas de molho em água por 3 a 4 horas. *Descarte a água*

340 g de tofu extrafirme embalado a vácuo

1 colher (sopa) de cacau em pó

¼ de xícara (40 g) de açúcar de coco ou mascavo vegano

Chantili de coco (opcional)

450 ml de leite de coco caseiro, gelado desde o dia anterior (veja dicas)

1 ou 2 colheres (chá) de açúcar vegano ou xilitol em pó

Coberturas opcionais

melado de cana

gotas de chocolate

nibs de cacau

avelãs picadas

sal marinho

e estará mais sólida na superfície. Retire essa gordura com uma colher, coloque-a na tigela gelada da batedeira e reserve o soro (guarde para usar em vitaminas e sucos). Use os batedores gelados para obter um creme leve e macio. Sem parar de bater, acrescente o açúcar. Deixe na geladeira até a hora de usar.

7. Depois que a torta tiver gelado por no mínimo 2 horas, retire-a da geladeira e fatie. Sirva cada fatia com uma porção de chantili, um fio de melaço e coberturas a sua escolha.

VARIAÇÃO

▶ Em vez de usar uma fôrma de torta grande, faça tortas individuais em 6 fôrmas pequenas.

DICAS

- Para preparar o chantili de coco, o ideal é usar leite de coco caseiro, mais encorpado do que o comprado pronto. Prepare o seu usando 400 g de coco ralado seco e 2 xícaras de água quente. Bata tudo no liquidificador e passe por uma peneira fina forrada com tecido fino. Deve render cerca de 400 ml de leite de coco integral caseiro.

- Deixe o leite de coco na geladeira de véspera. De manhã, a nata deve ter se separado da água. Com uma colher, retire essa nata e coloque numa tigela. Congele a parte líquida do leite de coco que sobrar em forminhas de gelo e use em smoothies ou sucos. Na batedeira, bata a nata por 2 a 3 minutos em velocidade alta, até o ponto de chantili. Use imediatamente, já que endurece na geladeira.

BOLO DE CHOCOLATE SEM FARINHA

RENDE 8 FATIAS

Um bolo de chocolate sem farinha é, sem dúvida nenhuma, a quintessência da confeitaria. Quando é muito, muito bom, pode até causar um breve momento de loucura. E como poderia ser diferente? É bolo, é musse, é mágico! Em geral é preciso uma tonelada de ovos para preparar um bolo desses, mas não neste caso. Embora o resultado final seja um doce magnífico e delicioso, o grão-de-bico e as beterrabas cozidas no vapor funcionam como agregadores e deixam este bolo *um pouco mais* saudável (é praticamente uma salada, não é?). Leva um tempinho para assar e esfriar, mas vale cada minuto de espera.

PREPARO: 15 minutos
COZIMENTO: 85 minutos
DESCANSO: 2 ou 3 horas ou durante toda a noite

óleo de canola para borrifar

1½ xícara (255 g) de grão-de-bico cozido (veja pág. 20) ou em conserva (425 g) escorrido

1 xícara (200 g) de beterraba picada cozida no vapor

½ xícara (125 ml) de xarope de agave ou mel da abelha feliz (pág. 46)

½ xícara (35 g) de cacau em pó; mais um pouco para polvilhar, opcional

1 colher (chá) de fermento químico em pó

1 colher (chá) de extrato de baunilha

¼ de colher (chá) de sal

⅓ de xícara (90 g) de chocolate amargo vegano picado

¼ de xícara (125 ml) de óleo de coco

1. Preaqueça o forno a 175 °C. Borrife uma camada fina de óleo de canola em uma fôrma de aro removível de 20 cm de diâmetro e forre o fundo com papel-manteiga. Você pode usar uma fôrma maior, mas nesse caso é preciso diminuir o tempo de cozimento (veja dicas).

2. Em um processador de alimentos, misture o grão-de-bico, a beterraba, o xarope de agave, o cacau em pó, o fermento, a baunilha e o sal. Processe até obter um creme liso.

3. Em uma tigela de vidro encaixada sobre uma panela com água fervente, derreta o chocolate amargo com o óleo de coco. Retire do fogo. Acrescente à mistura no processador de alimentos. Bata para combinar.

4. Despeje a massa na fôrma preparada e alise a superfície com uma espátula de borracha. Coloque a fôrma em uma assadeira. Asse por 45 minutos, até a superfície parecer seca e as laterais do bolo se descolarem da fôrma (por dentro ainda não estará completamente assado). Cubra com papel-alumínio e asse por mais 35 ou 40 minutos, até um palito de dente sair limpo quando inserido no centro (tudo bem se estiver um pouco úmido). E tudo bem também se os lados ficarem mais altos que o centro. Isso é normal. Coloque a fôrma sobre uma grade de metal para esfriar. (Jamais tente desenformar enquanto estiver quente. Precisa esfriar completamente.)

5. Deixe a fôrma na geladeira por no mínimo 2 horas ou durante toda a noite. Para desenformar, passe uma faca à volta da fôrma para soltar o bolo antes de remover o anel externo. Polvilhe cacau em pó. Fatie e sirva.

DICAS

- Siga as instruções da pág. 173 para cozinhar as beterrabas no vapor. Não se esqueça de medir a beterraba depois de cozida para ter certeza de que ainda tem 1 xícara (200 g).

- Se for usar uma fôrma maior, de 25 cm de diâmetro, por exemplo, asse por 30 minutos (ou até parecer pronto e um palito de dente inserido no centro sair úmido com alguns resíduos). Cubra com papel-alumínio e asse por mais 20 ou 25 minutos, até o palito de dente sair limpo das laterais e quase limpo do centro (tudo bem se estiver um pouco úmido).

COOKIES DE ABÓBORA COM GOTAS DE CHOCOLATE

RENDE 24 BISCOITOS

Talvez você pensasse que a moranga só fosse consumida nos meses de outono, o que é verdade, mas não quando ela vem na composição dos biscoitos com gotas de chocolate. Então é possível saborear esse tipo de abóbora o ano todo. A moranga substitui os ovos e deixa um sabor muito mais pronunciado. Todo mundo gosta destes biscoitos. Então, se você oferecer aos seus amigos não veganos, prepare-se para ouvir a pergunta de sempre: "Isto é vegano?"

PREPARO: 20 minutos
COZIMENTO: 10 minutos

- 1¾ xícara (220 g) de farinha de trigo
- 1 colher (sopa) de farinha de linhaça
- 1 colher (chá) de fermento em pó
- 1 colher (chá) de canela em pó
- ½ colher (chá) de gengibre em pó
- ½ colher (chá) de sal
- ¼ de colher (chá) de noz-moscada em pó
- ¼ de colher (chá) de cardamomo em pó
- 1 xícara (240 g) de purê de abóbora
- ½ xícara (70 g) de manteiga vegana derretida
- ¼ de xícara (60 ml) de maple syrup (xarope de bordo)
- ⅓ de xícara (40 g) de açúcar de coco ou mascavo vegano
- 1 colher (sopa) de manteiga de amêndoa ou de qualquer outra oleaginosa
- 1 xícara (180 g) de gotas de chocolate vegano

1. Preaqueça o forno a 175 °C. Forre duas assadeiras com papel-manteiga ou tapete de silicone.
2. Misture a farinha de trigo, a farinha de linhaça, o fermento, a canela, o gengibre, o sal, a noz-moscada e o cardamomo em uma vasilha grande. Reserve.
3. Use um mixer manual (ou bata muito rapidamente com um batedor de arame) para misturar o purê de abóbora, a manteiga vegana, o maple syrup, o açúcar de coco e a manteiga de amêndoa. Junte os ingredientes úmidos aos secos e misture sem bater. Adicione as gotas de chocolate.
4. Use uma colher ou uma concha de sorvete para medir umas duas colheradas de massa e distribuir nas assadeiras preparadas a uma distância de 2 cm umas das outras. Umedeça ou unte ligeiramente o fundo liso de um copo e pressione-a sobre cada biscoito para achatá-lo. Se quiser que fiquem ainda mais homogêneos, umedeça os dedos e gentilmente acerte os círculos. Asse por 8 a 10 minutos, até ficarem firmes e as bordas, levemente douradas. Deixe esfriar na assadeira por 2 ou 3 minutos antes de transferir para uma grade de metal. Espere esfriar completamente antes de servir (ou não... é uma pena não provar ao menos um enquanto está quente!).

 DICA

Nesta receita, é muito importante medir a farinha despejando as colheradas de farinha dentro da xícara medidora. Se você retirar a farinha da embalagem diretamente com a xícara, ela pode encher demais e interferir na textura dos biscoitos.

FORMINHAS DE CHOCOLATE E MANTEIGA DE AMENDOIM

RENDE 6 FORMINHAS

A primeira vez que meu marido comeu estas forminhas de chocolate e manteiga de amendoim, exclamou: "Isto é demais! Realmente, é maravilhoso!" Tenho feito várias vezes desde então, e a reação é quase sempre a mesma, às vezes até um pouco mais enfática. É uma receita tão simples e tão boa que você nunca mais vai sentir falta da versão não vegana vendida por aí. A farinha de aveia ajuda a engrossar a manteiga de amendoim ao mesmo tempo em que acrescenta um sabor "abiscoitado" ao recheio. A camada de chocolate é mais grossa que a das forminhas comuns, e os cristais de sal polvilhados elevam este doce a outro patamar.

1. Em uma vasilha média, use um garfo para misturar a manteiga de amendoim, a farinha de aveia, o açúcar e o sal (se decidiu usá-lo). Deixe na geladeira até a hora de usar.

2. Forre uma fôrma de muffins com 8 forminhas de papel. Reserve.

3. Em uma tigela de vidro encaixada sobre uma panela de água fervente, derreta o chocolate juntamente com o óleo de coco, mexendo sempre. Retire do fogo. Coloque 2 ou 3 colheres (chá) de chocolate derretido dentro de cada forminha; com as costas da colher espalhe bem o chocolate para forrar todo o fundo.

4. Coloque 1 colher (sopa) da mistura de manteiga de amendoim na palma da mão e enrole. Coloque a bolinha dentro de uma forminha de papel e com os dedos aperte delicadamente (não muito; só para achatar a parte de cima). Repita nas outras forminhas.

5. Despeje 1½ colher (chá) de chocolate derretido sobre cada bolinha de amendoim e use as costas de uma colher para espalhar o chocolate até a borda. Certifique-se de que a bolinha de amendoim está completamente coberta. Repita nas outras forminhas.

6. Salpique alguns cristais de sal do Himalaia (se decidiu usá-los).

7. Leve a fôrma para gelar por no mínimo 30 minutos, de preferência por 2 a 3 horas. Quando estiver firme, transfira as forminhas para um recipiente com tampa; mantenha na geladeira por algumas semanas (se não comer tudo antes!).

PREPARO: 30 minutos
DESCANSO: 30 minutos

½ xícara (130 g) de manteiga de amendoim cremosa ou crocante

3 colheres (sopa) de farinha de aveia (se necessário, sem glúten)

2 colheres (sopa) de açúcar vegano ou xilitol em pó

uma pitada de sal (só se a manteiga de amendoim for sem sal)

1 xícara (180 g) de gotas de chocolate vegano ou chocolate picado

1 colher (chá) de óleo de coco

cristais de sal rosa do Himalaia, opcional

VARIAÇÃO

▶ Para fazer miniforminhas, forre com forminhas de papel uma fôrma para minimuffins. Derrame nas forminhas 1½ colher (chá) de chocolate derretido. Coloque um montinho da mistura de pasta de amendoim na palma da mão, faça uma bolinha e coloque dentro das forminhas. Termine com 1 colher (chá) de chocolate derretido. Siga as orientações do passo 7.

FUDGE MEXICANO DE CHOCOLATE

RENDE 16 BARRAS

pág. 283

Normalmente, o fudge é uma bomba pouco saudável de gordura, açúcar e calorias. Esta versão vegana também é um exagero e deve ser consumida com moderação, embora as gorduras sejam de um tipo mais saudável. É levemente adoçado com maple syrup, permitindo que o sabor do puro chocolate sobressaia. As especiarias são o charme desta receita com ares mexicanos. Mas se é o bom e velho fudge o que você está querendo, fique à vontade para dispensá-las.

PREPARO: 20 minutos
COZIMENTO: 75 minutos

óleo de canola para borrifar

1 xícara (180 g) de chocolate amargo picado

½ xícara (80 g) de castanhas de caju cruas

½ xícara (110 g) de manteiga de coco (não o óleo) levemente derretida ou amolecida (p. ex.: ponha no micro-ondas por 10 a 15 segundos)

½ xícara (40 g) de cacau em pó

¼ de xícara (60 ml) de maple syrup (xarope de bordo)

½ colher (chá) de pimenta vermelha em pó

¼ de colher (chá) de canela em pó

¼ de colher (chá) de pimenta-de-caiena

1. Borrife uma camada fina de óleo de canola em uma assadeira de 20 x 12 cm e forre com papel-manteiga, deixando uma sobra de papel em toda a volta. Reserve.

2. Em uma tigela de vidro encaixada sobre uma panela com água fervente, derreta completamente o chocolate, mexendo sempre. Retire do fogo e reserve.

3. Junte as castanhas de caju e a manteiga de coco amolecida no processador e bata até obter um creme. Adicione o cacau, o maple syrup, a pimenta vermelha, a canela e a pimenta-de-caiena. Bata até obter um creme. Acrescente o chocolate derretido e processe para homogeneizar.

4. Espalhe a mistura na assadeira preparada e leve à geladeira por no mínimo 1 hora. Tire da geladeira e deixe assentar por uns 15 minutos. Use o papel-manteiga para tirar o chocolate da fôrma. Fatie e sirva. As sobras podem ser guardadas em um recipiente com tampa por 7 a 10 dias.

DICAS

- A manteiga de coco é um bom investimento. Substitui perfeitamente a manteiga de amendoim sobre as torradas. Se você quiser fazer sua própria manteiga, coloque 2 xícaras de lâminas de coco seco sem açúcar em um liquidificador de alta velocidade ou em um processador de alimentos e bata durante alguns minutos, até a mistura ficar tão cremosa (embora um pouco mais seca) quanto a manteiga de amendoim. Ficará mais firme depois de algum tempo, mas 10 ou 15 segundos no micro-ondas devolverão sua cremosidade original.

- O fudge estará um pouco mais firme quando sair da geladeira. Ele vai derreter na boca, mas se o prefere mais cremoso, deixe descansar um pouco.

MAS EU ADORO SORVETE!

Receitas para comer à vontade e se lambuzar

O que acontece quando o sorvete não é feito com creme de leite? Bem, se for substituído por ingredientes veganos cremosos, faz pouca diferença. Ser vegano não significa que as bolas de sorvete, os sundaes, os sanduíches de sorvete e os milk-shakes desaparecerão da sua vida. Mas significa que tudo isso será consumido sem culpa!

SORBET DE CHOCOLATE AMARGO

RENDE 4 TAÇAS

pág. 297

Em nossa lua de mel na Grécia, meu marido e eu terminávamos o dia caminhando pela cidade tomando um delicioso sorbet de chocolate (a única opção sem laticínio da sorveteria local). Ainda não éramos completamente veganos, mas estávamos tentando limitar a quantidade de laticínios que consumíamos. Aquele sorbet de chocolate certamente nos provou que a nossa opção não era uma concessão. Esta receita é baseada naquelas extravagâncias de fim de tarde e, se você gosta de chocolate, este sorvete vai se transformar no seu melhor amigo. Os sorbets são naturalmente sem laticínios, então, se o leite de coco e os sorvetes de castanha de caju o deixarem em dúvida, é por aqui mesmo que você deve começar.

PREPARO: 20 minutos
COZIMENTO: 5 minutos
DESCANSO: 5 a 6 horas

2½ xícaras (625 ml) de água

¾ de xícara (115 g) de açúcar de coco ou mascavo vegano

½ xícara (125 ml) de xarope de agave ou maple syrup (xarope de bordo)

½ xícara (20 g) de cacau em pó

1 xícara (180 g) de chocolate amargo vegano picado

1 colher (chá) de extrato de baunilha ou de chocolate

1 colher (chá) de grãos de café moídos, opcional

¼ de colher (chá) de sal

1. Misture a água, o açúcar de coco, o xarope de agave e o cacau em pó em uma panela média e deixe levantar fervura, mexendo continuamente. Diminua o fogo e cozinhe por mais 1 minuto. Retire do fogo. Acrescente o chocolate amargo e mexa até derreter completamente. Junte a baunilha, o café moído (se decidiu usá-lo) e o sal. Transfira para o liquidificador e bata por 10 ou 15 segundos. Deixe esfriar completamente e leve à geladeira por 1 hora.

2. Processe a mistura em uma sorveteira e siga as instruções do fabricante. Quando o sorbet ganhar uma consistência densa e cremosa, transfira para uma vasilha de vidro. Cubra com uma folha de papel-manteiga para evitar o contato com o ar (e evitar que queime no freezer). Deixe no freezer por 3 ou 4 horas antes de servir.

DICA

Para o sorvete usado nos sanduíches de sorvete (pág. 304), forre uma vasilha com papel-manteiga. Quando tirar o sorvete da sorveteira, transfira para a assadeira preparada. Tampe e congele por no mínimo 3 a 4 horas ou durante toda a noite.

SORVETE DE MANTEIGA DE AMENDOIM COM GOTAS DE CHOCOLATE

RENDE 6 TAÇAS

Quando criança, eu adorava jogar as gotas de chocolate dentro do pote de manteiga de amendoim e "pescar" com a colher, naturalmente trazendo junto muita manteiga de amendoim. Hoje em dia procuro escolher petiscos mais saudáveis, mas ainda adoro a sensação de uma colher cheia de manteiga de amendoim com pedacinhos de chocolate. É para isso que serve este sorvete. É o mais nutritivo, o mais cremoso e o mais crocante sorvete de manteiga de amendoim que conheço, e, graças ao leite de coco, também é vegano! Além disso, as gotas de chocolate estão por toda parte e não será preciso pescá-las a cada colherada.

PREPARO: 20 minutos
DESCANSO: 4 a 5 horas

- 1 lata (800 ml) + 1 xícara cheia (650 ml) de leite de coco em lata
- ¾ de xícara (195 g) de manteiga de amendoim sem sal amolecida
- ½ xícara (125 ml) de xarope de agave
- 2 colheres (chá) de araruta ou amido de milho
- 2 colheres (chá) de óleo de semente de uva, de girassol ou de canola
- 1 colher (chá) de extrato de amêndoa
- ¼ de colher (chá) de sal
- ¾ de xícara (135 g) de chocolate vegano em gotas ou em pedaços

1. Junte no liquidificador o leite de coco, a manteiga de amendoim, o xarope de agave, a araruta, o óleo, o extrato de amêndoa e o sal e bata até obter um creme homogêneo. Leve para gelar por 1 hora.

2. Processe a mistura na sorveteira de acordo com as instruções do fabricante. Quando ganhar uma consistência densa e cremosa, acrescente o chocolate. Uma vez incorporado, transfira o sorvete para uma vasilha de louça ou vidro. Cubra com uma folha de papel-manteiga para evitar o contato com o ar (e evitar que queime no freezer). Tampe e congele por no mínimo 3 ou 4 horas antes de servir. Deixe descongelar uns 5 minutos antes de servir.

SORVETE DE DOCE DE LEITE

RENDE 5 TAÇAS

O doce de leite é basicamente uma calda de caramelo, só que bem mais cremosa – um complemento e tanto para o sorvete, não? Para aqueles que adoram um sorvete doce, salgado, caramelado, esta receita é feita sob medida. Sua base cremosa resulta da combinação de castanha de caju com leite de coco, criando uma textura aveludada que não tem apenas gosto de coco. Se quiser, você pode dobrar a receita de doce de leite e jogar mais calda por cima. E se assar pequenos Brownies com gotas de chocolate (pág. 285), eles formam a base ideal para este sorvete.

1. Para fazer o doce de leite, misture o leite e o açúcar de coco em uma panela média. Quando levantar fervura, abaixe o fogo e ferva, mexendo de vez em quando, durante uns 30 minutos, até a mistura engrossar o suficiente para cobrir as costas de uma colher. Retire do fogo, acrescente o sal e espere esfriar completamente.

2. Quando o doce de leite estiver frio, faça o sorvete. Junte as castanhas de caju e o leite vegetal no liquidificador e bata para homogeneizar. Acrescente o leite de coco, a araruta, o óleo, o maple syrup, a baunilha e o doce de leite (metade, se dobrou a receita). Bata para homogeneizar. Leve à geladeira por 1 hora.

3. Processe a mistura na sua sorveteira de acordo com as instruções do fabricante. Quando o sorvete ganhar uma consistência densa e cremosa, transfira para uma vasilha de vidro ou de louça. Cubra com uma folha de papel-manteiga para evitar contato com o ar (e evitar que queime no freezer). Tampe e congele por no mínimo 3 ou 4 horas antes de servir. Talvez você tenha de esperar uns 5 minutos para poder servir.

PREPARO: 25 minutos
COZIMENTO: 30 minutos
DESCANSO: 5 ou 6 horas

Doce de leite (dobre a receita se quiser mais calda)

- 1 lata (400 ml) de leite de coco integral
- ¾ de xícara (115 g) de açúcar de coco ou mascavo vegano
- ¼ de colher (chá) de sal

Sorvete

- ½ xícara (80 g) de castanhas de caju de molho em água por 3 ou 4 horas. *Descarte a água*
- ½ xícara (125 ml) de leite vegetal
- 1 lata (400 ml) de leite de coco integral
- 2 colheres (sopa) de araruta ou amido de milho
- 1 colher (sopa) de óleo de semente de uva, de girassol ou de canola
- 1 colher (sopa) de maple syrup (xarope de bordo)
- 1 colher (chá) de extrato de baunilha

DICA

Para preparar o sorvete dos sanduíches de sorvete (pág. 304), forre uma assadeira de 20 x 20 cm com papel-manteiga. Quando tirar o sorvete da sorveteira, transfira-o para a assadeira preparada. Tampe a congele por no mínimo 3 a 4 horas ou durante toda a noite.

SORVETE DE AVEIA COM UVAS-PASSAS

RENDE 6 TAÇAS

À s vezes tenho os sonhos mais loucos. E se os ursos pandas não fossem uma espécie em extinção e habitassem as árvores que vejo da janela da minha sala de jantar? E seu eu fosse uma espiã de verdade, será que alguém iria desconfiar? E se um biscoito de aveia e uva-passa se metamorfoseasse em sorvete? Teria o mesmo gosto de biscoito molhado no leite? Nem todos os meus sonhos se realizam (ainda bem!), mas fico feliz que este sorvete de aveia e uvas-passas seja uma exceção! A aveia embebida em leite de coco temperado com especiarias e maple syrup antes de ser batida deixa o sorvete com forte sabor de biscoito de aveia. Talvez você possa comer no café da manhã!

1. Em uma vasilha grande, misture o leite de coco, a aveia, o maple syrup, a canela, o gengibre, a noz-moscada, a baunilha e o sal. Cubra e deixe na geladeira por 3 ou 4 horas ou durante toda a noite.

2. Retire a mistura da geladeira e acrescente a araruta e o óleo. Coloque tudo no copo do liquidificador e bata para homogeneizar.

3. Processe a mistura em sua sorveteira de acordo com as instruções do fabricante. Enquanto a mistura está batendo, junte em uma panelinha as uvas-passas e o açúcar de coco e cubra com água. Deixe levantar fervura, reduza o fogo e ferva por mais 5 minutos. Descarte a água. Quando o sorvete tiver alcançado uma consistência densa e cremosa, acrescente as uvas-passas. Quando as uvas-passas estiverem incorporadas, transfira o sorvete para um recipiente de vidro. Cubra com uma folha de papel-manteiga para evitar contato com o ar (e evitar que queime no freezer). Tampe e congele o sorvete por no mínimo 3 a 4 horas antes de servir. Deixe descongelar uns 5 minutos antes de servir.

PREPARO: 25 minutos
DESCANSO: 6 a 8 horas ou durante toda a noite

- 2 latas (800 ml) de leite de coco integral
- 1 xícara (100 g) de aveia em flocos (sem glúten, se necessário)
- ⅓ xícara (80 ml) de maple syrup (xarope de bordo)
- 1 colher (sopa) de canela em pó
- 1½ colher (chá) de gengibre em pó
- 1 colher (chá) de noz-moscada em pó
- 1 colher (chá) de extrato de baunilha
- ¼ de colher (chá) de sal
- 2 colheres (sopa) de araruta ou amido de milho
- 2 colheres (sopa) de óleo de semente de uva, de girassol ou de canola
- 1 xícara (120 g) de uvas-passas
- 1 colher (sopa) de açúcar de coco

DICA

Para preparar o sorvete dos sanduíches de sorvete (pág. 304), forre uma assadeira com papel-manteiga. Quando tirar o sorvete da sorveteira, transfira-o para a assadeira preparada (talvez sobre um pouco; guarde como descrevemos no passo 3). Tampe e congele por no mínimo 3 a 4 horas ou durante toda a noite.

SANDUÍCHES DE BISCOITOS DE AVEIA E SORVETE

RENDE 6 A 8 SANDUÍCHES

Uma das minhas falas favoritas de meu seriado favorito – *Arrested Development* – é "estou tendo um caso com este sanduíche de sorvete". Não consigo comer um sanduíche de sorvete sem repetir essa frase (nem que seja só na minha cabeça). Desde que criei esta receita, tenho repetido isso sempre (e ouvido muita gozação da minha família!). Estes deliciosos sanduíches são macios, cremosos, doces e definitivamente viciantes. Dê uma chance a eles e tenho certeza de que você também vai se apaixonar.

PREPARO: **10 minutos** *(não inclui o tempo de preparo dos biscoitos e do sorvete)*
DESCANSO: 30 minutos

1 receita de cookies de aveia (pág. 282) sem a cobertura
1 receita de sorvete de aveia com uvas-passas (pág. 303, veja dica)
óleo de canola para borrifar

1. Forre uma assadeira com papel-manteiga. Espalhe 6 a 8 biscoitos de aveia na assadeira, com a base voltada para cima.
2. Tire o sorvete de aveia com uvas-passas do freezer. Se estiver muito duro, deixe em temperatura ambiente por 10 minutos. Use o papel-manteiga para erguer o sorvete congelado da assadeira e coloque-o sobre uma tábua de cortar.
3. Use o mesmo cortador que usou para a confecção dos biscoitos. Borrife-o levemente por dentro com óleo. Pressione o cortador sobre o sorvete. Passe os dedos sob o papel-manteiga para ajudar a empurrar o sorvete ao erguer o cortador (o sorvete deve estar dentro do cortador). Posicione o cortador sobre o biscoito e, ao mesmo tempo em que levantar o cortador, empurre suavemente o sorvete sobre o biscoito. Posicione outro biscoito sobre o sorvete. Repita a operação com o restante dos biscoitos e do sorvete.
4. Deixe os sanduíches no freezer por no mínimo 30 minutos antes de servir. Depois de ficar no congelador por algumas horas, você vai ter de esperar descongelar por cerca de 5 minutos para servir.

||||||||||||||||||||||
VARIAÇÃO
▶ Troque os biscoitos por Cookies de abóbora com gotas de chocolate (pág. 293) e use o Sorvete de doce de leite (pág. 300) ou o sorbet de chocolate amargo (pág. 298).

SORVETE DE LASSI DE MANGA

RENDE 6 TAÇAS

Veja só: a cremosa e tradicional batida de manga indiana que todo mundo adora transformou-se em sorvete vegano! Duvida? Esclareça logo a sua dúvida experimentando esta deliciosa e refrescante sobremesa de fruta. A manga, o leite de coco, o cardamomo e o açafrão se uniram para criar uma combinação de sabores tão surpreendente que você vai querer saber por que escolher a outra versão com tanto leite.

PREPARO: 25 minutos
DESCANSO: 4 a 5 horas

3 xícaras (405 g) de manga congelada e picada

3 xícaras (375 g) de leite de coco integral em lata

2 colheres (sopa) de araruta ou amido de milho

2 colheres (sopa) de óleo de semente de uva, de girassol ou de canola

1 colher (chá) de extrato de baunilha

1 colher (chá) de sementes de cardamomo moídas

5 ou 6 pistilos de açafrão

¼ de colher (chá) de sal

1. Misture os ingredientes no liquidificador e bata até homogeneizar. Deixe na geladeira por 1 hora.
2. Processe a mistura na sorveteira de acordo com as instruções do fabricante. Quando chegar a uma consistência densa e cremosa, transfira para uma vasilha de vidro. Cubra o sorvete com papel-manteiga para evitar o contato com o ar (e evitar que queime no freezer). Tampe e congele por no mínimo 3 ou 4 horas antes de servir. Deixe descongelar por cerca de 5 minutos antes de servir.

MILK-SHAKE DE CHOCOLATE E MANTEIGA DE AMENDOIM

RENDE 1 MILK-SHAKE GRANDE OU 2 PEQUENOS

Este livro não estaria completo sem uma versão vegana de uma das melhores invenções de todos os tempos: o milk-shake. Não sei de quem foi a ideia de misturar sorvete com leite, mas eu gostaria muito de apertar a mão dessa pessoa. Como tributo pessoal a essa bebida maravilhosa, ofereço esta versão vegana com calda de chocolate dançando ao redor da taça, um milk-shake maltado de manteiga de amendoim todo manchado de chocolate e, para finalizar, uma Forminha de chocolate e manteiga de amendoim (pág. 294). É como estar em uma lanchonete dos anos 1950! Mas lembre-se de ter sempre um canudinho a mais para poder dividir esta delícia com alguém.

PREPARO: 10 minutos
DESCANSO: 30 minutos

½ xícara (90 g) de gotas de chocolate vegano

½ xícara (125 ml) de leite de coco light em lata

2 xícaras (410 g) de sorvete de manteiga de amendoim e gotas de chocolate (pág. 299) ou qualquer outro sorvete vegano

⅓ de xícara de (60 ml) de leite vegetal, ou mais, a gosto

2 colheres (chá) de maca peruana em pó, opcional (veja dica)

½ colher (chá) de extrato de baunilha

1 ou 2 forminhas de chocolate e manteiga de amendoim (pág. 294), opcional

1. Coloque as gotas de chocolate em uma vasilha média e reserve. Espere o leite de coco levantar fervura e imediatamente retire do fogo. Despeje sobre as gotas de chocolate e aguarde 2 minutos. Com batedor de arame, misture o leite de coco e o chocolate em uma calda lisa e cremosa. Reserve e deixe esfriar em temperatura ambiente.

2. Quando a calda de chocolate esfriar, coloque no liquidificador o sorvete, o leite vegetal, a maca (se decidiu usá-la) e a baunilha e bata só para misturar (as gotas de chocolate do sorvete não devem desaparecer). Se você não tiver um liquidificador e se preferir um milk-shake mais denso, com pedaços maiores, misture os ingredientes com uma colher (se sobrarem uns pedacinhos de sorvete, tudo bem). Se preferir um milk-shake mais ralo, adicione mais leite em colheradas até chegar à consistência desejada.

3. Use uma colher para derramar a calda de chocolate, decorando o interior de uma taça alta ou de duas pequenas. Derrame uma colherada de calda no fundo da taça. Coloque ½ xícara (120 ml) de milk-shake dentro da taça alta (ou ¼ de xícara nas taças menores). Em seguida, uma colherada de calda de chocolate e outra xícara de shake. Alterne até terminar. Se desejar, regue com um pouco de calda. Finalize com 1 ou 2 forminhas de chocolate e manteiga de amendoim, ou pique, e polvilhe por cima. Sirva em seguida com um ou dois canudinhos.

DICA A maca em pó é um suplemento alimentar proveniente da raiz de uma planta peruana e é um superalimento! Ela se adapta para dar ao seu corpo aquilo de que ele estiver precisando. Se você estiver fatigado, ela energiza. Se estiver ansioso, acalma. Aumenta a resistência e o vigor, além de conter inúmeras vitaminas e minerais essenciais e também aminoácidos. Costumo usá-la nas minhas vitaminas porque me faz bem, mas aqui é para incrementar o milk-shake com um delicioso sabor maltado.

VOCÊ AINDA PENSA QUE NÃO VAI CONSEGUIR?

Mas o que ainda está fazendo aqui? Vá para a cozinha pôr de molho as macadâmias para a macarela (pág. 61) e amassar as bananas para fazer as Barras de caramelo salgado e manteiga de amendoim (pág. 273). O que o está impedindo?

Se tem medo de mudar, comece devagar. Faça uma receita vegana por semana (estou lhe oferecendo 125!) e vá em frente. Ou seria medo de abrir mão de tudo o que gosta? Entendo perfeitamente, mas pense nas novidades que este livro oferece! Tenho certeza de que muito mais será acrescentado do que eliminado da sua dieta.

Seus amigos e sua família passaram a se comportar de modo diferente desde que você decidiu ser vegano? Faça o Hambúrguer barbecue com bacon de tempeh (pág. 173) e mostre a eles como a comida vegana é deliciosa. Francamente, não há mais desculpas! Vá em frente, seja vegano! Você só tem a ganhar com isso!

AGRADECIMENTOS

Cinco anos atrás, quando eu era uma provadora de queijos profissional, se você me dissesse que eu seria autora de um livro de culinária vegana, eu diria que você havia enlouquecido. Este livro não teria sido escrito se os animais não humanos do planeta não tivessem me inspirado a ser mais sensível e a fazer deste mundo um lugar melhor para eles viverem. Eu devo aos animais toda a minha gratidão.

Quero agradecer à equipe da editora The Experiment, que fez este livro acontecer. Agradeço especialmente a Molly Cavanaugh por me descobrir, confiar em mim, ser paciente e positiva e não permitir que eu desanimasse diante das minhas dúvidas e solicitações ao longo de toda a trajetória. Molly, você é especial; só tenho a agradecer por tê-la encontrado na vida.

Também devo muito a todos os leitores do meu site, Keepin' It Kind. Seus comentários e seus e-mails deixam meus dias mais alegres, e eu jamais teria chegado até aqui sem o seu apoio. Eu amo cada um de vocês.

Muito obrigada a Randy Clemens. Você foi meu Sr. Miyagi durante toda a jornada e por isso lhe sou eternamente grata.

Muito obrigada também aos meus adoráveis testadores de receitas (e aos que apostaram em mim, aos editores e a todos que me disseram verdades difíceis, porém necessárias, de ouvir):

Leah Barnes

Tiffanie Beal

Laurie Beattie

Lola Block

Christine Boulanger e Chloé Vézina

Alexandra Caspero

Shannon Cebron e Jasper Stroud

Anna Close

Vanessa Connelly e Kurt Thoens

Bobbie Crew

Kristina Denton e JJ De La Rosa

Danielle Deskins

Claire Desroches

Kelli Estes

Kirsten Fjoser e Brian Killoran

Shari Hardin

Katie Hay

Rika Huang

Sünne Kayser

Karen e Dustin Kilmczak

Beth e Amerie Mickens

Beth Miller Erman

Cindy Muller

Gabby Ouimet

Dara Purvis e Jeffrey Watts

Sara Rose

Alison Scarlet

Nikki Schuenke

Sarah Schwass

Audrey Singaraju

Jessie Spraggins

Elizabeth e Colin Tatterson

Cassandra Teatro

Lauren e Nick Trenc

Emily Watson

Amy J. Yang

Muito obrigada à minha fiel companheira canina, Samantha, por manter o chão da minha cozinha sem nenhuma migalha.

Muito obrigada aos meus pais, Don e Shirley; aos meus avós, Tom e Irene; e a toda a minha família pelo amor, pelo apoio e pelo incentivo.

Meu coração se enche de gratidão por Maxwell e Sophia Miller. Obrigada por provarem minhas receitas mesmo não gostando de farinha de pão, de feijão, de couve-flor ou o que fosse. Obrigada por me dizerem que estava bom e ainda pedir mais um pouco. Obrigada por me tirarem da cozinha ou da frente do computador para jogar Tetris ou para assistir a *Doctor Who*. Muito, muito, muito obrigada por colocarem um sorriso no meu rosto.

Nada disso teria sido possível sem a presença de Chris Miller, meu marido e fotógrafo. Difícil traduzir em palavras a gratidão que sinto em meu coração por você. Obrigada por chegar em casa depois de um longo dia de trabalho e fotografar às 8 ou 9 horas da noite, e ainda cantar e dançar comigo ao som de Violent Femmes entre uma foto e outra. Por passar tantos fins de semana atrás da câmera. Por transformar minhas receitas em belas fotos. Por ser paciente comigo quando me sentia frustrada porque uma receita não dera certo. Por me fazer rir quando eu estava irritada. Por massagear meus ombros enquanto eu escrevia. Por me animar quando eu queria desistir. Por deixar tudo tão divertido. Por me amar e ser meu parceiro nesta grande aventura.

ÍNDICE REMISSIVO